U0003923

LOCUS

LOCUS

LOCUS

LOCUS

mark

這個系列標記的是一些人、一些事件與活動。

mark 139
垂直九十度的熱血人生：
一名攀岩運動家挑戰耐力、置身危險、超越自我極限的故事
作者：湯米・考德威爾（Tommy Caldwell）
譯者：許恬寧
責任編輯：潘乃慧
封面設計：三人制創
校對：呂佳真
出版者：大塊文化出版股份有限公司
www.locuspublishing.com
台北市 10550 南京東路四段 25 號 11 樓
讀者服務專線：0800-006689
TEL：(02) 87123898　FAX：(02)87123897
郵撥帳號：18955675
戶名：大塊文化出版股份有限公司
法律顧問：董安丹律師、顧慕堯律師
版權所有　翻印必究

The Push by Tommy Caldwell
Copyright © 2017 by Tommy Caldwell
Published in agreement with Intercontinental Literary Agency through The Grayhawk Agency
Complex Chinese Translation copyright © 2018 by Locus Publishing Company
All rights reserved

總經銷：大和書報圖書股份有限公司
地址：新北市新莊區五工五路 2 號
TEL：(02) 89902588　FAX：(02) 22901658

初版一刷：2018 年 6 月
定價：新台幣 450 元
Printed in Taiwan

垂直九十度的熱血人生

THE PUSH

Tommy Caldwell
湯米・考德威爾 著
許恬寧 譯

一名攀岩運動家挑戰耐力
置身危險
超越自我極限的故事

A Climber's Journey of
Endurance, Risk, and Going
beyond Limits

本書獻給貝卡（Becca）、費茲（Fitz）、英格莉（Ingrid）

目錄

第三部

第四部

起風時刻

二〇一四年十二月三十日，黎明之牆（Dawn Wall）自由攀登計畫進入第七年第四日，完成垂直高度一千兩百呎，上方尚有一千八百呎。黑暗中，半哩外傳來的咆哮風聲不絕於耳，不時夾帶淒厲聲響，蕭蕭聲逐漸蓋過一切。我和攀岩夥伴凱文（Kevin）像古時候教堂做成怪獸形狀的高牆排水雨漏，蹲坐在半空山崖，腿塞進睡袋，背靠著岩壁。凱文抓著吊帳帶子，擠出一個笑容。我讀得出他的唇語：「加油。」回音像機關槍一陣劈啪作響。我知道那只不過是布條打著花崗岩壁發出的聲響，但心底依舊忍不住一陣顫抖，回想起十五年前的岩石碎裂氣味，以及鮮血灑在高山凍原的景象。

吊帳下方突然頂起一陣上升氣流。這個我們當成家的小窩，面積大約只有一片三夾板那麼大，鋁架之間是尼龍繩，屋頂是尼龍布。帳篷底部開始抬升，有那麼一瞬間，我們有如乘坐魔毯一般，在空中盤旋。我的心思飄到掛著我和凱文重量與所有裝備的二十四號不鏽鋼螺栓，接著風一下子靜止，帳篷下墜，綳緊繩帶。

每天早上的行程都一樣。我醒來，想著如何解開上方的山壁之謎，和凱文在小窩裡泡起咖啡，敬畏地坐著觀賞第一個映入眼簾的景象。加州優勝美地谷（Yosemite Valley）酋長岩（El Capitan）這一帶的巨岩，向來被稱為「黎明之牆」。我刷牙漱口，頭伸到帳篷外，看著手中牙膏下墜，一、二、三……大約數到十的時候，白色小點消失在下方的森林之中。

我停下手邊的事，檢視自己在當年意外過後幸存的九根手指，上頭布滿割痕、破皮，不過尚堪使用。我常想到這項龐大的攀岩任務，深深倚靠肉眼幾乎看不見的微小細節：皮膚與山壁幾公釐的接觸，以及細微的癒合，就可決定我們能否成功往上爬。

我眺望冰川縱橫的山谷，山峰綿延至地平線，獵鷹凌空捕捉燕子。每一天，我感到自己躁動不安的雙腿，湧出源源不絕的興奮之情。這種感覺很奇妙。從許多方面來看，我是個再普通不過的人——臉皮過薄，有時害羞不安，然而只要一攀岩，整個人感覺像是活過來，山向來有一種改變我的力量。我深吸一口氣，轉頭望向上方的陡峭岩壁。

以自由攀登方式登上黎明之牆，一向被視為不可能的任務。也就是只靠身體（主要靠手指與腳趾）往上爬，真正的**爬**，憑一己之力讓自己往上，不靠任何登山設備直接輔助。一直以來，攀岩界的傳奇人物望著酋長岩興嘆。我在童年時期見過那些老前輩，他們是我父親的朋友，常至家中作客。一九五八年時，有人做出石破天驚的舉動，率先爬上酋長岩。

有了先例後，接下來幾年，無數攀岩者依循各種路線，前仆後繼戰勝了酋長岩。然而，如果要自由攀登黎明之牆，依舊令人感到異想天開。在人們心中的地圖，那片幾乎毫無凹凸處的垂直光滑山壁，有如標示著「此處有龍」的危險未知之地。

我在父親的薰陶下，這輩子在愛上任何人、任何事物之前，就對攀岩感到著迷。在我心中，以自由攀登的方式爬上黎明之牆，將是最純粹的登山：完全靠自己的力量爬到山巔，是以最崇高的形式、最極致的規模表達自我，表達我對攀岩與生命的熱愛。如果成功，多年的準備就有了回報，足以證明自己這輩子的努力；即便不成功，也是一樣。

攀岩時，碰上下一段繩距很難攀登時（其實幾乎每一段都是一場硬仗），我發現我的心，先於我的身。要是讓不確定的感覺悄悄溜進心中，就算只是一丁點的遲疑、猶豫，就會瞬間腳底打滑，重心不穩，接著又為了努力把身體固定在原地，以致手使出太多力，磨破珍貴的表皮。對於在旁觀看的人來說，一切發生在剎那之間，肉眼幾乎觀察不到，直到那個一瞬間的失神將我拖下山壁，穿越半空，直直往地面墜落，有時一掉就是六十呎。幸好山壁一片垂直，不會撞到東西。救命的繩索打直，吸收衝擊力，溫和地拉住我。

有時在掉落後的幾秒間，我心中湧出複雜的情緒——垂頭喪氣，羞愧不已，質疑自己是否同時具備足夠的攀岩力量、平衡感與撐下去的意志力。不過，在大多數時候，我感到一股近乎荒謬的樂觀。人生有其他多少領域可以像這樣，讓人一再重複測試自己？有多少其他事給你如此立即的回饋？我分析周遭情勢，重振精神，再次嘗試。告訴自己：**你知道的，這件事非做不可**。於是恐懼散去，思緒澄明起來，我控制住身體，集中意志，其他事不復存在，我只專注於抓住岩石，以一連串動作攀爬上去，資訊從指尖傳入大腦。我強迫自己摒除雜念，就算是最理性的疑慮也要拋開，廣大的世界只剩自己正在攀爬的身體。

自控是攀岩的重點。

我和凱文沒攀岩時，主要都在聊攀岩動作，例如身體角度該如何擺放，腳趾該如何接觸岩面上幾乎看不出的微彎幅度，手指又該如何放置於薄如十分錢硬幣的石壁邊緣；這些都必須配合正確的方式、正確的順序，以及正確的平衡感、身體緊繃度與步法組合往上攀升。晚上，我睜大眼睛躺著，腦中想著攀爬動作，靠著意志力模擬自己的身心該有的準確度與完美表現。我和凱文像體操選手或芭蕾舞者一樣，在岩石上練習動作，直到能一氣呵成，從一個位置轉換到下一個位置。一切順利時，那是一種神奇體驗。

有時，在不同的攀爬嘗試之間，我們坐在吊帳裡，腳盪在外頭，回想這場始於七年前的執著旅程。有無數的日子，我扛著沉重的設備與飲水攀上岩壁，雙腳緊緊塞進鞋中，有時腳趾甲甚至因此脫落。一遍、一遍、又一遍抓著銳利如刃的岩屑，直到指尖出血，肌肉顫抖。

事實上，這趟旅程遠遠超過七年。

我童年最早的回憶是一場狂風呼嘯的暴風雪，風不停吹著，就像現在這樣。當時姊姊六歲，我三歲，身上還穿著尿布。姐弟倆擠在同一個羽絨睡袋裡，父親躺在一旁，把科羅拉多一個高山雪穴當成暫時的居所。我打開迷你銀色手電筒照著穴頂，看著上方化為藍色。風咻咻吹著，一旁傳來父親的鼾聲。父親每一、兩個小時醒來一次，拉開睡袋，穿上雪靴，走到外頭剷掉新降的積雪，以免我們被封在洞中。接著，他又躺回來睡覺，雙手緊緊環抱住我們。三人縮在一起，再度進入夢鄉，有父親在就感到安心。

我第一次挑戰酋長岩時，身旁陪伴的人也是父親，那是十九年前我還在念高中的事。懼高感襲來，我不時低頭瞄腳究竟該放在何方，重心搖搖晃晃。正下方，有如一根根青花椰菜芽模型的高大樹木開始旋轉，注意力無法集中。

經過多次千辛萬苦的嘗試後，我終於明白多年來的訓練、演練與記動作，除了鍛鍊肌力，其實也在培養信念。信念的重要性甚至更勝體能。

風雪暫歇，我拉開帳篷拉鍊往外看，凝視底下的森林。月光下，樹影朦朧難見，酋長岩草地一時杳無人蹤。國家公園擔心樹木倒塌，宣布封閉道路。我轉頭望見一片星辰之下，花崗岩閃爍著金白色的奇異光芒，心底第一百萬次升起孩童般的欣喜。

我凝視著夜晚，思緒再度飛到遠方，這次心也跟著遨遊。下方一千呎、不到三哩外，那個近在咫尺卻又遙不可及的地方是上松營地（Upper Pines Campground）。先前我和凱文把露營車停在那裡後開始攀岩。我想像著車內窗簾拉上，蠟燭點亮，出現我太太貝卡反覆描述給我聽的景象。她在露營車內，用大拇指溫柔撫摸我們一歲半大兒子費茲的額頭。床邊散落動物童書。兒子胖嘟嘟的小手緊抓著一台玩具水泥車，貼在自己脖子下。貝卡唱著晚安曲，費茲的眼皮逐漸沉重。

接著，費茲小小的腦袋突然閃過什麼，坐起來望著四周，問：「爹地呢？」貝卡微笑摸摸他的頭，堅強但柔聲地回答：「爹地正在爬酋長岩。」

我認識眼前這片山壁的時間，比認識妻兒的時間還長。

儘管他們後來才進入我的生命，我對他們的愛，遠超出我對於這片岩壁的熱愛。那份愛源自心底不常碰觸、檢視或測試的地方。我不把他們母子視為理所當然，只是以言語無法表達的方式，默默知道他們永遠守護著我。

外頭風聲再度淒厲吹起，提醒我該抓緊時間，機不可失。我和凱文碰上完美的天候空檔，一個前所未有的冬日攀岩環境，乾燥、涼爽、安全。一旦開始降雪，雪將融化，凍住岩石，太陽出來後會再度融化，砸下恐怖的呼嘯冰片。我們半開玩笑稱之為「寡婦製造機」。

另一陣暴風吹過，搖晃我們的吊帳，蓋過隨身喇叭傳出的雷鬼歌手巴布・馬利（Bob

Marley）微弱沙啞的歌聲。

凱文提議：「明天才是跨年夜，不過今晚就慶祝吧。」

他把喇叭聲轉大，我們跟著馬利哼起歌，大口灌下威士忌，談起輕鬆愉快的話題。聊著生活、人際關係與探索世界各地，直到眼皮再也撐不住，進入夢鄉。我感到心臟有力地緩緩跳動，彷彿我愛的人祝福著我。

狂風的力道終於減弱，像搖籃曲一樣搖晃著我。天氣預報說，明天將是晴朗乾爽的一天。我沉沉睡去，飄蕩於地表與上方不可能任務之間吹拂的微風當中。

第一部

第1章 挖地道的奇蹟寶寶

鏘……鏘……鏘，金屬撞擊花崗岩的碰撞聲不絕於耳，迴盪在我童年的家一旁的岩壁之中。我高高舉起鏟子，賣力往下剷，鏟柄短暫遮住視線。鏟子碰觸地面的撞擊力道，震動我五歲的小小身軀。我賣力幹活，地上出現碰撞的火花、一點碎石，以及一把鈍掉的鏟子。我把小石頭剷進一加侖的桶子，接著繼續挖。一小時後，桶子滿了，我爬出淺坑，把碎石倒進一個愈積愈大的石堆，臉上露出一抹淺淺的滿意笑容，瞇眼望著科羅拉多刺眼的陽光。接著趁別人發現之前，鑽回地底。

我決心挖一條通往中國的地道。幾個月前，姊姊姍蒂（Sandy）讓我萌生那個念頭。她指著一個地球儀告訴我，**這裡**是科羅拉多州，**那裡**是中國。我想像以最快速度抵達中國的捷徑。一個天空在下、地面在上的世界長什麼樣子？

頭幾公分的土，出乎意料好挖，但接著就碰到了岩床。柔軟的絲絲沙地聲，化為金屬刮過石頭的刺耳聲響。

我不停地挖下去，每次出力所帶來的短暫滿足感開始讓我上癮。我的地道大業進度不彰，雖然不至於像地質年代的進展那樣緩慢，也相去不遠。我每天想辦法測量進度，啜飲著勝利之泉。園藝工具斷掉後，便翻找工具棚，找到挖水溝用的大鏟子，接著又改用礦工的十字鎬，費盡九牛二虎之力才勉強抬起。季節轉換，冬風呼嘯，陣雪開始飄落橫跨北美的大陸分水嶺（Continental Divide），我戴上羊毛帽，繼續當小礦工。

有兩年多的時間，我挖個不停。耳邊永遠響著鏟子聲，白堊岩的氣味鑽進鼻腔。總有一天，我會辦到。

§

我出生時，人生第一口氣吸不完全，母親泰芮（Terry）差點死於難產。有人說，你怎麼來到世上，就會怎麼離去。果真如此，我的人生將結束在差點失足的死命掙扎中。不過沒關係，人生就是這樣，不入虎穴不得虎子。最好奮鬥過、嘗試過，也不要從來不曾抓住機會。我的人生從掙扎始，大概也會以掙扎終。

母親在一九七五年生下我姊姊姍蒂後，流產過一次，接著又兩度流產。醫生告訴她和我父親邁克（Mike），兩人不太可能再有孩子。我不能說爸媽像我挖地道一樣，死命不肯放棄，不過其實相去不遠。兩人評估過風險後，判定自己能承擔後果。

一九七八年七月中，母親懷我進入第三孕期後開始出血。父親連忙把她送進醫院，醫生開了很可能出現併發症的止血藥物。藥效作用後，出血停止，母親回到家中，但每天都很不舒服。

母親懷孕三十週時出現產兆，醫生為了止住宮縮，在點滴中加入酒精，母親因此在鬼門關前走了一遭。但她挺了過去，幾天後情況好轉，醫生又讓她回家，吩咐她盡量休息，保持心情穩定。母親先前為了懷孕，早已吃足苦頭，在家還要照顧三歲女兒，不易做到醫囑。八月十日那天，她再度出現產兆，意識不清，血壓飆高，隔天早上醫院做了催生處理。

我在母親肚子裡待了三十三週後來到人間，體重約四．五磅，肺部尚未發育完全，但活了下來。據說我生下來小小一隻，身體羸弱，但出娘胎時哭聲洪亮。不過爸媽還來不及開心，母親就大量出血，緊急動了手術，因此不記得我出生的過程。早產的我沒有吸吮反射，而且還失溫。

從小到大，我一直聽到的故事是當時醫生擔心我活不下去，讓我留院十天。最後終於放我出院，前提是每天都得回醫院檢查。在爸媽細心呵護下，我在科羅拉多州拉夫蘭（Loveland）健康長大。三個月大時，體重是出生時的三倍。

每當我回顧這段往事，很好奇自己是否因為一出生，便掙扎著在一九七八年那個炎熱的八月天活下去，於是有了永遠再努力一點的本能。好像從人生一開始，就有某種炙熱的東西在我小小的心臟中跳動。永不放棄是我的天性。爸媽不放棄，相信我一定能來到世上，也才會有我。

父親十分看重我這段出生的歷程，常說我是「奇蹟寶寶」。一般來講，這種千辛萬苦生下的孩子，通常會受到過度保護；我從來沒問爸媽為何不曾以那樣的方式照顧我。

我只能說，我很感激爸媽在許多方面放任我自己成長，不讓可怕的早產為我的童年帶來陰影。從我很小的時候，爸媽就讓我做許多同齡小孩不能做的事，包括我的挖地期，還有剛上小學，我就一個人跑到離家數哩的山上露營。孤身一人時，我更能感到天人合一，好像自己天生就該待在大自然裡。我不記得爸媽是如何看待兒子的露營之旅，不過我帶上足夠的花生醬加果醬三明治，去了好幾趟。我可以想像父親祝我好運的樣子（甚至露營的點子很可能一開始就是他提的），而母親臉上則是一副「真拿你沒辦法」的表情。

我父親在加州灣區（Bay Area）長大，他的父親是美國陸軍工兵部隊（Army Corps of Engineers）的工程師，一家人是標準的中產階級，教育是全家的首要目標。此外，我的祖父母還希望培養出堅強獨立的孩子，父親說由於他父母鼓勵孩子擁有好奇心，他小時候就自己親手打造獨木舟，划船四處冒險。我不曉得祖父母對於兒子還自製火藥炸彈和火箭，射穿鄰居家的車庫門，有什麼感覺，不過他們買了一套化學實驗箱給他。我猜祖父母知道，最好把兒子的軍火實驗導向較具建設性的方向。

有一次，祖父母一家在內華達山脈（Sierra Nevada Mountains）的尖塔保護區（Minarets）參加童軍活動，混在一群登山者中紮營。童軍團長知道登山者是一群很特別的人士，自己帶的那群十三、四歲男孩可能會感興趣，便邀請他們過來，大家圍在營火旁，講起登山故事。父親很感興趣，一回家就買了地位有如舊約般崇高的早期登山指南《登山聖經》（*The Freedom of the Hills*），開始和一群朋友在地方上的塔瑪爾巴斯山（Mount Tam）實驗人工攀登（aid climbing，譯註：使用輔助工具的攀岩法），與登山結緣。父親暗示自己做過一些相當瘋狂的事，但很少透露詳情。我只知道我們一家人從事戶外活動時，他眼中總是同時閃爍著敬畏與無畏的光芒。

父親婚後搬到科羅拉多州，有一陣子拋下攀岩興趣，迷上另一件事。我出生前，父親把家中的獨立車庫改裝成舉重室，開始健身，很快就參加巡迴比賽，當選一九七六年的「科羅拉多先生」（Mr. Colorado）與一九八〇年的「美中先生」（Mr. Mid-America）。他在一群有如路．法瑞諾（Lou Ferrigno，譯註：初代的浩克電視節目《無敵浩克》〔*Incredible Hulk*〕演員）與阿諾．史瓦辛格（Arnold Schwarzenegger）的健身運動員中，擺姿勢展現肌肉，有辦法連做十下單手引體向上，而且幾乎把訓練心態應用在萬事萬物上。父親是胸懷冒險狂熱的健身狂。兩歲時的我長著兔寶寶牙、滿臉雀斑，站在門口看父親拿著八十磅啞鈴奮力做推舉，或是腳踝銬住倒鉤的金屬腳銬，頭下腳上掛在引體向上架上，喉嚨發出怒吼，一下又一下做著倒立版的仰臥起坐。只見他汗水沿著胸肌一路延伸到肚臍的深溝，直線滴落。父親身穿緊身短褲，肌肉發達的小腿包裹著黃色橫條紋的長筒襪。

小小的我，對父親所做的一切深感著迷。我是體重僅九十八磅（四四・四五公斤）、名不虛傳的弱雞，而且是高中快畢業才達到那樣的重量。我最早的童年回憶，就是家中總有各種肌肉突出的壯漢。那些人是父親的朋友，四處走動時，就像肌肉過度發達的猴子，身軀直挺挺地走向配重片、訓練機和訓練架。咕噥嘶吼著，四十五磅重的掛片金屬碰撞聲不絕於耳，迴盪於水泥牆間。啞鈴與槓鈴撞擊父親用廢鐵與焊接機自製的健身架。

大人們使出九牛二虎之力的嘶吼聲，夾雜在「快速馬車合唱團」（REO Speedwagon）的〈逃避中認定了一切〉（Take It On the Run）與「皇后樂團」（Queen）的〈我們將震憾你〉（We Will Rock You）歌聲之中。

看著大人臥推、深蹲、硬舉，彎曲身上的肌肉，每個人目光緊盯身上希望練出的肌肉或肌群，就像新奇有趣的馬戲團長駐鎮上。父親做的每一件事我都想模仿，還不會走路或說話前，就已經跟健美先生一樣會彎著手臂擺姿勢，引發陣陣笑聲與掌聲。大人和我擊掌，我幼小的心靈獲得極大的滿足。

現實生活中擁有漫畫人物般的爸爸，讓我看世界的方式很不同。我的家庭相簿中，有一頁放著父親穿紅色三角泳褲的拍立得照片，抹油的肌肉閃閃發亮。父親頂著到髮廊燙的金棕色鬈髮，露出一抹笑容，像野獸一樣伸展肌肉。一旁是一張我兩歲時的照片，膝蓋學父親一樣用布條包起，背上扛著槓鈴做深蹲。

哪個孩子不想模仿自己的爹地，尤其是親眼目睹父親在真實人生中的英雄之舉？我父親很早就以各種方式鼓勵我子承父業（如果那些事可稱作鼓勵）。我們家不直接送禮物給孩子，想拿禮物必有條件。早在我三歲時，那年的生日禮物是蜘蛛人風箏，領取條件是風箏的首航地點必須是某座岩峰的山頂。由於我們並未全家人都從事健身活動，週末出遊通常是去攀岩或滑雪。

我們從拉夫蘭出發，開車一小段路後，埃斯特斯公園（Estes Park）東側冒出幾座點綴天際線的灰色花崗圓頂，有的是小型圓石，有的是高八百呎的拱壁。我們下車後，往上健行半小時，抵達「雙貓頭鷹峰」（Twin Owls）底部。那座高三百呎的巨峰，形狀有如一對互相依偎的花崗岩貓頭鷹。父親用自製的全身式吊帶綁住我，只見我身上纏著數條縱橫交錯的汽車安全帶，而腳上穿的也是父親自製的攀岩鞋。父親扯下我一雙小登山鞋的鞋底，貼上具黏性的攀岩橡膠。一家人朝「貓頭鷹的腸子」（Bowels of the Owls）前進，那是一個髒兮兮的煙囪地形，裡頭積滿蝙蝠糞便。

首先，我們得穿越一個深不見底的漆黑洞穴。好像攀爬罩頂的岩壁還不夠刺激似的，父親嚇唬我裡頭可能住著山獅，吩咐我萬一被攻擊，就拿棍子戳牠們的眼睛。我至今依舊聽得見父親當時造成山壁隆隆作響的笑聲。

父親打頭陣，拖著一條繩索在前面帶路。走了約一百呎後，釘好一個固定點，讓姊姊先上去，我排第三。我沒辦法自己攀岩，父親便把我吊上去。我搖晃的手腳擦過岩壁，膝蓋破皮，一路上父親替我加油。母親則是最後一個上去。接著，再重複相同過程，一路爬到最上方。

爬到山頂時，我們被蔚藍的天空包圍，城鎮與山谷在腳下延伸。全家人打開我的風箏，風箏在風中飛舞，四人一齊歡呼。那是我第一次用繩子攀岩。在爸媽眼中，我在那一刻正式成為一名攀岩者，不過我沒想那麼多，只知道自己做了好玩的事，還讓父母開心。那樣就夠了。

另一次全家出遊，可能是我四歲的時候。我們到懷俄明州的「溫道舞休閒遊樂區」（Vedauwoo Recreation Area）攀岩，該區以雄偉的峭壁景色聞名，有的山峰緊連著露營區。我們一家人開車在晚上抵達，車頭燈照出一群騷動的青少年，他們像被風吹過的野草一樣晃動。我們一下車，眾人指著一處發出驚恐的聲音，剛才他們一個同伴爬上峭壁，在上方三十呎處失足摔落，全身淤青，神智不清地躺在岩壁平台上。

父親二話不說上前救人。雖然我們全家帶著大量攀岩設備，但他知道時間不等人，便一個人徒手攀了上去。他拉了一條繩子，但沒綁上任何保護裝置，像蜘蛛人一樣攀上岩壁。

我站在姍蒂與母親身旁，在黑暗中仰著頭，觀看父親一路爬進夜空。母親摟著我的肩，愈抓愈緊。感覺才過了幾秒鐘，父親就帶著發生意外的青少年回到地面。那個人渾身抖個不停，站都站不住，父親撐住他，四周冒出此起彼落的「謝謝你們」、「你們好厲害」，我們一家人被不絕於耳的讚美聲包圍，接受歡呼。父親揮揮手，表示小事一樁，不足掛齒，接著就開始搭帳篷。我縮進睡袋，進入夢鄉，深信父親是永遠不會犯錯的英雄。有他在，什麼都不必怕。

如果說父親是超級英雄，性格大膽，剛毅執著，母親則是典型壁花。她身材嬌小，風一吹就倒，安靜文弱，擁有聖女般的溫柔氣質，平日戴著一副厚片金框大眼鏡，放大她和藹的雙眼，外形像圖書館員。母親是加州帕薩迪納（Pasadena）人，照顧別人是她的天性。她才八歲時，我外婆就身染重病，臥床數年，外公又嚴守一九六〇年代的傳統性別分工，幾乎都在外頭工作。母親的童年因此都在換尿布和煮飯給她父親與三個弟弟吃中度過。我想她一輩子甚至不曉得什麼叫「玩」。

或許那就是母親嫁給父親的原因。他們有點像是兩個世界的人，但顯然深愛彼此。母親在家中踱步，又在擔憂些什麼的時候，父親會走過去抱住她，不停安撫她、親吻她，直到妻子破涕為笑、女兒哇哇大哭抗議。父親安慰母親時，似乎是故意在孩子面前做出誇張的舉動。他得意的笑容化解了母親深鎖的眉頭，母親的無私則填補了他的傲慢在心中留下的缺口。

爸媽在柏克萊加州大學相遇，兩人一九六八年進大學時，柏克萊是反戰與其他反權威主義抗議運動的先鋒。那個年代呼籲愛與和平，嬉皮提倡的和平口號「花的力量」（flower power）是他們的成年禮。爸媽的信念是人一生應該做有意義的事。此外，當時的風氣也加深我父親對於人性的樂觀看法，認為每件事自有其美好的一面，大自然可以昇華生命，給予靈魂勇氣。不過有趣的是，儘管我父母都是一九六〇迷幻藥年代的產物，他們卻一輩子都沒吸過毒，不管是當時或後來都沒有，這點甚至可能是他們兩人會在一起的原因。他們大概是朋友群中唯一不抽點什麼的兩個人，結果自然物以類聚。

我到很後來才知道，爸媽剛結婚時，家中得靠母親支撐。父親想做出一番事業，但性格馬虎，想當老師，卻無法專心找到合適的工作。依據母親的說法，當時父親非常熱中於登山社團。那群人反主流文化，抗拒物質主義，不願過多數人過的傳統生活，是一群熱愛搖滾、熱中於測試自身極限的嬉皮。他們和多數放蕩不羈的年輕人一樣會吸毒，不過我父親是運動員（最初是體操選手），也因此想讓身體的殿堂保持潔淨。

通常，父親凡事都想自己做主，不過母親感到另一半如果真想教書，她得插手，只是得以不著痕跡的方式。母親開始幫父親找工作，催促他動起來，後來拉夫蘭在徵老師，夫妻倆因此搬到「落磯山脈之州」——科羅拉多。

我出生後，試圖讓生活步入正軌的努力，似乎已經讓母親筋疲力盡，但誰能怪她？在我出生頭幾年，我和十幾個科羅拉多州政府寄養的孩子，生活在同一個屋簷下。母親開了一間二十四小時的家庭托兒所，年齡有大有小的孩子暫時安置在我們家。我腦海中的印象永遠是母親跑來跑去，忙著抓住渾身髒兮兮的孩子，還要哄懷中的嬰兒，順便空出手把迷你足球丟回箱子裡。老照片裡的她看起來累壞了，袖口磨損，穿著過大的運動褲，褲管拖過家中的綠色絨毛地毯。當年我還不曉得這個詞彙，不過許多安置在我們家的孩子，大概會被診斷為「行為障礙」。我只知道他們大吵大鬧，衝來衝去，讓我心中的芮氏地震儀警鈴大作。

我當時熱愛挖地道，大概是因為可以趁機離開混亂的屋內，或許那也是父親花那麼多時間健身的原因。

過去幾年，現實逐漸侵蝕父親在我心中的英雄形象。我看見老照片裡的他，用過分發達的肌肉擺出姿勢，才想起那是多數人尚不曉得類固醇會帶來有害副作用的年代。當時的健身者會從家庭醫師那拿到類固醇的處方。我不記得看過父親做出暴力或發洩怒氣的舉動，不過我搜尋記憶之後，想起家中走廊牆壁上，有一個拳頭大小的破洞。那就像在玩兒童雜誌《亮點》（*Highlights*）中「找找看，哪裡有問題」的解謎遊戲。或許父親在我心中的耀眼英雄形象讓我盲目，小時候的我很快就忘掉了那件事和其他類似事件。不符合父親形象的事極少出現。

然而，如今回想起來，我瞥見其他粉碎完美童年回憶的時刻。有一次，我四歲、姍蒂六歲，父親帶著一家四口踏上越野滑雪之旅。陽光燦爛，但冷風呼嘯，不斷捲起雪塵柱，撲刺著我們的臉頰與鼻腔，眼眶湧出不舒服的淚水。在這種天候，多數人都窩在家中，我們卻待在戶外，這使得我們一家很特別（父親不斷提醒這件事。一邊鼓勵我們前進，一邊大談這趟越野之旅有多棒）。到了半路，我跟不上家人，一腳的雪板不小心滑了出去，整個人一路摔到有著潺潺流水的峽谷上方。溪流兩側結著冰，我的雪板幸運卡住冰層邊緣，瞬間我頭下腳上掛在小溪上，頭頂離冰冷湍流只有幾公分。

我聞得到溪水的氣味，河堤的泥土味刺進鼻腔，氣血衝上腦門，眼前景象隨著心臟跳動。我一時間感到害怕又丟臉，不知道該不該呼救。上方的冰層不知多久後會斷裂。

我不曉得爸媽花了多少時間找到我，只記得他們輪流把我緊緊抱在懷中。父親先是滿意自己的好兒子沒哭，接著就變臉，把怒氣發洩在母親身上。母親理應守在最後方看著孩子，要是她好好待在自己該待的地方，就不會發生這種事。為什麼沒照著他的話做？為什麼沒做好他吩咐的事？

母親沒說話。我們籠罩在自己呼出的霧氣之中。父親把我背到背上，雙手一使力，自顧自地滑走，成為昏暗日光中的一個小點，消失在夕陽裡。母親看向姍蒂，凝視著山路起點，轉身，對著我和父親前進的方向點了個頭——那個遠離溫暖、休憩與安全的地方。母女跟著父親被風吹散的足跡繼續前進，母親乖乖殿後，照顧好姊姊。

現在回想起來，我知道父親心底其實嚇壞了，但不能把怒氣發洩在姍蒂、我或自己身上，於是母親就遭殃了。他光是在大雪中把我們帶到野外，已經是讓家人身陷險境，他也差點失去自己重視的事——四處活躍的生活方式。要是出了差錯，例如像我先前那樣滑落山谷，險些溺死，他心目中的美好人生計畫，就會毀於一旦。因為賭注太高，他需要每個人都照他說的做，每個人都得盡力做好自己分配到的工作。我很願意跟從，不覺得那是負擔，反而興高采烈地接受。

我的父親邁克·考德威爾（Mike Caldwell）一生之中，在眾人面前扮演了許多角色，包括教師、教練、狂熱人士，也是某種冒險犯難的救世主。然而，我怎麼可能不對父親充滿感激之情？因為擁有這樣一位父親，我的童年時常感到生活多采多姿，有如徜徉於公海的海盜，遨遊於夢想之地的探險家。我活在擁有完美同伴的世界裡，做著人們太常因為長大就消失的美夢。父親的肩膀夠寬大，足以同時扛住我們父子二人。如果他希望別人一起生活在夢幻國度，其實是出於好心，沒有惡意。

有很長一段時間，每當我回想起自己一九八二年至八五年間的挖地道期，我很好奇大人覺得我長大後會成為什麼樣的人。為什麼我沒做同齡孩子做的事？為什麼我沒哀求去遊樂場玩，而是一個人跑去露營？為什麼我沒窩在電視螢幕前，看兒童節目《芝麻街》（*Sesame Street*）或卡通《叔比狗》（*Scooby-Doo*）？為什麼我手裡握的不是蠟筆，而是鏟柄？當然，那些經歷造就了今日的我，然而姍蒂後來指出，我們兩個孩子為什麼這麼常被拋下，我不這麼看事情，只是姊姊心中確實那麼想。此外，我大一點後，我們一家四口似乎分成兩組，爸爸和湯米一組，媽媽和姍蒂一組。是什麼讓我們走向分歧的道路？

我和多數人一樣是爸媽的綜合體。我比父親內向，喜歡安靜專注在自己的事情上。我的體型不如同齡小孩，又特別害羞，但不算不快樂。我們家會上教堂；我可以一個人對著角落，不發一語上完一小時的主日學。我活在自己的世界裡，但是對日常事物有極大的好奇心。除了挖地道，還曾花整整十個小時，一個人待在後院的果園，把數千條蚯蚓放進一台迷你拖車，蚯蚓山高到滿出拖車的護欄。此外，我也喜歡剪雜誌，把每一頁紙剪成一吋大小的三角形，再將彩色碎紙塞滿一個個的紙袋。有的人大概感到這個孩子不只是有一點怪而已。

一九八二年發生的一起意外事件，可能改變了我的人生走向，確保我日後沒成為一身肌肉的壯漢。父親當時正在指導體操學生做單槓動作，結果那個孩子掉下器材，父親為了接住他，二頭肌肌腱斷裂，健身事業就此結束，只得重返年輕時的攀岩興趣。許多人對攀岩有所誤解，重點不在於擁有一身肌肉。更重要的其實是手指的力量、核心張力、平衡感、心智控制與技巧。父親攀岩時和他做其他事一樣，絕不淺嘗即止，而且這次還帶上兒子。登山與戶外活動成了生活，成了信仰。我們全家搬到埃斯特斯公園的山村，買下附帶一面三十呎山壁的房子。父親暑假在「科羅拉多高山學校」（Colorado Mountain School）當嚮導，突然間，他堅持要藉由爬山、攀岩和野外遠足，改變我童年的害羞性格。

其他孩子週末打球，到「出奇老鼠」（Chuck E. Cheese's）遊樂場參加生日派對，但是身為邁克．考德威爾的兒子，意味著只有娘娘腔才會打樂樂棒球（T-ball）。萬一碰上洪水，游泳才是實用技能。此外，少了臨時在野外過夜，就不叫冒險。我們不只全家一起健行或露營，征服高山，還睡在雪穴裡。

在我們家，偏執是一種被讚揚與鼓勵的性格。其他小孩大都靠做家事拿零用錢，但我四歲時，父親建立了體適能獎勵制度。做一百下仰臥起坐、繞街區跑一圈，或三十下伏地挺身，都可以累積得分。除了運動對身體有好處，得一分可以拿十分錢。不久後，我累積到可以買背包、越野單車、登山鞋的零用錢。偶爾，父親還會有加碼制度。我第一次連續做完二十下引體向上時，得到一支巨無霸丹麥冰淇淋甜筒，上頭有鮮奶油和櫻桃。我第一次連續跑完三哩時，父親用摩托車載我去兜風。

對我來說，我其實沒那麼想拿零用錢，但是我想讓父親高興。我永遠知道母親無條件地愛我，不過父親在朋友面前誇耀兒子進步的模樣，讓我極力想討好他。我還記得自己一開始健身的時候，雙腿痠痛到整個人縮在一起，不斷抓腿，直到皮膚發紅。我的身體逐漸適應後，痠痛程度不再那麼嚴重。當時，我不曉得什麼是乳酸，也沒聽過「跑者高潮」（runner's high），不過沒多久，我就發現自己運動時感到很開心。

我不確定自己這輩子會完全瞭解父親訓練我的用意。他可能是為了滿足自尊，表現自己的男子氣概，想跟別人不一樣，也或者只是想拉我一把，彌補早產帶來的體弱多病。我上幼兒園的時候，達到的體能強度在同齡孩子中已相當罕見。不過身材依舊瘦小，而且遺傳到母親纖細敏感的性格。

母親似乎希望我多做一點一般孩子從事的活動。她認為參加需和別人相處的團隊運動，可以幫助我不再那麼自閉。某天下午，我參加的球隊第一次站上少年棒球場，教練把球發給大家，要我們分組練習拋接。當我的同伴第一次把球丟過來，我戴著棒球手套的手，緊張地在面前揮舞，就像站在遊行花車上和觀眾打招呼一樣。我看不太到球在哪裡，只記得接下來自己躺在醫護室病床上，盯著明亮的燈光，醫生探過頭來，手上發亮的鉗子夾著一根針。我的右眼簡直變成一顆棒球，除了腫得跟球一樣大，棒球上有縫線，我的眉骨上同樣縫了十二針。

當然，我不能因為這次的事件就放棄棒球，還是繼續打，但被流放到右外野地獄，閒到發慌，用腳上的橡膠防滑鞋墊挖地，希望挖出讓丟臉的自己躲進去的大洞。別的孩子沒有因此特別欺負我，但從他們沮喪的模樣看來，顯然受不了我這麼不會打球。

被棒球打到頭的好處是發現自己另一個不足之處：我手眼協調很差。得去看另一位醫師已經很糟了，還得戴上厚鏡片的眼鏡，讓原本就突出的招風耳更加明顯。原本每天都從教室裡被叫出去上課後閱讀輔導課，已經夠丟臉了，這下子大家更是盯著我的耳朵看。

我的爸媽都想拉體弱多病的兒子一把，但有時他們似乎各拉各的，把我扯向不同方向。我得試著打棒球，也得參加父親的戶外冒險，最後在爸媽的角力之下，摔角運動恰巧讓我處於兩人影響力的中間點。

摔角是一種團隊運動，每一局都會影響總分，但也要看個人的努力。

我五歲進入少年摔角聯盟，跑步可以跑得比別人遠，還能比其他孩子做更多下伏地挺身與引體向上（甚至勝過教練）。在那種年紀，蠻力比技巧重要。我在第一場錦標賽首度上場時，走到墊上，藍色運動衫鬆垮垮地罩在瘦小身軀上，頭盔過大。接著哨音響起，我一下子就快速制服對手，從後方將人撲倒在地，制住二十秒。比賽人員拍墊子，目瞪口呆的對手站起來，雙方握手。接著我看見他開始掉淚，我的胃很不舒服，覺得自己做了不好的事。在接下來的賽季，每當對手開始哭（這種事在小朋友的摔角中屢見不鮮），我就讓他們贏。

我猜每次我輸，父親就會一陣沮喪，但也曉得發生了什麼事。他擔心我要是心腸過軟，這個世界對我而言將過於殘酷。我想母親也曉得我輸的理由，但她對兒子宅心仁厚的性情很是欣慰。

爸媽之間的拉扯還影響到我另一個興趣。爸爸暑假不必教書時，經常兼職當登山嚮導，常常好幾天不在家，有時一出門就是幾星期，也因此我跟姍蒂多數時候都和母親待在一起。母親喜歡縫紉，我看著看著也請她教我，後來針線活做得不錯。我會自己做布偶，泰迪熊是我的最愛。我可以花無數個小時剪紙樣，塞棉花。母親則在一旁指導，讚美我的好手藝。

父親到家時，我興奮地給他看我的成品。父親假裝感興趣，但我從他彆扭的臉上硬擠出的笑容，看出他對我很失望。他瞥了母親一眼，憂傷不已，不懂怎麼會教出這種兒子。母親會和父親對視幾秒，接著撇過臉，假裝在看雜誌，或是找著縫紉籃裡的頂針。我口乾舌燥，胃開始不舒服。我咬著牙，拱起背，縮著身子，悄悄收拾縫紉工具。我感到父親嚴厲的視線射穿我，讓我四分五裂，化為一片片小三角形。

如今回想起來，父親「鼓勵」我攀岩，可說是上帝賜予的禮物，儘管我也因此未能發展其他興趣。任何教養方式都會有副作用，不過父親設下的獎勵制度，以及他把我往山裡拖，的確是滿聰明的作法。他成功讓我明白他最熱愛的活動的美好之處，還走在時代的尖端，提早數十年回答了今日最時髦的教養問題：如何培養孩子的毅力？對父親和我來說，方法就是給予獎勵，鼓勵孩子做事，外加小型的創痛經驗。

夏天時，我們一家人擠進車裡，開往遠方的攀岩區。我和姍蒂對一個地方特別感興趣，導演史蒂芬．史匹柏（Steven Spielberg）的經典電影《第三類接觸》（*Close Encounters of the Third Kind*）就是在那裡拍攝的。我們一直哀求爸媽帶我們去。當時的我並不曉得那裡是全美最經典的攀岩勝地「魔鬼塔」（Devils Tower）。

魔鬼塔位於懷俄明州東北方高低起伏的大草原上，巨大圓柱高一千兩百呎。我們搭好帳篷，母親擺出摺疊椅，躺好之後，便讀起美國作家詹姆斯．米奇納（James Michener）的小說。姊姊和我則扛著背包，和父親踏上山中步道，穿梭於西黃松與響尾蛇出沒的巨石之間。走到岩壁底部時，父親檢視我們的技巧與裝備。雖然我們的目標是魔鬼塔最東邊的路線，山壁上有大量岩隙與煙囪地形，父親不需要繩子也能往上爬，但他依舊告誡我們絕對不能當成兒戲。每當父親用上自己教書的語氣，我們就知道一定要注意聽。

「記住，永遠要仔細檢查彼此的繩結，一定要扣在兩樣東西上。不要只是把腳踢進岩隙。要從斜著伸進去，左右動一動，確定不會卡住。手放在岩隙上，托住，就像抓住一把花生一樣。如果孔洞愈來愈大，找V型的洞，試著把拳頭擺進去。手臂伸遠一點，好節省力氣。」

我從小就學到，風險和魯莽完全是兩回事。父親並未把我們培養成追求刺激的腎上腺素成癮者。攀岩要做的是，選定一個令人興奮且具有潛在危險的環境，接著利用頭腦、專注力與技巧，讓那個地方變安全（爹地會在一旁小心監督）。

我們花了一整天時間攀岩，一路順著裂隙與煙囪地形蜿蜒而上，顆粒狀的粗糙岩壁擦過手臂與背部。懷俄明的風不停吹著，腳下是數百呎高空引發的興奮感，帶走身上痠痛。抵達山頂時，父親從背包拿出三明治，我們開始野餐。

一個人六歲大時，能帶來持久成就感的事不多。我們小心翼翼沿著先前爬上的路徑垂降，沿著小路返回停車處，一路上，我感到自己變高。我曉得來到這個景點的多數遊客，不可能有攀岩能力。我們的攀岩器材用吊帶掛在肩上，繩索纏繞在背上。快到停車場時，一個路人好奇攔下我們，問我們剛才爬到哪，我與高采烈回答：「我們攻頂了。」他一臉我小孩說大話的樣子，應了一聲「是喔」，就走開了。

類似的例子是我七歲時，我們第一次造訪優勝美地，那次也讓我留下一輩子深刻的印象。我們坐上家裡那台綠色廂型車，一路開上二十個小時，穿越悶熱的猶他州與內華達州沙漠，抵達著名的冰河峽谷。高聳的岩壁直上雲霄，我從未見過如此壯麗的景象，遠遠超乎想像。

我愛上優勝美地的一切。煙霧繚繞的營地，四處騎著單車的孩子，蚊子出沒的草地，古老又巨大的高聳紅杉與香柏樹，感覺恐龍曾經穿梭其中。我和姍蒂一整天主要的活動是乘著氣墊船，在麥斯德河（Merced River）順流而下，聽著半哩外霧氣籠罩的瀑布傳來的隆隆聲響。然後看著父親爬上岩壁，事後待在他身旁，聽他和朋友講故事。那群攀岩人士是我心中的英雄，他們身上散發強烈的熱情與決心，就連孩子也能被觸動。當年父親頂著壯碩二頭肌，頭上包著頭巾，我長大後就想變成那個樣子。

一年夏天，父親帶我認識最暴露於天地中的攀岩活動。全家人扛著裝滿繩索的背包，健行數小時，抵達「上優勝美地瀑布」（upper Yosemite Falls）。優勝美地瀑布是北美最高瀑布，一瀉千里。瀑布一側，垂直岩壁旁分離出巨大花崗岩「落箭塔」（Lost Arrow Spire），中間隔著一道V型缺口。落箭塔是手指狀巨岩，長三百呎，令人望而生畏，聳立於幾乎垂直的岩壁上，塔頂與谷底相距近三千呎，是優勝美地最顯眼的地標，立在半空，光是遙望就會暈眩。

那一次，父親最好的朋友兼主要攀岩夥伴藍迪．菲利司（Randy Farris）也在，負責雙重保障我的安全。我們把繩索綁在一起，從落箭塔底部與主壁之間的V型缺口垂降，接著花數小時攀爬到落箭塔頂端。

姊姊和母親完成幫忙扛設備的任務，悠閒躺在山壁邊緣，享受著內華達山脈的陽光，看著我們攀爬。

我們攀爬落箭塔時，一架直升機在底下盤旋而過，低頭就能瞧見機頂的螺旋槳。我心想，能從這個角度看直升機，實在相當罕見。抵達塔頂時，我們收起拖在身後的繩索，繩索尾端依舊好好綁在對面的出發點側邊。我們收緊繩子，在塔頂與我們的起點之間，搭起一條架空索道。父親和他的朋友施展神奇的架繩術，兩度確認裝備，並在我把自己綁好之後，三度確認我準備好了。

我望著下方的V型缺口，繩索與底下的地面之間空無一物，心想：**太酷了**。我知道父親不可能讓孩子身陷險境，我踏入半空，幾分鐘後完成驚人的橫渡攀越（Tyrolean traverse，各位可以想像成原始的溜索），回到出發地。興奮感讓我肚子虛虛的，有如飛速抵達山頂。

我看著對面就定位的父親。他微笑著，對我比起大拇指。我心中湧出挖掘地心通道的滿足感與成功感，但是這一次，我不覺得需要消失在世人眼前。我對父親點頭，同樣比出大拇指。

我感到自己屬於這個地方，胸中冒出一股歸屬感。

第2章 記不住課表的攀岩小子

一個不修邊幅的老人，站在我家客廳的絨毛地毯上，鬍子發白，水桶肚挺了出來，後方是暗褐色的橡木書架，上頭塞滿父親做了摺角記號的登山叢書。老人看起來像被框在牆上，一旁張著一條幾乎和他一樣皺巴巴的床單，昏暗微光在上頭投影出霧氣繚繞的酋長岩。我五歲，身上是穿了整個夏天的超人睡衣，膝蓋部分的布料都磨薄了。滿屋子的男人穿著髒兮兮的衣服，大口喝著啤酒，談笑風生，一片白噪音；他們是母親平日照顧的孩子的成人版。只不過母親人不在客廳，大概是在廚房幫男人準備飲料，或是多張羅點吃的。

父親臉上掛著大大的笑容，走來走去招呼客人，一隻手摟住一位朋友的肩膀，另一手用二頭肌抓住另一人。有人說了幾句話，父親仰頭大笑，一旁的人則笑到腰直不起來，手撐在膝蓋上，緩緩搖著頭。

我感激大人允許我待在他們身旁。儘管我小心翼翼穿梭在大人的腿間，但依舊撞上一個人。我抬頭看，被撞到的人低頭查看。我對他微笑，他的臉看起來有些疑惑又有些吃驚。我趕緊逃開，但另一人將我從腋下一把抱住，突然間飛到了半空。我一邊蠕動一邊笑，落地後再次跑開，但再度被一個大笑的大鬍子男人抓住：「你投降了嗎？」

客廳前方那個不修邊幅的老人，把玻璃杯舉到嘴邊，一飲而盡，放下空杯子。四周的空氣飄蕩著啤酒味與體味。

老人大喊：「該死的秀該開始了，我是說投影秀。各位，我們開始了好嗎？」父親幫忙吆喝了幾聲，騷動逐漸平息，秀中秀終於可以開始。

§

除了爸媽，我童年時期還受幾個人影響。一九八三年那個晚上，爸爸呼朋引伴，請來攀岩朋友齊聚一堂，聽登山界的傳奇人物講自己不可思議的英勇冒險。

我還記得華倫．哈定（Warren Harding）的眼睛像施了魔法一樣把我定住。他兩眼通紅，充滿野性；那種眼睛藏著祕密，經歷過危機四伏的冒險，但仍會因為驚奇與喜悅而瞪大。哈定的雙眼底下，酒糟鼻縱貫皺紋滿布的面容。當晚開場時，哈定還很清醒，以慣有的方式講故事，氣定神閒地說著自己如何和女人上床，喝酒，還拐騙搞不清楚狀況的年輕攀岩者一起爬酋長岩，連爬了好幾週。哈定的口頭禪是「攀岩是美好的瘋狂」。他整個人舉止粗野，但性格率真，是所有人的英雄。他的故事令我瞪大眼睛，忍不住微笑。我記得我望了望屋內的人，看見爸爸興奮地點頭。

後來，等我全心投入攀岩這項運動，我閱讀、耳聞更多這位大鬍子胖男人的歷史。哈定在一九五八年成為攀登酋長岩的第一人。他的信念、他的意志力、他不屈不撓的精神，和他的力氣一樣重要，讓他達到那樣的成就，把攀岩提升到另一個層次。當年大家都認為酋長岩不可能攀登，因為太陡峭、太光滑、太龐大。在哈定的年代，他的死對頭羅耶・羅賓斯（Royal Robbins）是另一位攀岩先鋒。羅賓斯表示：「早期，酋長岩教人難以忽視，但大家不會多想，因為那是『絕對不可能』攀登的地方。根本沒人想過要爬，那簡直是超乎想像的大躍進。」

對哈定來講（大概也只有對他來講），酋長岩並非不可能的任務。他花了整整兩季的時間，在岩壁架設固定繩，把繩索固定在地面與他的團隊愈推愈高的高點之間，靠繩子把裝備運上去，敲進自己蒐羅的各種形狀、尺寸的廢金屬岩釘，輔助攀登。哈定的著名事跡是在較寬的岩隙，用上鋸下的爐腳，又在大片缺乏裂隙的地帶，徒手將螺栓與磚頭鉚釘鑽進岩內。由於工程過於浩大，攀岩夥伴紛紛離去，但哈定從不放棄，晚上也不休息，十七個小時不停歇，一連在空白花崗岩上打進二十八個錨栓（bolt），釘出一道虛擬梯子，靠著堅持到最後，奠定自己的地位。

在那個年代，攀登酋長岩確實是大工程。哈定主要採取人工攀登，有時也稱為「人造」（artificial）攀岩，就是靠抓著裝備讓自己往上。「自由攀登」（free climbing）則完全單靠身體（一般靠手腳）在岩石上施力，不靠輔助。許多攀岩人士受不了外界常把「自由攀登」當成「自由獨攀」（free soloing，攀登時不繫繩子）。自由攀登是以自身力量攀登，繩子與裝備只是為了墜落時保命。

當年**不論**是以哪種方式爬上酋長岩，對多數人來說純粹是癡人說夢。哈定的路線被恰如其分地命名為「鼻子」（the Nose），也就是爬上三千呎岩面中央那個突出的部分。「鼻子」大概是今日全球最著名的攀岩路線。

哈定接下來又在優勝美地三十個攀岩點創下首攀記錄，成為今日人們仍在使用的「大岩壁技巧」（big wall technique）先鋒。他帶有自嘲意味的座右銘是「永遠荒謬」（Semper Farcisimus!）。此外，他在我家做的旅遊演講題目是「往下攀登：攀岩傳奇的興衰史」（Downward Bound: The Rise and Fall of a Rock-Climbing Legend）。

我那時年齡太小，不曉得自己出身「攀岩世家」，日後讀到更多哈定及其他攀岩前輩的故事，才曉得優勝美地相當於棒球的洋基體育場（Yankee Stadium）或芬威球場（Fenway Park），而我不只是能夠現場觀球，甚至人就在場上，或至少在球員休息室裡。哈定出現在自家客廳，就像邀請到棒球之神貝比·魯斯（Babe Ruth）來家裡吃晚飯。儘管當時的他已經過了全盛期，而且酗酒，依舊是一則傳奇。

我見到的哈定已經失去往日風采，但我還是可以想像他在一九五〇年代和六〇年代初的模樣，也就是他首度挑戰優勝美地岩壁的時期。我見到的哈定，仍保有淘氣精神。人人都知道他愛說笑，他把攀岩看得很重，但從不自視甚高。被問到為何攀岩，他回答：「因為我們瘋了，那大概是唯一的原因。」至於他是如何成功挑戰特別困難的路線，他回答：「我從底部開始，接著往上爬。」我父親很喜歡他那樣的態度，再三告誡我：「謙虛是登頂最好的方法。」

在哈定的年代，優勝美地充滿冒險、自由與激烈競爭。攀岩者自訂一套規則，搶著成為爬上各個巨大岩壁的第一人。然而，不同派別對於該如何攀岩，各有一套見解。

哈定和自己的追隨者跑在眾人前面，另一群攀岩者則被他嘲諷為「山谷基督徒」（Valley Christians）。因為那一派堅守自創的攀岩道德規範，領袖是傑出的羅賓斯，風格則強調攀岩時盡量減少對岩面的傷害，不過度依賴固定繩索等攻城攀岩技巧（siege）。羅賓斯不強調**能否**攻頂，更重視的是攻頂**方式**。

哈定和羅賓斯截然不同，骨子裡是反叛者，就連在攀岩世界也反對主流文化，喜歡叫別人滾開，他要用自己的方式做事。他講過一段話：「噢，神啊，我永遠一團混亂。我痛恨羅賓斯那種高高在上的攀岩者。他也不是故意的。他天生就是那種人，井井有條，能力出眾，我嫉妒他。」

哈定和羅賓斯之間的瑜亮情結為人津津樂道。兩位傳奇人士的競爭，到了酋長岩東南面的攀岩競賽時達到高點，位置就在哈定一九五八年鼻子路線的右方。那裡是全優勝美地最大、最陡峭、看起來最不可能攀登的岩壁。如果真能成功上去，不論是採取哪種方式，將證明世上沒有不能爬的岩壁。

一九七〇年，哈定與攀岩夥伴迪恩．考德威爾（Dean Caldwell，我們兩人同姓，但沒有血緣關係）帶著十二天份的食物飲水出發。結果中途氣候變糟，他們窩在吊床上，接著繼續前進，有時在暴風雨中攀登，把十二天份的口糧節省成兩週的份，接著又節省成三週的份。其他攀岩者不認為他們能在岩壁上撐那麼多天，試圖援救，但哈定就是哈定，拒絕大家的好意，仍舊繼續前進，幾乎全程採取人工攀岩方式；山壁實在太陡峭，太光滑，他們甚至沒想過自由攀登的可能性。

考德威爾途中一度寫了一張紙條，塞進錫罐，扔下山壁，上頭寫著：「我們一定是全世界最悲慘、最落湯雞、最冷、最臭、最不幸的兩個人，但我們還活著，真正活著，就像人們很少做到的那樣活著。」

他們的英雄事跡太過精彩，大家口耳相傳，許多人聚集在下方草原，或是擠在酋長岩上（從後方可以步行上去）觀看。哈定和考德威爾在山壁上連續待了二十七天後登頂，一大群電視攝影機和記者等著他們。他們成為登山史上最熱門事件的主角，就連桀驁不馴的哈定都因為這次嚴酷的考驗，虛弱得精神不濟，必須躲在大石頭後大吼大叫一番，才有辦法面對群眾。

哈定這條著名的人工攀登路線，日後被稱為「破曉曙光之牆」（Wall of the Early Morning Light）。日出的第一道光，讓全球最經典的大岩壁最令人望而生畏的一段，籠罩在一片燦爛的橘色晨霞中。這些年來，那一段酋長岩以一個類似的名字聞名：黎明之牆。

當時年齡還小的我，並未意識到哈定那場一九八三年的投影片演講，燃起我心中的火花。日後我讀到他更多事跡，火花變成了小火焰。我想模仿父親、哈定與父親那群攀岩的朋友，想和他們一樣待在大岩壁上，做從來沒人做過的事。

哈定不是我父親那群攀岩朋友的一員。他願意受邀到我們家演講，是因為父親在地方嚮導公司「科羅拉多高山學校」工作。那場投影片秀登場時，母親剛結束日托中心的營運，開始到高山學校的辦公室上班。學校的老闆兼經營者麥克．唐納修（Mike Donahue）是父親最好的朋友。

唐納修是個很了不起的人，和我父親一樣熱愛高山、熱愛戶外活動。我父親以救世主的狂熱四處宣揚攀岩的美好與長處，唐納修也抱持相同的傳教情懷，但態度較為輕鬆溫和。如果說父親是戰士，唐納修就是詩人兼哲學家，兩人的風格差異，從一件事就看得出來：他們評估由誰當出團嚮導時，如果是「不攻頂就絕不下山」的團體，由父親負責帶領。

如果只想體驗登山、要是能攻頂那更好的客人，就由唐納修負責。唐納修採取慢慢來，不時停下來嗅一嗅玫瑰芬芳的登山方式。雖然許多人認為，要在登山社群占有一席之地，一生至少得爬過一次附近一帶最傳奇的山壁「朗斯峰」（Longs Peak）東側，但唐納修似乎不在意自己不曾上去過。如同他自己所言：「不成功的美好冒險，遠勝過一切按表操課的攀登。」

唐納修經常臨時起意，就地紮營，我父親和其他嚮導曾經好幾度以為他帶的團碰上麻煩，跑到山上搜救。不過大都只是唐納修在山裡待得太開心，延長原定的逗留時間；有時他一口氣多待了好幾天，不是好幾個小時而已。儘管如此，唐納修不是生性散漫的人，他自己估算過，標高近一四二五九呎（約四千三百公尺）的朗斯峰，他爬過不下兩百五十次。

唐納修的外表，幾乎跟人們刻板印象中白髮蒼蒼的山中野人一樣。滿臉大鬍子，身材瘦弱，一頭亂髮，但個性十分隨和。從小，我就被他寬大的心胸與大笑吸引。他的鬍子和頭髮裡總是混著小樹枝，我總是想像小鳥在上頭築巢。今日我的腦海中，依舊浮現許多他在天寒地凍中的登山照片。結凍的鼻水與呼出的霧氣，看起來像霜淇淋一樣貼在他微笑的臉龐上。

我們家常和唐納修一家人來往。他們住在附近的艾倫斯帕克（Allenspark）社區，他們的生活方式深深影響著我。父親在科羅拉多高山學校的工作賺不了太多錢，那不是非營利組織，但也差不多，反正不是競爭對手大財團開的那種。唐納修一家人投身那間學校，是為了愛，不是為了錢。

小時候我喜歡去唐納修家玩。唐納修和太太佩姬（Peggy）帶著三個孩子，住在茂密的扭葉松森林裡。他們住的小木屋原是泥土地，我去玩的時候，已經鋪上未磨光的松材木板。戶外廁所四周堆放著長排木柴，壁爐是屋內唯一有熱氣和亮光的地方。他們沒有自來水，廚房角落擺著大水桶和塑膠罐。大人圍坐火坑喝酒講故事，木柴劈里啪啦燒著。他們家的小兒子托比亞（Tobias）年齡和我差不多，我們結為好友，在樹林裡四處玩耍，直到大人的火堆熄滅成小點。

我和托比亞拿著斧頭蒐集木柴，蓋起印第安帳篷和小木棚。有時還騎馬出要塞，突襲敵人的印第安營地，向攻擊我們的部落復仇。有時我們坐在印第安帳篷裡，想像自己打獵歸來，替即將來臨的冬天準備禦寒皮革。松果是我們向彼此陣營宣戰的武器，有的大如蘋果，甚至巨如葡萄柚。

托比亞和我生起營火，盡量讓火一燒就是好幾天。我們輪流守著火堆，一個人睡覺，一個人顧火。直到今天，我依然感覺得到自己因為蹲在火堆旁數小時，煙霧刺著眼睛、鼻腔乾燥，柴火流出黏稠的松樹汁液，手和衣服弄得髒兮兮的。

樹林就像我的家，唐納修一家人的生活令我嚮往。我和托比亞興趣相仿，腦中都有栩栩栩如生的幻想冒險。我們一起在深夜裡奔跑，直到冒汗的手臂冷卻，起雞皮疙瘩，才回到我們（或父母）的火堆旁。

§

「嘿，湯米，快點，該起來了。」

我睡眼惺忪，黑夜裡看不清父親的臉。他搖搖我的腿，拍了一下。

父親模糊的身影消失，我踏上冰冷的地板，時間是凌晨兩點十五分。我感到心跳加速，站在馬桶前雙腳輪流跳，希望快點清空膀胱。好了之後抖了抖，快步回房。

放在書桌上的背包，前一天晚上就準備好了。我翻找一番，匆忙套上衣服褲子外套，急忙下樓，跑到車道上。父親生鏽、老舊的日產Sentra車門不悅地嘎吱作響，不肯讓我打開。坐進車內，父親大杯黑咖啡的氣味，讓人知道另一場冒險即將展開。我心中七上八下，既期待又想睡，還擔心自己無法完成父親的挑戰，辜負他的信任。

閃爍星光下，山徑起點的寒氣穿透羊毛衣，我一下子清醒過來。背著繩子踏上陡峭步道，幾分鐘內寒意便化為熱汗。

我匆匆踏過樹根與石塊，問父親：「你覺得我這個年紀的孩子，有人爬過鑽石嶺（Diamond）嗎？」

「絕對沒有，你一定是最小的一個。」父親退到一旁，讓我負責帶路。在林中走了一小時後，我們穿越荒蕪的高山凍原，冷風襲來。我們像稱為「鼠兔」（pica）的小山鼠一樣，在圓石間跳來跳去，在頭燈射出的光束中疾走。東邊三十哩處，往四面八方延伸的弗蘭特嶺（Front Range）透出零星亮光。

那些人正舒舒服服躺在被窩裡，還要好幾個小時才會醒來。我雙腳發抖，氣喘吁吁，但我和父親達到更高的精神境界。父親平日的教導，讓我改從他的觀點看世界，我同情無法體驗到乾冷空氣與登山興奮感的人們。他們這輩子真的醒來過嗎？

裂口湖（Chasm Lake）的冰冷湖水刺痛我的牙。我們在湖邊短暫停留，裝滿水壺，繼續穿越石堆地形，抵達岩壁山腳。我解開攀岩繩時，依舊感覺到先前賣力健行三小時的疲累。岩壁底部延展出一片裙狀雪原。父親綁好一頭的繩子，看著我綁好另一頭，接著抓住一片銳利岩石，在雪原上敲出台階。鑽石嶺就高聳在上方。

§

一九九〇年八月，我十二歲，父親認為我準備好爬上科羅拉多第一大高山岩壁，那是一道高度近兩千呎的垂直花崗岩，位於朗斯峰東側，由於形狀的緣故，被稱為「鑽石嶺」，是美國本土最高的高山大岩壁。起始點位於海拔一萬兩千呎以上，從弗蘭特嶺的平頂處即可望見。水流像黑色獠牙一瀉千里，咬向褐色石盾。站在底部時，岩壁看起來朝一個方向歪斜，好像即將坍方在你身上。究竟要如何攀爬到頂部是個謎，但父親在我身旁，我知道他對我們兩人有信心。

爸爸考量我的年齡，選了鑽石嶺最簡單的路線，但不管是哪條路線，只要能攀上鑽石嶺，已經算是許多人一生一次的攀岩成就。我過八歲生日時，就爬過這座山，那是我唯一要求的生日禮物，但那一次攀的是北坡較為輕鬆的路線，基本上是走上去的，只用繩子攀個兩百呎而已。這下子，我準備好接受真正的挑戰。我知道從鑽石嶺出發的攀岩者，不到五成能攻頂，天候與攀岩經驗值等太多因素影響了成功率。我沒聽說過我這個年齡的人成功過，因此更加興奮，不過重點不是冒險犯難帶來的刺激感。我想要突破自己的極限，看看平日的努力是否帶來成效。

鑽石嶺是我這一生第一場真正的考驗。

我生性害羞，不善社交。我是絕不會告訴任何人這件事，但我暗地裡把自己視作一名小戰士，花了無數小時健身。在健身房，或是和父親一起攀爬峭壁時，我的體能表現勝過其他孩子，甚至超越大人。除了那些輸了就哭、我故意禮讓的孩子，摔角時也幾乎贏過所有人。儘管如此，任何在學校走廊上看見我的人（如果我真的被注意到），他們絕對想像不到我的實力。我不曾在任何人面前炫耀，也不曾在別人面前做運動員會有的動作，不會握拳叫好，拍打胸膛，或是發出「嘿，你們看我」的表示。

儘管如此，我還是想抓住機會讓每個人知道，我不只是一個戴著大眼鏡、上特殊教育課程的孩子。七年級時，我的體育老師成立鼓勵體能活動的「百哩健將俱樂部」（Hundred-Miler Club）。我們在一張分數表上追蹤自己做的運動，例如健行、跑步、騎腳踏車、伏地挺身、仰臥起坐等等，做不同的運動可以得到不同的分數，目標是達到一百分。老師宣布挑戰的那個下午，我興奮極了，從公車站一路跑回家，接著詳實記錄跑步哩程數。

前三名的孩子將在學年末的大會上接受表揚，我一週就輕鬆拿到一百分。拜託，我和父親每個週末都健行二十哩。我和平日一樣瘋狂健身，記下自己做的所有運動。學年末全校集合時，我知道自己早就贏過每一個人，我靜靜坐在體育館看台上，內心激動不已。表現普通的孩子先被叫上台領取證書，接著是成績還不錯的人。體育老師和校長最後才會上台頒獎給前三名。

戴著粗框眼鏡的我，笑到合不攏嘴，等不及被叫上台。**第三名：布萊恩·梅克瑞（Bryan Mecray），兩百哩**。我連招風耳都亮了起來。學校讓老師也參加，所以，**第二名是沃爾芙老師（Mrs. Wolf），三百二十七哩**。我的心臟都要跳出來了。**第一名：泰·**

盧德朗（Tae Ludlam），五百四十八哩！所有人鼓掌歡呼。

我的心碎了。他們不相信我。我的分數超過八百哩，遠遠超出所有人，他們根本不相信那個沒人理的瘦皮猴，那個永遠靜靜待在一旁的孩子，有可能完成記錄上的活動。然而我吞下淚水，化悲傷的心情為動力。爸爸永遠告訴我，重點不是你發生了什麼事，而是你如何回應自己碰上的事。

我站在鑽石嶺下方，已經準備好了。一切的訓練讓我培養出心理紀律，愈挫愈勇，而且我幾乎從會走路就在爬山。父親口中從來沒有失敗或放棄，也從來沒有恐懼。他只談準備工作與安全預防措施，談從事攀岩等冒險活動要盡量掌控各種變數。

父親小心翼翼攀上結凍的雪原與岩塊，我負責鬆繩。每一段繩距將由他領攀，他先上去，在他依據自己的判斷選擇的間隔處，放上可移除的保護點。那種作法被稱為「傳統攀登」（trad climbing／traditional climbing，相對應的是「運動攀登」〔sport climbing〕，保護點是永久固定的錨栓）。父親的裝備如果放置得宜，可以保護自己，萬一摔下，墜落長度自然是最後一個保護點的兩倍。

我懂什麼叫害怕，但父親在我身邊時，我不曾感受過恐懼，也不擔心我們之間巨大的體重差異，將如何影響我替他安全確保的程度。父親的體重約七十七公斤，大概是我的兩倍。也就是說萬一他滑落，我將被用力扯向固定點，同一時間還要試著抓住確保器，撐過龐大的衝擊力道。萬一真的發生事故，我大概會控制不住繩子，害到父親。那個畫面太恐怖了，父親會受傷，因為我的過錯而受傷，我們將卡在半空中。不過我當下自然沒想那麼多，父親對自己的能力極具信心，基本上，他一個人自由獨攀鑽石嶺也沒問題。

我們在雪原上短短前進一段距離，經過一個六百呎高的陡峭鬆軟煙囪地形後，抵達了「百老匯大道」（Broadway），也就是真正開始攀岩前的一個底部巨型平台。

我負責確保，父親像電影裡的金剛輕鬆爬上摩天大樓一樣，從容不迫，有條不紊，小心翼翼把手指擺上天然的岩階與裂隙，施力前先測試一下岩面是否結實。他往上爬了一百五十呎左右，接著尋找可以當結實保護點、設置固定點的好地方。他喊我可以「準備攀登」時，我移除了自己的固定點，開始攀岩，眼神搜尋岩面，尋找合適路線，瞬間分析自己能碰到的支點，靠直覺把身體定位在能持續往上的地方。我頭上的黃色頭盔太大，狼狽地斜向一邊。我舉起細瘦的竹竿腿，踩上小踏足點，雙腿顫抖。我努力專心，研究支點的形狀，手有時抓、有時放，盡量節省力氣。我大口吸著稀薄空氣，碰上好的腳點就休息。冰冷的岩石讓手指失去知覺。我在每一個落腳點都停下來平衡身體，讓緊抓著堅硬岩面的手指休息一下，握拳，並對著發紅的手指吹氣。

父親在上方大聲叮嚀：「要暖手的話，把手放在肚子上！」

我一邊爬，一邊從岩隙取下器材，扣在肩膀繩環上。我爬到父親的固定點時，他會抓起器材，重新掛在自己的裝備繩上，幾分鐘內再度展開下一個繩距。我們抵達百老匯上方的第三個繩距時，太陽讓岩壁升溫，前一晚結凍的冰片開始掉落。

高處一個煙囪地形開始掉落大塊冰片，靜靜穿越我們身旁，看似平和，事實上卻可能致命。有一次，一個西瓜大的冰塊砸在附近岩台上，碎冰四濺，刺到我身上。我閉上眼睛，彷彿自己處於槍林彈雨之中。我日後學到重力加速度是每平方秒九・八公尺，不過當時我只會用被托比亞的松果打到來比喻。我調整頭盔帶子，深吸一口氣，看著上方岩壁，又望了望四周。

冰川融化，落石有如飛降的瀑布，一路掉進我們左側下方的隘谷。我看著父親，希望他看不出我內心湧出的恐懼，我感到自己好渺小。父親瞇起眼睛，緊閉雙唇，捲起的袖子露出粗壯手臂，肌腱像地勢圖上的河川突起。父親眉頭深鎖，我看得出他正在決定一件事。

「好，這次我爬下一段的時候，你負責觀察冰。萬一會砸到我，就出聲警告。」父親露出一個笑容，我立刻感到安心。父親信任我。突然間，我的身體沒先前冷了。父親對我有責任，而我也可以照顧父親。

下方地面消失不見，波光粼粼的裂口湖遠在天邊，城鎮的世俗生活更是消失在遠方。早上十一點左右，暴風雲層開始在我們上方聚集，大氣層中帶電的空氣刺著手臂上的皮膚，空氣隆隆作響。我們加快速度。

很快地，我們在一萬四千呎左右的高度登頂，完成鑽石嶺。我們加快速度，一登頂就衝向一旁的低矮岩面。下山時天空打開一個洞，向我們投擲冰雹。父親在轟隆隆的雷聲中，急忙吩咐：「你繼續從那個斜坡下去，我來收繩！馬上就跟上你。」空氣聞起來不一樣了，電的氣味蓋過雨水和岩石的味道，遠方閃電劈裂蒼穹。

我和父親完美同步，很快就衝到步道上，路過一群渾身濕答答的登山客。快回到步道起點時，我的雙腿精疲力竭，不停抽動，乾裂的嘴唇在流血。我和父親坐進車內，鬆了一口氣，全身濕透，疲憊不堪。我動也不動坐著，十三小時以來第一次真正的休息。今天是我在山中待過最重要的一天。回程途中，我們靜靜開著車，父親靠過來咧嘴而笑，捏了捏我的肩膀。

我閉上眼睛，沉沉地躺進座椅，很累，但也很開心。我已經向自己證明，我有能力克服重大的挑戰。

§

一個月後，我的身體依舊感到疲憊，但開心的感覺不見了。現在是數學課時間，陽光灑落枯萎的白楊葉子。我靠矯正過的視力看著葉子自樹上飄落地面。老師講的話，就好像遠方溪流傳來的潺潺水聲，「整數」、「正整數」、「虛數」等名詞從我耳邊飄過。世上怎麼可能有人真的在乎那些東西。我不懂，為什麼似乎沒人在乎父親教我的事：淺灘帶來蜿蜒河道，流經鎮上的大湯普森河（Big Thompson River）在一九七六年暴漲，一路衝向峽谷，帶走車輛、房屋、人命。侵蝕作用磨損岩石，留下岩縫、踏腳處與平台。

我聽見自己的名字，不由自主縮了一下，看向教室前方，這才發現提爾妮（Tierney）老師剛才問了我問題。我突然想上廁所，低頭看著桌子，研究桌面紋路，希望自己能撥開那些條紋，鑽進木頭裡。我默不作聲，老師又問：「湯米，你有認真聽課嗎？」

全班同學大笑。笑聲像朗斯峰上的冰雹雨一樣落下。

在世界的某個角落，雷電每秒打在地面上一百次。美國一年遭受兩千萬次雷擊，科羅拉多州每年平均有十一人死於雷擊。我懂那些數字，就像我知道自己可以在引體向上架連續做三十下，還能以前水平的姿勢掛住二十五秒。那些才是真正重要的數字。

我沒說話，頭低低的，等著老師放過我。

§

爸媽知道我從小在學校一直跟不上，因此中學念到一半時，決定讓我轉學到父親任教的比爾瑞德中學（Bill Reed Middle School）。爸爸覺得自己的同事教得很好，或許能請他們幫幫我。轉學的第一天，我害怕地走過各扇門，依舊是個矮小害羞的學生。父親走在前頭，一路穿越人山人海的走廊，和一個個喊著「嘿，考老師！」的學生擊掌而過。我走到自己的置物櫃前，密碼組合怎麼轉都不對，覺得快把門給拆了，才終於打開。我看著空蕩蕩的櫃子，想著我從圓石市（Boulder）的海王星登山用品店（Neptune Mountaineering）買來的大量照片和貼紙，要怎麼貼上去布置。我只希望其他孩子不會發現我記不住置物櫃密碼。我以前念其他學校時也記不住，一連好幾天，怎麼樣就是想不起來，進教室時沒有正確的課本、筆記簿和文件夾。我要怎麼解釋？我為什麼記不住自己的課表？我除了當縮頭烏龜逃走，聽同學在背後嘲笑我，罵我笨蛋白癡，還能怎樣？

我可以接受父親是校內搖滾明星，我等於有他罩著。有了自信後，我上學認真起來，可以集中精神，不再忘掉置物櫃密碼一類的事。我以前覺得老師放棄我，進了父親的學校後，才有了全新的開始。父親一輩子多數時候都穿著顏色鮮豔的萊卡運動褲和緊身螢光色背心，在學校教體育和健康教育。不過為了某個原因，我念他的學校時，他教的是英文和社會，但依舊穿著運動褲和背心。他的英文課很活潑，上課有口頭問答，答對的人，他會扔糖果過去。此外，他在班上設立我小時候的獎勵制度，記錄學習近況，讓孩子彼此競爭。

父親在體育館裡架設一道攀岩牆，開課後輔導班，那堂課一下子成為全校最熱門的活動。為了增添樂趣，他還從體育館突出的陽台垂下一條繩子。此外，他教大家做先鋒墜落練習，孩子們爬到天花板上的工字梁，由繩索保護著，沿著梁前進，接著跳下來，抓著繩索另一端的學生會幫忙接住，學習確保技巧。

攀岩成為校內超酷的活動。由於我的攀岩知識比其他學生豐富，生平頭一遭，其他孩子看得起我，甚至請我教他們。我得到關注後，成績進步，開始喜歡上學。

攀岩成為我的另一種教育。一九九三年夏天，我和父親同行，前往南美的玻利維亞，當了一趟科羅拉多高山學校的嚮導。我因為從小攀岩，去過美國西部不少地方，走遍優勝美地和懷俄明州，但是拍護照照片，和父親到另一個大陸旅行，則是全新的體驗；當時如果有人告訴我，我得坐飛機去，我會回答快幫我裝氧氣瓶。我倒數出發的日子，仔細研究玻利維亞的地圖，凝視父親的攀岩雜誌和書上安地斯山中段與東段的照片，還為了鍛鍊雙腿，數度騎腳踏車上學，來回六十哩（九十六公里）。

我和父親飛抵玻利維亞首都拉巴斯（La Paz），拉巴斯位於一個高原盆地，海拔約一萬一千五百呎。稀薄的空氣與興奮的情緒令我頭昏腦脹。我們搭計程車到旅館，周遭都是明亮模糊的三原色，以及泥土屋的赭色與生鏽顏色。轎車、公車、大大小小的摩托車和行人，街道上車水馬龍。雖然我小時候喜歡獨自一人安靜待著，即將過十五歲生日的我，卻愛上當地的熱鬧喧囂。我看見一家三口與兩隻雞擠在一台冒黑煙的輕型摩托車上，一路左右蛇行，好像在縫合一道傷口，忍不住笑了出來。我打開車窗，吸進車輛廢氣，空氣中還有一絲高麗菜的腐爛發酵味。

當地的語言，我一個字也聽不懂，因此所有的感官都增強了。這是我第一次被英語以外的語言包圍。我認出街上招牌的幾個字，可口可樂與芬達汽水的標識無所不在。

父親必須向嚮導客戶證明，他這個瘦小的兒子能自立自強，於是從行程一開頭就把我當大人對待。我們抵達當地不久，父親拿了一疊二十美元鈔票給我，要我跟街角一個拿著計算機的男人換錢。換好之後，再去買我們這些外國佬喝了不會拉肚子的水。

「瓶蓋一定要是出廠後未開封過的，這樣至少確認他們不是拿用過的瓶子裝不乾淨的水。買到水之後，跟藍色攤車的孩子買啤酒。」

我點點頭，走出旅館。陽光炫目，我不得不站在原地停留幾秒，好讓眼睛適應。穿西裝的生意人快步穿越人行道，閃躲身穿玻利維亞傳統服飾的街頭小販。我好奇為什麼許多女人頭上的帽子，酷似我在美國舊西部照片上看到的亡命之徒戴的東西。女人以奇怪的角度戴著帽子，穿著五彩繽紛的刺繡上衣，袖子蓬蓬的，寬大的裙襬形成一個三角形，自腰部以下延伸，鮮豔的亮藍色布料像瀑布一般垂掛。街上的喧鬧聲中隱約傳來音樂，出旅館後的人行道上不遠處，一群男人吹奏各種木頭樂器，排笛看起來像被斜切一角的一排試管。鈴鼓叮噹作響，大鼓打著拍子，速度和我怦怦跳的心臟一樣。一個男人彈著綁在一根棍子和水桶上的線。我依照父親指示的方向，閃進一條街。踏出頭幾步路時，頭感覺輕飄飄的，好像綁在一根線上的氣球。

我找到可以換錢的人，但不曉得該說什麼。男人伸出手，骯髒的手指在計算機上敲了幾下，然後給我看螢幕。我點頭，把美元遞給他。他給我一疊玻利維亞幣。我把錢握在手中，厚厚一疊讓我嚇一跳，沒想到能換這麼多。我點點頭，道謝後走開，眼睛瞄了瞄身旁，注意看有沒有可疑人物跟著我。

賣啤酒的小販只比我大幾歲。我指了指啤酒，再用手指比要幾罐。小販微笑拿出啤酒，比手畫腳要我付錢。我從口袋掏出一疊鈔票，開始一張一張數，他立刻蓋住我的手，取走鈔票，數了幾張後，再把多的還我。交易完成了，我並未對人性失去信心，離開時沾沾自喜，沒想到自己居然能在外國合法買酒。

回到飯店後，父親謝謝我。他那聲「湯米，幹得好！」使我感到喜悅。接下來幾天，父親鼓勵我盡量體驗拉巴斯的都市生活，因為接下來就要前往山區了。

一天早上，我漫步在狹窄的丘陵街道上，望著頭上星羅棋布的電線。角落有一排市場攤子，一群老女人穿著非傳統服飾的黑衣與帽子，有的坐在椅子上，有的蹲在路旁。我後來才知道，那裡是拉巴斯市場的著名景點「女巫市集」（El Mercado de las Brujas）。我的目光先是被架上的石雕吸引，往前走的時候，攤子上方垂下的東西，差點打到我的臉。我嚇一跳往後退，定神一看竟是羊駝胎乾，一旁還擺著青蛙乾與神鷲雕像，以及裝著各式液體粉末的瓶瓶罐罐，全是待售商品。我靠著比手畫腳和結結巴巴講幾個字，得知那些女巫是善良女巫，她們賣的東西主要可以帶來好運。我跟外表看起來法力最高強的女巫買了一個小瓶子。她碰了碰自己的心和頭，對我比出大拇指，露出沒有牙齒的笑容，讓我知道我選得好。

我決定到家後，要把那個瓶子送給母親或姍蒂。想起姊姊令我有些難過，原本全家出遊攀岩或進行其他活動時，她都是重要成員，但最近幾乎不參加了。她交了其他朋友，有了別的興趣。我感覺得到父親對孩子偏心，因為我是千辛萬苦才生下的奇蹟寶寶，還是把父親當偶像的小跟班，父親的注意力大都放在我身上。但我認為姍蒂也會想來玻利維亞。我知道那瓶魔法藥水只是無聊的小玩意，但希望姊姊知道我心裡惦記著她。

我們在拉巴斯整裝幾天後，一行人擠進老舊的吉普車，前往標高二一一二五呎的伊宜馬尼峰（Illimani）的山腳村莊。抵達時，約有五十名孩子衝向我們的車隊，車還沒停妥，就爬上引擎蓋和車頂，圍在我們身旁嬉戲，互相推擠，用母語艾馬拉語（Aymara）討糖果。他們住在鐵皮泥屋裡，臉上污垢成塊，衣衫襤褸。從剛出生的嬰兒到滿臉皺紋的祖父，全家老小住在同一棟簡陋小屋，但我們身旁圍繞著歡樂笑聲，我的學校操場比起來簡直是停屍間。

父親雇了五名年輕人當挑夫，接下來兩天他們會幫忙把裝備扛到營地。我們把每一件行李分成六十磅（二十七公斤）重，挑夫用帆布包著，輕鬆扛到肩上，好像那只是我的學校書包而已。

挑夫彼此親切交談，一路上說說笑笑。登山客抱怨新靴子害自己起水泡，牛步走在山谷中，臉上寫著痛苦，氣喘吁吁，喃喃咒罵。打赤腳的挑夫則健步如飛，輕快越過絆倒雇主的石頭樹根。我們第一次停下休息時，挑夫坐下來，我看見他們黑黃的腳底長著厚繭，有如 Vibram 黃金大底五趾鞋的鞋跟。他們超前時，我追了上去，努力在羊駝閒晃的梯田山谷跟著他們。有半天時間，我們走上坡度和緩的山谷，一旁是發芽的馬鈴薯田，中間偶爾夾雜幾片草地。高度漸增，綠地消失，只剩灰色岩石與泥濘地面，和前方白雪皚皚的山脈形成強烈對比。

途中，我們在一塊突出地表的岩塊上休息，俯瞰下方山谷。我從背包拿出營養棒，一旁的挑夫打開一包仍冒著熱氣的馬鈴薯與紅蘿蔔。他點點頭，遞給我一些食物，我也分給他我的零食，但他拒絕了。一股寒風自上方冰川吹來，我從背包挖出夾克，外套隨風飄揚，害我不小心穿反了。挑夫露出溫和的微笑。

隔天，我們在一萬六千呎的高地，走在疾風中。我每走一步路，就得吸三口氣，感覺好像空氣把我體內的引擎調到低速檔，努力催油門只會更開不動。一天之中大多數時候，我都一個人走著，挑夫在前頭，父親在後方照顧攀岩客人。我學挑夫嚼古柯葉，預防高山症。古柯葉減輕了我的頭痛，是一種作用不比咖啡因強的興奮劑，不過十四歲的我依舊感到能攝入提煉古柯鹼的植物相當酷。

缺氧很痛苦，不過我還是享受前進的律動。每當我人在野外，獨自一人鍛鍊，對我來講總是有一股吸引力。

第一天晚上，我們在冰川的平坦高處紮營，周圍有三面是縱橫交錯的冰川裂口。兩名客人搭帳篷時，突然刮起一陣大風，吹走手中的帳篷，我想也不想便跑到冰川上，撲向飛走的帳篷，在帳篷掉進冰隙前及時攔住。當晚我成為營地裡的英雄，令我自豪地微笑。

接下來幾天，我們攀登伊宜馬尼峰，接著又爬上瓦伊納波托西山（Huayna Potosí）。攀登的過程我記不太清了，主要都是輕鬆的冰雪之地，比較像費力的健行。雖然我喜歡這份工作，但如果這就是登山的話，登山並不適合我。我和父親在鑽石嶺上進行的攀岩活動，才有辦法點燃我心中的熱情。

那年夏天，我等於是在玻利維亞上學，學到對自己來說真正重要的事。直到今天，每當我想起那趟旅程，記憶最深刻的是當地挑夫帶給十四歲的我的印象。他們雖未過著豐富的物質生活，但似乎滿意自己的人生。我來自不同的世界，甚至和他們說著不一樣的語言，但感覺到和他們之間有一股連結，那是我在家鄉同齡孩子身上找不到的。我已經提早感受到美國社會加諸在我身上的壓力，要我上大學，找一份好工作，好好賺錢。在我心底深處，我覺得那是沒意義的虛幻夢想。想到要拋棄我渴望的冒險生活，乖乖當個凡夫俗子，那比任何高山都可怕。

由於父親、唐納修與玻利維亞挑夫的緣故，我開始釋放心中真正的感受，找出我如何看待自己、看待這個世界，以及我在世上扮演的角色。我開始思考，或許攀岩是通往宇宙真理的道路，安安靜靜的簡單生活與大自然的美麗，才是人生真正的瑰寶。

第3章　一戰成名的孤僻少年

我站在原地凝視上方，冰箱那麼大的弧形岩塊橫在眼前，有如六十呎高的巨浪凝結在半空，棕色、黑色、白色的岩片縱橫交錯，濺起形狀大小不一的水滴。我研究起這一大片岩石的紋理，試圖找出可以下手的岩點。我閉上眼睛，想像著前方等著的事物。步槍山（Rifle）的每一段攀爬都像一場三十分鐘的高強度西洋棋賽，更是一場大腦的體育活動。我知道一旦出發，就是必須靠策略平衡體能、心智、情緒的戰役，我的心臟怦怦跳，乳酸灼燒著前臂，大腦努力要自己鎮定下來。精確度、沉著、力量、控制，我在心中演練每一個動作，告訴自己我夠好，我辦得到。

擊鼓般的心跳聲告訴我，該上場了。

我張開眼睛，點了個頭。好，我準備好了。我深深吸氣，伸手抓住第一個支點，我在岩壁上了，我在攀爬。放大的影像閃過眼前，我的身體有如奧運體操選手，一口氣完成一系列動作。我吐氣，把注意力放在眼前複雜的練習題，想著手指應該抓住哪塊岩石。一瞬間，我已經離地十幾呎，感到肌肉開始發揮作用，乳酸也發威了。

吸氣，放鬆，吐氣……抓的力道要剛剛好，夠放鬆。休息一下，重新再來，再度出發，呼吸。

好，呼，別在這浪費太多時間，得趁手指撐不住前再次移動。

快快快。

扣好錨栓。

呼吸，呼吸，呼吸。

從頭再來一遍，往前看。

這是最難的一段，放鬆，別要自己放棄。

你知道該怎麼做。

左腳踏高，感受那個小點。

臀部移過去，右側用力拉，但是別用力過頭。

慢慢來，慢慢慢來。

冷靜。

專心，專心。

再來一段，就完成了。

我扣好固定點，垂坐在吊帶裡，胸膛起伏，心臟怦怦怦跳個不停，手掌擺在大腿上休息，汗水刺痛雙眼，視線模糊起來。

瘋了，這完全是瘋了，但也是世上最美好的事。

§

我們從玻利維亞返家後，父親匆匆告訴母親此行的幾個亮點，接著又要出遠門。父親讓母親知道，我這位年輕嚮導表現得很好，母親問我感覺如何，我說：「還好。」「還好？」父親一臉不可置信，「那比『還好』還要好！這小子厲害得很，讓客人看到什麼叫真正的男人。我說真的，我讓他負責帶客人。還有那些挑夫，他們想甩掉他，但他跟上了。他們見識到他腳程有多快，把他當自己人。」

我走進自己的房間，躺在床上，想著不曉得姍蒂在哪裡。我聽見廚房有動靜，但我閉上眼睛，一下子進入夢鄉。那天晚上，家裡黑漆漆的，我走進姍蒂的房間，想送她那瓶我帶回來的魔法藥水，但她不在，我便把禮物擺在梳妝台上，和一團項鍊手鐲作伴。

一週後，我和父親前往亞利桑那州。他大概是在《攀岩》（*Climbing*）或《岩與冰》（*Rock and Ice*）看到萊蒙山（Mount Lemmon）地區的介紹。他兩本雜誌都有訂，每次雜誌一來，我們就會迫不及待拆開。萊蒙山正興起一種新型攀登，尚未被美國主流接受。父親十分感興趣，我也跟著雀躍，很想瞭解大家那麼興奮是怎麼一回事。

時代在變。在哈定的年代，以及在他之後的攀岩者，過著今朝有酒今朝醉的生活。無繩攀登（自由獨攀）很常見，硬性毒品（hardcore）也很常見，優勝美地的攀登路線因此被取了各種相關的藥物暱稱，例如：「麥司卡利托」（Mescalito）、「橘色之旅」（Tangerine Trip）與「神奇蘑菇」（Magic Mushroom）。許多攀岩者全心投入攀登，為求強化體驗，不惜一切代價，以至於日後一事無成；或許他們服用了過量的人生瑰寶。

到了一九八〇年代初，父親對攀登高階的優勝美地大岩壁已經感到厭煩。當時流行避免違反任何「倫理規範」，例如不能為了自由攀登而事先練習。這類事情聽起來或許有些荒謬，但當時的潮流就是如此。你可以想像一名體操運動員被登山社群看不起，理由竟是他事先練習過攀岩路線，破壞了攀岩這項運動的純淨度。自由攀登很自然地因為此一強硬派的看法而遇到瓶頸，攀爬大岩壁變成一種危險的人工攀登。確保點很不安全，最輕微的繃緊力道都可能扯下岩塊，造成一連串失誤。在最糟的情況下，確保會失去作用，讓先鋒者與確保者雙雙墜入死亡深淵。當時的風氣是：放置錨栓會被看不起，男子氣概占上風。

那種風氣碰觸到父親的底線。他認為高階的大岩壁攀登，已經變成不自愛的腎上腺素成癮者的失控遊戲。那種風格的攀登後來也的確走向死胡同。

當時的歐洲則已經完全重新思考攀岩。歐洲是阿爾卑斯山所在地，也是登山運動的發源地。登山在歐洲是被敬重的活動，在某些人士心中，甚至接近神聖的地位，但許多攀登者開始對攀登困難路線帶來的挑戰和樂趣更感興味，卻摒除登山活動、登山運動、甚至傳統攀岩附帶的危險。法國帶頭使用可攜式電鑽，開始在原本無法放上保護點的岩面上，每隔幾公尺放上小但結實、永久的固定點。他們利用極度強韌、具延展性卻輕盈的尼龍繩吸收墜落的衝擊力。有了錨栓和高科技繩索，墜落不再是危及性命的恐怖事件，而是奮力攀岩時可能發生的事。只要有可靠的安全系統，攀岩者就能把注意力擺在自由攀登這項體育活動的重點：陡峭岩壁最困難的岩貌，以及探索個人極限的內在旅程。

此種新型攀登後來被稱為「運動攀登」，也是今日全球最流行的攀岩類型。

運動攀登在一九八〇年代傳入美國時遭受龐大阻力。攀岩的座右銘其實就是自由，堅持己見的傳統主義者（當時多數的美國攀岩者都是）卻認為運動攀登污辱了自己的神聖追求，刻意四處宣揚「運動攀登不是運動，也不是攀登」（Sport Climbing Is Neither）。運動攀登者會尋找平滑、無裂隙的岩面，在路線上打錨栓（通常是永久的固定裝置），而跟在後頭的傳統攀登者就會將之「砍斷」（chop），也就是移除那些錨栓，兩派人馬發生爭執。我開始攀岩時，那段美國攀岩史上最醜陋、最爭論不休的年代已經停歇，但也只是稍微停歇。

我父親永遠往前看，不活在過去，也因此我們兩人在萊蒙山會打錨栓，事先練習困難動作，以安全的方式在路線上墜落。我們把手伸進攀岩粉的袋子，弄乾手指上的汗水。扎實的運動攀登，感覺像是自我懷疑、精準度與努力之間永不停歇的戰役，戰場通常是只有六十到八十呎高的困難岩壁。

我們父子在亞利桑那州碰到志同道合的攀岩者，其中一位是前體操運動員。她來自傳統攀岩背景，後來擁抱運動攀登與競爭攀登（competition climbing，有組織的新型活動，場地是裝設人工支點的夾板牆），接著前往歐洲參加國際巡迴賽。她實力堅強，拿下世界盃與數個重要獎項。在萊蒙山時，她攀爬別人不能攀的地方，先前還爬過難度級數高到難以想像的五．一四的岩壁，成為史上第一位創下這個記錄的女性。這位身高僅一五五公分、身材結實的強大女性，日後運用了豐富的攀岩技巧，成為史上自由攀登酋長岩「鼻子路線」的第一人，打破攀岩界先入為主的觀念。今日許多人依舊認為那是史上最偉大的一次攀登。她成功後，說出攀岩史上最妙的一句話，反擊當時的沙文主義：「男孩們，上得去耶。」琳．希爾（Lynn Hill）除了具備非凡的攀岩技術，也靠自己的願景改寫了攀岩史。

我當時不知道希爾創下的豐功偉業，只知道自己看見一個人身手矯健地爬上平滑如鏡的斜面，中途雙腳呈一百八十度大劈腿，腳趾頂著兩側岩面上十分錢硬幣寬的尖銳邊緣，接著保持那個姿勢，停下來抹攀岩粉，和確保者聊起天。我轉頭看向父親，我們兩個人目瞪口呆，剛剛見證了攀岩的新典範。父親從來不是害羞的人，立刻抓住機會向前和希爾攀談。我一句話也沒講，只是站在一旁讚嘆她的技巧。我和她一樣體重輕，柔軟度好，而且以我的體型來講算是壯的。我喜歡待在岩石上解題的感覺，想著接下來應該做哪些動作，就算是只有一段繩距的路線也一樣。攀岩需要的創意吸引著我。

雖然我和父親沒有多少時間可以完整瞭解運動攀登，我們學到的、做到的，深深吸引著我們。我們回到科羅拉多州，躍躍欲試。不過一九九三年的那個夏天，我們還有別的工作得做。

我們回了埃斯特斯一趟。母親只來得及幫我們洗了幾包衣服，我們就又出遠門了。父親協助我打包，我們的夏日高山嚮導工作，帶我到另一個新目的地：法國。父親這次不領嚮導費，交換讓我加入這趟旅程。我再度搭機前往異地。

法國發明了運動攀登，公認是這個領域的世界領導者，父親因此希望在客人抵達前，先到南法的著名岩壁待兩星期。我們購買一級運動攀登區域的旅遊書，在巴黎跳上火車。我們先前大都攀登花崗岩，岩壁很少超過垂直的九十度。法國多數的運動攀登則是在較小型的石灰岩峭壁，最整齊的岩面通常位於凹陷處下方，也就是角度遠超過垂直面的路線。

當地的攀岩需要用上大量體操技巧，成功的要素似乎是做出有如雜耍軟骨功的動作，才能以最有效率的方式爬上去，力量體重比是關鍵，大塊肌肉只會帶來不必要的重擔。我原本一直以為理想的攀登者體型，應該要像伐木工或消防隊員，但歐洲攀岩者和我一樣是羽量級身材，看起來就像垂直舞台與高掛頭頂的舞台上的現代舞者。

我還記得自己看著一個強壯過人的法國人，攀爬克呂斯（Cluses）區的峭壁。他身材瘦小，但肌肉結實到不可思議的程度，攀岩時肩膀上的肌肉隨著每一個動作隆起。他穿著小小的岩鞋與萊卡運動衫，一路爬上幾乎與地面平行的路線。父親試著攀爬相同路線，但手指立刻因為身體重量撐不住，他費力哀嚎。和那位法國攀岩者比起來，父親看起來像相撲選手，不論怎麼試都不成功。這還是我第一次看到父親體能不如人。

當時，我並未完全理解自己看到什麼，甚至不曉得那年夏天能待在南美與歐洲有多幸運。我父母的教養方式是不靠物質寵孩子，但如果是可以完整體驗人生的機會，他們不惜一擲千金。

我和父親在南法抓住所有的機會攀岩，模仿自己觀察到的一切，例如在地上研究支點，在困難路段迅速移動，碰到大支點再休息。那裡的攀岩活動有不同的節奏與速度。傳統攀登由於路線較長，加上必須放置個人保護點的重要安全考量，通常較為一板一眼，有點接近可能出現危險路障的馬拉松。運動攀登則有點像拳擊或摔角，在一陣的動作爆發之後，短暫抓住繩子或是在墊上暫停。儘管如此，運動攀登與傳統攀登都是攀登，都需要採取複雜的策略。

兩週時間一天天過去，我和父親手指強韌起來，開始熟悉石灰岩地形，漸漸能爬上更陡峭、更困難的路線。儘管有進步，我們每到一座峭壁，都碰上比我父親強上許多的攀岩者，但他並未感到沮喪，反而敬佩自己看到的東西，以素有的樂觀方式表達仰慕之情。

父親該工作的時間到了，我們搭火車前往夏慕尼（Chamonix）。城鎮之上，巨大山峰直指天際，構成尖銳的鋸齒狀天際線。高一萬呎的冰塔與花崗岩，聳立在鵝卵石人行道上方。白朗峰（Mont Blanc）是登山運動史上最著名的一座山，夏慕尼文化流著攀登的血液，山脈看起來冷若冰霜又神聖。登山者在法國運動文化中的地位，崇高如美國的重要球類明星。攀登是一種被景仰的熱門活動，也因此帶來不幸的副作用。我們到達不久，父親告訴我夏慕尼四周山上的喪命人數，每年超過百人。我們一抵達，父親就指著我們上白朗峰的路線。幾千呎的陡峭森林山丘，將帶我們來到一塊寸草不生的岩石陽台，我們將從那裡登上一段碎裂的冰川斜坡。接下來，要穿越大到足以吞下二十層大樓的裂口，上升至山脈的上段坡面，沿著數千呎長的藍冰邊緣，最終抵達遙遠的圓形山頂。對十四歲的我來說，那就像是遠方令人想一探究竟、但又感到七上八下的世界。我花了近一下午的時間，在旅館陽台上研究那段路程，拱著脖子，心跳加速。

為了熟悉地形，我們搭乘「南針峰纜車」（Téléphérique de l'Aiguille du Midi），三十分鐘內，一下子穿越垂直距離近兩哩的山面，眼前景象從街道商店變成草地與森林，接著是有著冰瀑與冰縫的冰川終點，再來是荒蕪的岩石、白雪、寒冰。我們跳出電梯，在聳立於冰川上的針峰開始運動攀登。四周景色美不勝收，但總給我一股不真實的感受，不知怎的，我無法專心投入。我依舊抱持小時候一下又一下挖地的心態；不是靠自己的力量抵達目的地，儘管讓攀登活動變得更可親，似乎也減少了山脈與巨岩的壯麗程度。我感覺自己好像只是從電視上看著這一天過去，並未全心投入。

隔天早上，我們見到了父親的客人，一起搭纜車到路程中段，朝山頂前進。我們走過第一段冰川，沿著有上色岩石為標誌的路線走。一條由無數冰爪踏出的冰溝，蜿蜒在圓石之中。我們看到一個人試著跳過一個冰縫，結果消失在冰川之中。幾分鐘內一台直升機抵達，繩子探進裂縫，跌下去的人幾乎毫髮無傷，以垂掛方式搭了一段簡短、但刺激的直升機之旅回夏慕尼。我們晚上待在人山人海的大騾子（Grands Mulets）小屋，地點在一塊突出的壯麗岩石上方，四周被翻滾的冰川包圍。我當場看到一個人在比我科羅拉多的家高不了多少海拔的地方昏迷。低一千呎處，一個夾板平台挖出的洞充當馬桶，衛生紙和排泄物撒落山頭。這條登山路線人擠人，我們攻頂那天只能排隊走上山；沒多少登山經驗的客人似乎只對登頂有興趣，被感到無聊透頂的嚮導拖著走。

爬完白朗峰後，我們前往瑞士策馬特（Zermatt），登上馬特洪峰（Matterhorn）的過程也是差不多的體驗。

你很難抱怨如此經典的登山點。從遠方眺望時，這些山峰的確是我見過最美的山，然而整個體驗感覺好都會，前往山頂的路線一路上標得好好的，未知的元素幾乎完全去除。到了夏天尾聲，我懷念起開發程度不高的偏遠安地斯山，以及簡單專注於懸岩的複雜攀登動作。儘管如此，我很確定一件事：我現在正式成為攀岩者了。

一九九四年的春天，父親開始拿著鑽子，從新的角度看埃斯特斯公園周圍的陡峭光滑岩段。他一如往常，一旦迷上什麼事，就卯足了勁研究，一頭鑽進運動攀登。他不在既有的路線或可用傳統方式確保的岩石上打錨栓，但結果是一樣的。雖然當時不是男人會決鬥的美國西部拓荒時代，我們抵達他打過錨栓的路線時，會發現錨栓被移除了。警告意味很濃厚，人們畫出了壁壘，不喜歡運動攀登者用錨栓「污染」他們喜歡的峭壁，不過不曾有人直接和我父親起衝突，那大概是幸事一樁。父親已經過了打類固醇的年代，但他依舊是堅守自身信念的壯漢，要是有人敢挑戰他，他絕對會站出去。

父親拒絕把攀岩看成零和賽局。在他心中，每個人、每種風格、每種類型的攀登都可以有自己的一席之地，他開闊的胸襟令他失去一些朋友。今日這種事聽起來似乎不可思議，為什麼有登山背景的人，就不能擁抱體操風格與運動攀登的技巧？畢竟除了可以享受到更多樂趣之外，能夠結合新型技巧與高難度路線的人士，有可能改變全局。父親的包容哲學深深影響我的成長過程。我認識各式各樣的攀岩者，要是人們的做事方法和我不一樣，我不會因此不假思索地鄙視他們的努力。我會試著學習，讓自己增加技巧。從某方面來講，我在攀岩以外的人生其他領域，也採取這種「讓每個人以自己的方式生活」的心態。我在學校時，就不喜歡小圈子的生活，抗拒要配合別人的價值觀與期待的壓力。我認為把學生分成四肢發達的運動員、土包子、酷孩子、惡霸的學校社交階層，根本既無聊又小鼻子小眼睛。

儘管美國人害怕歐洲風格「入侵」，運動攀登依舊成為一種小眾流行，證據是大城市開始冒出室內攀登設施。我們有時會來回開三小時的車，到科羅拉多州丹佛市（Denver）的天堂攀岩館（Paradise Rock Gym）自我訓練。一天下午，父親試著攀爬上方傾斜二十度的懸岩路線，有一個大交叉動作，不管怎麼試就是不成功。父親連試幾次，最後都掛在繩上，怎麼都抓不到訣竅。我說我可以試試看，父親翻了一個「那就祝你好運」的白眼，但還是幫我確保。我抵達他卡關的地方，小試一下就通過了。那是我第一次展現出比父親純熟的技術，半空中沒有神蹟般的太陽光束落下來照亮我，父親手中也沒出現傳遞給我的火把。我沒感到體內湧出腎上腺素，沒覺得自己比父親厲害，什麼事都沒發生。事實上，要不是我建議父親換一種方法，嘗試讓右腳的腳點高一點，臀部往右方多挪一點，整件事可能就像從來沒發生過一樣。父親的表情通常很好懂。我提出攀爬建議之後，當下讀他的表情，就像在讀一連串的照片縮圖，每一個表情都僵在那等你點選。父親先是感到狼狽，再來是失望、生氣，最後是感到自豪，決定再試一遍那條路線。

此外，父親下定決定造訪全美最好（也是最難）的運動攀登路線。就我的記憶所及，接下來的一九九五年夏天，我們的攀岩之旅第一次沒有造訪優勝美地的高聳岩壁或遠方山脈，而是前往懷俄明州、加州、猶他州。我們開始實驗運動攀登前，待在岩石與高山上的主要目的是累積經驗，而不是為了讓體能挑戰進階。至少以我們追求的級數來講，幾乎都能成功，父親沒興趣提高風險。換成運動攀登後，重點變成追求進步：我能以多流暢的方式，從一個姿勢轉換到下一個姿勢？我能以多快的速度從A點抵達B點？我如何能以最有效的方式串起一系列動作？

以逼近極限的方式攀登所需要的專注力，似乎強化了我的感官。岩面的對比跳到眼前，我注意到風中傳來的杜松芬芳香氣，更加感受到自身呼吸的韻律與身體動作的精準度。我和父親每天都攀岩，測試自己，拓展攀爬不同類型的岩面的動作技巧庫，接著晚上開車奔往下一個攀岩區。每到一個地方，我感到自己比先前更強壯、更輕巧、技巧更上一層樓，我開始渴望進步的感受。

我們為了給這趟攀岩之旅畫下句點，前往鹽湖城（Salt Lake City），在一個名為「美國福克」（American Fork）的小峽谷待上一週。那年夏天我們攀了太多岩，我的卡路里攝取趕不上，手指變得強而有力，背上隆起小型肌肉，前臂露出青筋。攀岩練習結束、踏上歸途前，我們順道去參觀「雪鳥賽」（Snowbird Competition）。

美國第一場重要的攀岩賽事在一九八八年舉辦，地點在猶他州雪鳥滑雪勝地的一棟度假旅館旁。牆面打上人工支點、十二層樓高的旅館屋頂附近，搭建起一個十呎的大角度仰角岩壁。電視轉播了那場賽事，我們錄了下來，用錄影機反覆觀看，次數多到影像出現雪花，最後完全看不了。雪鳥賽年復一年吸引著全美最優秀的運動攀岩者，我們父子倆等不及要到現場觀賽。

我和父親得知專業組比賽的前一天有市民組比賽，人人皆可參加。我攀岩攀得還可以，但不愛比賽，在有組織的運動直接和他人競賽時太常落敗，但父親鼓勵我一試。為了討好父親，我最後還是報名了，要自己把這次比賽當成平日的攀岩就好。

市民組開賽那天下午，我在鬆垮垮的背心貼上選手編號，走向第一條路線，眼睛死盯著地上。遠方，登山車選手自滑雪坡道一躍而下，我四周的露天看台幾乎是空的，只有幾個看好戲的觀眾。電視機那麼大的擴音器，大概是為了炒熱跟看油漆乾差不多無聊的比賽氣氛，轟隆隆播放美國歌手貝克（Beck）的〈寶貝，我是個輸家〉（I'm a Loser Baby）。裝著人工支點的十二層樓高牆高聳於頭頂，我扣好繩索，身體一個用力，幾乎是一路衝刺到最高點。

嗯，我心想，**真是怪了，不曉得為什麼他們把比賽設計得這麼簡單**。接下來的三條路線稍微困難一點，路線設計者裝上較小的支點，擴大支點間的距離，讓每一回合更具挑戰性。雖然主辦單位把市民組的路線設計得很簡單，但一想到隔天全國最優秀的攀岩者也會來攀這面牆，令我心中一陣興奮。

我爬完最後一趟後，父親展開雙手擁抱我，壓得我喘不過氣。「湯米，太精彩了，看你爬覺得好簡單。」

「是**真的**很簡單。」我聳肩。「設計路線的人故意的。」

「不，你是唯一完成所有路線的選手。」進行攀岩比賽時，參賽者不能觀摩其他選手，我還以為所有人都一路爬到最後，看來不是。

我感到一陣興奮，「那代表我明天也要繼續爬嗎？」

「當然，」父親說：「而且你會大顯身手。」

我站在原地，感覺身體輕飄飄的。隔天我會和喬治．斯奎布（George Squibb）、克里斯汀．葛里菲斯（Christian Griffith）那樣的攀岩明星同台競賽。他們是男人，是大人，是我在雜誌上看到的那些人。他們是美國運動攀登的開拓者，葛里菲斯尤其是重要先驅。他就像把火從山頂傳給其他原始人的普羅米修斯，他是第一個在美國採取法式運動攀登並加以改良的攀岩者。

父親不曉得是沒注意到我有多震撼，還是為了替我加油打氣，他告訴我：「湯米，你可以的，只是攀岩而已。上去玩一玩也好。」

隔天早上，我和心目中的攀岩英雄待在同一個休息室，心中充滿敬畏，不敢上前攀談。我看著他們磨指尖，伸展雙腿，坐在角落閉目養神，每個人各忙各的。最有冠軍相的葛里菲斯在做立定跳高，他是最新一期《岩與冰》的封面人物。我想既然葛里菲斯在跳上跳下，或許我也該跟著做，便躲到一個小角落，模仿自己看到的一切。

我聽見外頭群眾血脈僨張的情緒，安靜的休息室裡氣氛凝重。雖然我還沒看到觀眾席，但我知道觀眾人數從昨天市民組可憐的小貓兩三隻，暴漲許多倍。我舔了舔乾燥的嘴脣，瞄了一眼天花板，一個漏水處留下棕色的鐵鏽痕跡。

每位參賽者要比兩輪，限時二十分鐘。由於我從來不曾計算自己的攀登時間，決定每一個路線都盡量以最快速度完成就對了。出場時，我深深吸滿一口氣，音樂震耳欲聾，觀眾發出微微的鼓譟聲。我是無名小卒，在風雲人物登台前，負責暖場讓大家引頸期待。

我看著頭上近一百呎的俯角，只是另一種天花板而已，又是一個有水漬的板子。

我開始爬。

每一件事感覺都很陌生。我的腳碰到空心夾板牆時，夾板發出「砰」的一聲，而支點是水泥，現場還有觀眾在看。由於我沒抱太大期望，不會過度緊張，但仍然不想出糗。我爬完第一條路線，接著爬第二條。支點雖小，隔得又遠，我有一種靈魂出竅的感覺，好像自己在飄，沒重量，沒骨頭，一氣呵成，不曾停下來想任何動作，也沒擔心自己可能摔下，腦中什麼也沒想，完全專注於眼前。爬第二條路線時，我完成登頂的最後幾個動作，觀眾全體站起來跺腳歡呼。我的腦中只感到一切太奇怪、太超現實了，觀眾一定是因為我是個孩子，才為我歡呼。

我回到地面，父親整個人在發抖，看起來像一條被釣上的魚，嘴唇開闔，試圖想說些什麼，但發不出聲音，眼睛瞪大呆滯，額頭與眼睛周圍擠出深深的皺紋。他聳了一個肩，兩手攤開，接著擁抱我。

觀眾覺得比賽結果很明顯，但大約一小時後，當大會宣布我贏了這場比賽，我和昨天一樣呆若木雞。兩位工作人員把我簇擁到大看台附近的區域。一個高起的平台上立著一個講台，我看著其他幾位站在我身旁的攀岩者，他們是大人。我看見他們英挺的臉龐冒出的鬍碴，感到自己內外一片空白，裡頭是空的，外頭也是空的。

我聽見自己的名字，突然間十六歲的彆扭又回來了。我感覺自己很小、很弱，兩手抱住自己的身體，不確定手該擺在哪。我走到台上，不曉得該說什麼。看到一旁的攀岩傳奇人物居然在為我拍手，而我居然爬得比他們快，令我腦筋一片空白。主持人把獎杯交給我，和我握手，把麥克風調降到我的高度。那個動作好像他將點燃的火把放到我面前，麥克風的熱度和亮度嚇到我，我往後退。主持人想拉著我的手比出勝利姿勢，但我逃開了，想離開現場。

我走進父親張開的雙臂，熱淚從他臉頰上滑下。他緊緊抱住我，我感到五臟六腑要移位了，不懂發生了什麼大事，為什麼父親在哭。

幾天後，我們回到家，一起看父親拍下的比賽影片。我透過他的眼睛，一窺當天的賽事。彷彿發生了天大的事件。父親因為過度自豪開心，拍攝我在牆上攀爬的鏡頭搖晃得很厲害，幾乎看不出在拍什麼。爸媽第一次感受到發生了不得了的大事。有一天，攀岩對他們的兒子來說，可能不只是嗜好而已。

我們返家後又過了好幾天，父親依舊為我的勝利高興不已。我們第一次回到攀岩館時，一名常客問我：「嘿，湯米，最近怎麼樣？有什麼新鮮事？」

我想也不想便回答：「沒發生什麼事。」

我走向第一條路線，準備開始練習，父親粗獷的笑聲傳來。「沒發生什麼事？沒發生什麼事？湯米，告訴他，告訴他你去哪了。」

我很習慣父親告訴其他人我們去了哪些運動攀岩地點、成功攀爬了哪些路線，不過這次不一樣。

「我孩子去了雪鳥，好像他天生就熟悉那些路線，完美完攀，看起來不費吹灰之力。對吧，湯米？」

我假裝沒聽見爸爸說的話。一個月後，我的名字出現在《攀岩》雜誌的熱門新聞欄，心中再度浮現滿足感。我知道自己成為攀岩者一陣子了，但現在其他人也會知道這件事。

爸媽買了一輛露營車，全家開始週末出遊，開車四小時，抵達我們知道最近的石灰岩峽谷「步槍山公園」。壯觀的溪流蜿蜒經過峽谷底部，岸邊是綠樹與灌木，三百呎高的藍褐色石灰岩峭壁聳立天際，懸於天際的洞穴點綴著高低起伏的岩壁，有如大教堂的高窗。此處的峽谷就像歐洲被切割下一塊，嵌進科羅拉多州西部，提供全美最理想的運動攀登場地。母親跟著我們一起來，有時當確保者，但多數時候都待在車裡讀小說。姍蒂通常選擇留在家裡跟朋友在一起。

步槍山地貌豐富的複雜路線，需要用上體操的攀登技巧，因此也是當時全美最困難的攀爬路線。美國的攀岩難度量表被稱為「優勝美地十進位系統」（Yosemite Decimal System），由攀岩者形成共識後評定級數，評分標準同時包括最困難的動作與特定繩距的延續性。第一個數字「五」是指五級攀登，也就是多數人會需要繩子的難度。不綁繩子的話失足會致命。「五」之後是小數點和第二個數字，代表技術難度。優勝美地十進位系統是開放的級數量表，隨著標準的演進持續增加。近日五．九以下的數字，通常代表中度到十分簡單。從五．一〇開始，難度再用a到d細分，也因此五．一〇d比五．一一a稍稍簡單一些，跟五・一一c相較更是簡單許多。我們全家進行週末朝聖的那段期間，全球最困難的攀登是五・一四c，而步槍山有幾處正屬於五・一四的難度。當時屬於那個級距的地點很少。

在父親心中，萬事不離準備與下工夫努力，攀登也一樣。如果你花時間在訓練場，待在攀岩牆上，那是最好的成功之母。若想拿出最好的表現，在比賽中獲勝，贏得掌聲，你就得比所有人努力。從那個角度來看，我很適合攀岩，從小到大都在用身體努力，用心靈努力，就算精疲力竭也不停止，沉迷於痛苦的折磨，讓心力控制身體，用堅持控制痛苦。我自願犧牲許多孩子心目中最重要的事——社交生活。我不在乎社交。

我一心求好，而且要非常好，要超級精通攀岩。在我人生那個階段，除了攀岩，我唯一做得好的只有工藝課。學校舉辦製作汽水瓶火箭與二氧化碳鋼瓶模型賽車的競賽，我贏了。我熱愛3D立體拼圖，後來才知道這樣的人叫動覺學習者。如果我能動手實際操作，就能全神投入。那跟先鋒攀登時解決岩面難題一樣，處於最佳表現，或至少試圖以超越自身極限的方式攀登時，當下的心理強度能提升解決困難的能力。抽象的東西，我就沒轍了。我小時候有栩栩如生的想像力，但布偶和我剪下又拼貼的幾何圖形，是我產生動手做東西的欲望的第一個跡象。

建立人際關係對我來說很困難。學校裡有的孩子崇拜我父親，跟著學攀岩，我和這種孩子能聊攀登的事，更棒的是，我可以在他們面前示範我在這方面的能力，然而那樣的關係幾乎完全止於表面，主要只是聊攀岩活動而已。我一直感到自己和攀岩館的大人比較能成為忘年之交。我沒告訴別人，不過我至少會努力和那些攀岩友對話。

如果說拿下雪鳥賽冠軍，並未對我成為攀岩者這件事帶來太多改變，葛里菲斯在圓石市的攀岩館跑來和我說話，邀我一起爬附近的旗杆山（Flagstaff Mountain），的確影響了我。我在雪鳥賽打敗葛里菲斯，但我很確定他當時根本沒聽過我這個無名小卒。他是傳奇人物，比我大十三歲。

在我心中，自己依舊是那個風一吹就會倒的瘦皮猴。葛里菲斯開著福斯GTI載我到旗杆山，實在是酷斃了。我坐進車內，注意到裡頭配備格紋皮賽車椅，以及自行改裝的迷你方向盤。我還沒來得及扣好安全帶，車就往前衝，整個人因為慣性撞到皮椅上，橡膠燃燒的刺鼻味竄進鼻內。我們走了一條九彎十八拐的蜿蜒峽谷山路，刺耳的引擎聲中，汽車喇叭傳來爆破耳膜的小提琴、大提琴、鋼琴樂聲。葛里菲斯左右蛇行超車，不管地上畫的線，彷彿他不需要遵守交通規則。

即將抵達「皇冠岩步道起點」（Crown Rock Trailhead）時，我突然明白葛里菲斯是故意在我面前耍帥，也的確成功讓我嚇破膽。我們駛進停車場時，他幾乎沒慢下車速，抓著手剎車用力一拉，車尾迴轉至右邊，來了一個完美的一百八十度大轉彎。好吧，不是那麼完美，車子停下時橫越兩個停車格，我整個人僵在椅子裡。他關掉引擎，衝著我笑了幾秒，接著一句話也沒說就跳下車，帶走自己的裝備，把我留在後頭。車門沒鎖，窗戶開著，貼著保險桿貼紙的車身還在喀噠作響。我定神抓了自己的東西，連忙跟上葛里菲斯。

我還記得那次開車過去的情景，但實際攀登的情形早已從記憶中消失。葛里菲斯和我後來也一起到其他地方攀岩，他是我最早的贊助商，手中有一個叫「活力」（Verve）的服飾品牌，還替我和其他幾個產品牽線，不過我請爸媽不要告訴別人。他們雖然同意，結果是一樣的。幾名攀岩圈人士得知這項或多或少非正式的贊助。在他們眼中，我為了拿到免費裝備而出賣自己，污染攀岩這項莊嚴神聖的運動，再也不跟我說話。我懂他們的觀點，然而當時我在地方上一間餐廳打雜，我痛恨那份工作，厭惡被限制在狹小的空間裡。當時父親不再因為我健身而發零用錢。如果我能開始在裝備上省點錢，或許最終就能離職，錢的方面也不會太過不去。再說了，這可是超酷的克里斯汀．葛里菲斯要給我錢，我哪有理由說不？

我很興奮能和葛里菲斯那樣的傳奇人物一同攀岩，但他們都比我大很多歲，我的個性又很安靜，沒能混成很熟的朋友，攀完岩就各自回家。在學校也一樣，午餐時間我甚至避免坐在受歡迎同學的那桌，不過沒關係，我是出了名地不把學校當一回事，那樣也好。我因為是邊緣人，被一小群同樣無處可去的孩子所接納。然而我從事攀岩，有學校以外的地方可去，放學後有事可做，因此也是孤僻俱樂部的缺席成員。

我自認是攀岩者，然而隨著時間過去，我開始想那樣是否就夠了。此外，當個攀岩者究竟是什麼意思？我想當什麼樣的攀岩者？人生怎麼樣才能過得最開心？

雖然我很想不去管那些問題，全心攀岩就好，然而我正在「轉大人」的身體和大腦不放過我。我從事攀岩，但終究也是個青少年。

第4章 離家闖蕩，確立志向

五，四，三……

「媽的！」我的怒吼打破峽谷的寧靜，聲音迴盪在山壁之間，回頭打中我的臉。我又氣又惱地掛在吊帶裡，懸在離地五十呎的半空中。

「快把我弄下去。」我對著在地面上確保的父親大喊。父親鬆繩，他的臉漸漸清晰起來。他咬緊嘴唇，但不是因為把我降下來很吃力，而是因為心中難過。

「為什麼我這麼爛？」我邊解繩子邊問，怒氣沖沖，用力抓著岩鞋上的帶子，乳酸定時炸彈讓我的手指變廢物，我連鞋帶都解不開，乾脆抓著鞋跟，一把將鞋子硬扯下來，一腳扯完換另一腳，接著把那雙討厭的爛鞋扔進一旁的樹叢。

幾名攀岩者大步經過，靠近我時別開視線，可能害怕我做出什麼抓狂的事，也可能替我感到丟臉。

我一屁股坐在地上，抓著膝蓋，低頭抱胸，不敢相信自己一下子就沒力了。這是怎麼了？

我耍狠勁轉頭吐口水，但口水絲仍掛在嘴上，我慢條斯理地往下降。天啊，我連吐口水都不會，幹嘛留在這丟人現眼？

我跳起來走向露營車，丟臉丟到家，一路上低著頭，看著自己沒穿鞋的腳揚起一片塵土。我覺得每一個認得我的人都在想，自己在攀岩雜誌上讀到的介紹文章究竟是真是假。

我鑽進車內，狠狠拉上門，躺下來用手掌捂住眼睛，看著閉上的眼瞼後方上演光影秀，從藍轉紅。

老爸呢？他不曉得我想快點離開這個鬼地方嗎？再不過來的話，我就自己開車走人。我會開車，我再也無法攀這什麼他媽的爛岩。

§

我繼承父親拚命三郎的精神，發瘋似地健身、練習技巧，在一九九六年那個夏天，一週練五天，一天練五到十小時，其他什麼事都不管，生活裡只有自己、岩壁、意志力，每天使出全力地練，直到身體動彈不得為止，永不放棄。我狠狠操練自己的身體，直到身體再也不聽大腦使喚。

想到自己可以成為某件事的第一，是世上最誘人的事。小時候當可憐隱形人、被無視的日子，驅使我在攀岩這件事上一定要成功。我青少年的身體處於可以吸收大量訓練刺激的狀態，手指強壯，前臂有力，背部寬闊，意志堅定。

我成為全美最成功的運動攀岩者，爬上其他頂尖好手爬不上的路線，雜誌爭相報導。人們認得我，在我攀岩時聚集在底下看，有一次甚至有人請我簽名。

我的攀岩技術進步之後，自信以及想讓別人認識我的欲望也隨之增加。不論是攀岩或平日生活都想出鋒頭。有好幾年，我感到自己是一條輕盈的橡皮筋，具備彈性，力量強大，可以抵抗地心引力，進步速度就像往下奔馳的優勝美地瀑布，一日千里。我控制攀爬動作和自己的能力增強。我在攀岩館時，不再避開其他攀岩者，也不隱藏自己的成就，採取「對啊，就是我」的態度，不炫耀也不低調。有人讚美我，我就坦然說謝謝。

父親和我觀看一年發行一集的《岩壁大師》（*Masters of Stone*）錄影帶，兩人盯著最熱門的懸崖峭壁，目眩神迷。父親還做筆記，接著我們一一造訪那些地點。有一次，我們踏上南科羅拉多的「岩架之路」（Shelf Road），石灰岩峭壁令我想起歐洲難度最高的運動攀登地區。我成功爬上名副其實的「躍躍欲試岩」（Chomping at the Bit），再度被報導，不久後因此登上《攀岩》封面。

然而，我的身體正在起變化。

我碰上了高原期，不再是比賽常勝軍，事情不如父親和我期望的那樣順利。每期《攀岩》雜誌送達時，我看著父親連忙翻開，找不到我的名字後，便隨手扔在一旁，試圖隱藏自己的失望（但沒成功）。我感覺很糟，覺得對不起父親。父親平日要教書，不是每次比賽都能陪著我。賽後我回到旅館房間，拖拖拉拉不敢撥電話，到今日都還記得當時要打電話時，心中有多七上八下，腸胃不停翻攪，心神不寧。

該來的總是會來，我只能硬著頭皮報成績：「第六名。」

「第六，連前五都沒有？」

「沒有。」

「哪裡出了問題？」

「我有點緊張，我……沒做好。」

「湯米，是你的心。你的心出了問題，和岩壁無關。」

我坐在床上聽父親訓話，試著讓亂糟糟的腦子歸位。

我漸漸痛恨參加比賽，尤其是地方上的賽事，因為父親會出席。隔著電話線，他的失望之情沒那麼明顯，但他人就在現場時，我無處可躲。不過這樣也好，可以刺激自己更努力一點。加油打氣已經起不了太大作用，父親知道我最大的優勢就是我很努力，讚美不足以點燃我的鬥志和求勝欲望。我們來到攀登最困難的部分，他想盡了辦法讓我回歸正軌。

然而老實講，我碰上瓶頸的主因是我自己。不只是心的問題，還有身體的問題。我從十五、六歲轉十七、八歲時，肌肉開始成長，體重隨之增加，手指力量跟不上，技巧顯然也沒跟上。

爬困難的運動攀登路線時，我很吃力才能完成。每次碰上最難的路線，感覺自己像個旁觀者，無助地看著自己手指撐不住，整個人掉下岩壁。我氣急敗壞，掛在繩子上氣喘吁吁，灰心喪志，變聲中的怒吼是不成調的烏鴉嗓音。

我知道自己對攀岩與成功的感受，但不確定父親是怎麼想的。對我來說，當第一的目的，不是要勝過其他人。父親永遠支持我，但我腦中仍會聽見他的聲音告訴我，我爬不好，都是心有問題，也就是說我是自己最大的敵人。我瞭解這個對手，卻無法擊敗。然而真是那樣嗎？會不會我的個性原本就不適合競技場？

那年夏末，我和父親踏上一年一度的夏日長途旅行，不過這次多了一位旅伴。我們觀看《岩壁大師》錄影帶時，發現裡頭有一個孩子是超級好手，年紀甚至比我還小，名字叫作克里斯．夏瑪（Chris Sharma）。

我從一開始就有點嫉妒克里斯。他似乎生下來就註定要攀岩，魅力十足，渾然天成。我則是勤能補拙型的人，拚死拚活才能趕上。

我們兩人認識時，我十七歲，他十五歲。克里斯是北加州聖塔克魯茲（Santa Cruz）人，住家附近沒有太多可從事戶外攀岩的地方，再加上沒駕照，他大都在室內攀岩，因此我們結伴而行。

克里斯和我一樣，跟同齡的人相比屬於瘦小型，但是他比我不畏戰。我們第一次見面時，他告訴我自己最近因為手受傷，攀岩有點問題。學校有流氓找他麻煩，他出拳打了對方後腦勺，弄到手骨折。克里斯除了勇於接受挑戰，還散發一股悠哉的加州衝浪者氣質，藏住他敏銳的頭腦、旺盛的好奇心，以及過人的能力。

我們在貫穿熊河山（Bear River Mountains）的羅根峽谷（Logan Canyon）會合，那裡是北猶他州瓦薩奇山脈（Wasatch Range）的分支。我們選擇級數五．一四b的「超旋」（Super Tweak）路線，也就是全州最困難的一條。克里斯的戶外攀岩經驗有限，嘗試「超旋」就像一下子把他扔進水最深的地方，看看他會不會游泳。攀岩第一天，我就扯下手上很大一塊皮。我用膠布貼住指尖，但血還是一直滲出來。握住鋒利的手點時，就像抓著會滑的剃刀刀鋒。我試了好幾次都不成功，改換克里斯上場，他在一天快結束時順利完成。我心想**自己這下要是再不成功，真是見鬼了**。我後來又多試了兩天，但看來老天真的沒站在我這一邊。

下一站是懷俄明州的蘭德（Lander）。我一路上照顧受傷的手指，又氣又惱。克里斯似乎對身旁發生的事渾然不覺，放空聽著隨身聽上巴布．馬利的音樂。我和父親輪流開車，在一個叫「野鳶尾」（Wild Iris）的地區停下，嘗試「拋胡里漢」（Throwing the

Houlihan）這條攀岩路線。

「什麼是胡里漢？」克里斯問，隨即咧嘴一笑，爬了上去。

「不曉得。」我酸溜溜地看著父親幫他確保。

幾小時後，我沒拋出「胡里漢」，只拋出不少怨氣。克里斯輕鬆完攀，我卻再次卡在路線最難的部分。下來時，我非常嘔，對自己產生懷疑。真的是我的心有問題嗎？

克里斯順利完成各條路線，而我感到技不如人，心慌意亂。我不氣他，只氣自己，自我懷疑的種子再度萌芽。我不曉得父親是否悄悄把一切看在眼裡，我們往南回家時，他把我們載到我熟悉的步槍山。這次我和克里斯都有辦法完成所有最困難的路線，但我也曉得自己狀況不妙。

克里斯顯然比我優秀，動作流暢，渾然天成，不費吹灰之力，而我則背著重擔爬，有的壓力來自自己，有的來自外界的期待，而且心中充滿懷疑。此外，曾經充滿樂趣的攀岩，現在比較像工作，不像冒險。就算回到平日順利攀登的步槍山，依舊感到一股揮之不去的宿醉感，連感官也遲鈍起來。四周的色彩似乎變得柔和，空氣聞起來有些不新鮮，溪谷也化為令人分心的雜音。

我們的巡迴之旅後來又多了一、兩站。克里斯渾然不覺我心中的千頭萬緒，我們處得很好，至今還是好友，我的自尊受到的皮肉傷逐漸痊癒。當時我不得不用自己知道的唯一方法讓自己堅強一點：不是拍拍自己，安慰自己，而是進行強度更高的訓練。然而，我愈使勁用頭撞運動攀岩的牆，效果似乎反而愈差，就是少了某樣東西。

一九九六年的「夏瑪之夏」過後，我進入懷念世界一度多采多姿的時期。從前，我徜徉於大自然之中，開心跑著躲避閃電，當時父親看著我，眼中閃著愛，而不是透露著難過。

怎麼會弄成這樣，不過是攀岩而已，應該是很有趣的活動才對。

接著，一九九七年在步槍峽谷（Rifle Canyon）的美麗秋日。經過又一次氣惱的失敗怒吼後，我盯著休旅車上的地毯，步槍溪（Rifle Creek）的潺潺流水聲不絕於耳，我突然想到一個點子。或許我得讓生活重新出現更遠大的冒險願景。

我轉頭看父親，他望著峽谷對面我剛才失敗的岩壁。我看得出來，他正在想等一下要怎麼替我加油打氣。我知道自己需要一些火花、一些新挑戰，讓自己不再卡在原地。

「爸，你覺得我有辦法自由攀登酋長岩嗎？」

對攀岩圈以外的人來講，這個問題聽起來莫名其妙，然而所有攀岩者都嚮往攀酋長岩。自由攀登酋長岩就像是登月一樣。

父親安靜了好一陣子。「那是個有趣的想法。」他說完後緩緩吐一口氣。

父親坐著不動，咬著下脣，緩緩掃視眼前的景物，我知道他心中在評估各種可能性。

攀登酋長岩是他一輩子做過最大的冒險。一九六八年，他第十九度攀登「鼻子」路線。那次他花了三天半，以那個年代來講已經算快了。當時攀岩吊帶尚未問世，攀岩者用安全帶纏繞自己的腰部，使用老牌的黃金繩（Goldline）、數十個自製岩釘，以及沉重的鋼鉤環。不久後，父親又兩度攀爬酋長岩。後來又一次上去時，因為一場嚴重的暴風雪被救下山。父親在自己的優勝美地歲月，多次臨時紮營，整晚凍到發抖，看過數十次此生難忘的日出。在攀岩者心中，吃苦後見到的美景是脫離塵世的瞬間。

然而幾年前，父親兩位最好的朋友在落磯山國家公園（Rocky Mountain National Park）攀冰時，遇到一場雪崩被帶走。父親在狂風暴雪中，絕望地日夜搜救。回到家，他倒在地上，累得無法脫下登山靴，眼淚從飽經風霜的臉龐不停流下。父親這個人感到開心會哭，感到自豪也會哭，但我從未見過他因為傷心而哭。

父親後來思考攀爬瞬息萬變的環境，會遭遇的不可控風險。他告訴我：「攀冰與技術性攀登有太多客觀的危險。」我把父親的話當成至理名言，堅持只攀爬岩石才是負責的作法。父親帶我到鑽石嶺、落箭塔，甚至是白朗峰與馬特洪峰等冰封的山脈時，他不認為那是在冒險，因為他熟悉那些環境，而且他會在一旁看顧著我。

我認為父親最擔心的其實不是酋長岩，而是爬了之後，一切會被帶向哪裡。運動攀登很安全，在可以掌控的情境下進行美好的活動，但極限在哪裡？父親看見我的衝勁、我的鬥志，他擔心我的野心會把我推向高山攀登，跑去爬人跡罕至的危險山頂。他認識太多登山者都是這樣去世的。

父親一定注意到我還開始冒其他險。我不曉得自己是不是因為不再進步，也不再享受運動攀登的樂趣而沮喪。我開始拿不同的「傑出表現獎」，因為開到危險駕駛的上限，拿到兩張超速罰單，差點被吊銷駕照。此外，我還做了一些高中生通常會做的事，喝幾口酒，吸幾口大麻，不過程度還不到我在自修室打瞌睡或在學校餐廳吃飯時聽到的荒唐行徑，我還沒喝到爛醉如泥，四處亂吐，或是成天參加派對。

或許在我內心深處，我正在尋找一個固定點、某種保護點。「爸，」我又問了一遍：「你可以教我爬酋長岩嗎？」

優勝美地谷這個地方，每當你開車進去，聳立在青蔥草地上三千呎高的酋長岩，總會令人感到敬畏。第一次試圖攀登時，那份敬畏會變成某種更像恐懼的情緒。為了盡量一步一步來，我和父親選擇了「賽拉瑟岩壁」（Salathé Wall）這條以某位優勝美地前輩的名字命名的路線。理論上，以自由攀登來講難度較低，級數整整比我平日的運動攀登路線少一級。然而，那並未算進累人的連續關卡，也沒考量在岩壁上有多嚇人。我瞄向下方的迷你樹頂，來往車輛構成小點，覺得腦子快燒掉了。就算是有辦法讓自己專注於動作的時刻，也不像平常能靠指尖與錨栓靈活攀登，感覺更像在滑溜板子上溜冰，小腿肌肉求我停下，或是手忙腳亂時把身體塞進岩石裂隙，不舒服的幽閉恐懼症與眩暈讓我的內臟和喉嚨緊繃。除了動作之外，還得克服心理障礙。傳統攀登是一面爬、一面在岩面放上可移除的保護裝備。你的性命要靠小心計算需不需要、能不能有保護點，以及放置那些保護點需要付出多少體能與心理成本。

我知道大岩壁會更困難。我告訴父親：「我會想出辦法的。」他已經教我基本的岩壁攀登系統，但我嚴重低估實際的難度。我們帶了六天份的食物、飲水與裝備，一天爬一千呎似乎滿合理的。照這種速度，三天就能完成，只不過那是我第一次爬大岩壁，有幾個路段可能得多試幾次才能成功，因此最好算成兩倍的時間。每個人一天需要三公升的水，因此光是水就重達七十二磅（三二．六五公斤）。再加上露營設備與糧食，我們的攀岩包重達近一百五十磅（六十八公斤）。我會爬一段繩距，架設好滑輪系統，把攀岩包吊上來，接著使勁拉，腳抬高，整個人直接壓在岩面上。雖然有滑輪系統的機械效益助陣，攀岩包依舊只能一吋一吋緩緩地上升。拉一段繩距，等同做整整三十分鐘的槓鈴深蹲。

第一天變成十七小時不停歇的勞動。如此極度耗費體力的緣故，多數是為了把重得要命的設備弄上岩壁。此外，我攀爬時，身上還掛著不熟悉又沉重的裝備。再說了，過程實在嚇人，感覺永遠會碰上鬆脫的岩塊或尖銳岩片，一個不小心就可能傷到繩子。我腦海中出現不理性又揮之不去的血腥畫面，一直覺得繩子會斷掉，我被裝備一拖，身體會反彈撞到岩壁，摔個血肉模糊，攤在底下的巨石上。

情況漸漸好轉。我開始習慣身體隨時暴露在半空中，必須不停地費力使勁。第二天晚上，我們待在景色優美的「酋長尖」（El Cap Spire）。那是一根突出的岩柱，上面是完美的平坦平台，大約位於酋長岩的岩壁中段。我和父親坐在睡袋裡，眺望冰河切割的峽谷，最後一道閃爍的日光散發出柔和的紫光和橘光，整個平台感覺像是一場奢華的spa，一股說不出的滿足感湧過全身。我和父親撐過當時的我碰過最難、最寒毛直豎的一天。那天晚上，我完全睡死。

隔天又是上絞刑台的日子，得面對壓力、苦工和恐懼。沒多久，我全身痠痛，連頭都不舒服，完全放棄自由攀登岩壁的念頭，明智地套上裝備，只想快點登頂，然後回到祥和的運動攀岩路線。父親似乎也覺得差不多了。烏雲開始密布，我們白天不再被烘烤，但想到大雨即將落下，令人心神不寧。我們以最快速度攀爬。我渾身痠痛，不過也很訝異自己竟能一路撐著。

到了第五天，我和父親終於拖著疲憊不堪的身體翻過山頂。雨點四濺在岩石上，我還不到喝酒的法定年齡，但累到和酒鬼一樣，步履蹣跚、左右蛇行、肌肉痠痛。每一次心跳都讓疲憊與痛苦刺入骨髓。我視線模糊，搖搖晃晃地走下山，不發一語，幾乎沒辦法和父親說話，暗自發誓再也不做這種事。我的體能還沒強到可以攀大岩壁。

開車回家時，我心想自己的人生不曉得要往哪裡走。我十九歲了，高中剛畢業，對上大學沒興趣。回科羅拉多州之後，我踏出第一步，報名地方上的社區大學，但一踏進校園，就感覺像是困在用焦慮和沮喪臨時搭建的避難所。我走遍世界的夢想該怎麼辦？說好的不遵守世俗期待呢？

一天晚上，我坐在餐桌旁低頭瞪著自己的手，想著該如何開口。

母親的手伸過餐桌，握住我的手。「你知道你不用現在就去念大學吧？」

我討厭讓母親擔心。我抬頭看她，在那個瞬間看見她眼中的樂觀。

「聽著，」父親說：「你真心想念書的時候，永遠可以回去念。」

我幾乎要笑出來了，感覺父親會讀心術，早就知道我先前要講的話。

「如果你想的話，」母親眼中閃爍著光芒，嘴脣幾乎藏不住一抹偷笑。「你可以拋棄我和你爸一年，自己上路。」

「你可以一個人上路，」父親眼神嚴肅起來，「不過有幾件事得先講清楚。」

所謂的幾件事，真的就是一、兩件事而已。這將是一場讓我好好思考人生的旅程。我出發前可以搜括家中的食物櫃，每次經過埃斯特斯回家時，也可以再帶一些東西走，但除此之外，爸媽不會提供任何財務上的援助。儘管父親沒明講，我感覺得到他希望我體驗攀岩者餐風宿露、四海為家的流浪生活（dirtbag），認為我會樂在其中。父親永遠是對的。好玩的是，其實有一件事我也想了一陣子。我在想或許離開父親身邊，可以幫助我找到自己需要的方向，看來爸媽也有同樣的想法。

一、兩天內，我就拆掉車上的乘客椅，換成一塊準備當床的三夾板，然後就上路了。

要去哪？

不曉得要去哪裡的時候，就從自己知道的地方開始。

我從一個運動攀岩區，晃到下一個運動攀岩區，嘗試幾個先前未造訪過的路線。我繼續參加比賽，通常排前三名，但幾乎一次冠軍也沒拿過。扣除報名費後，獎金通常讓我一個月有一百塊左右可用，足以繼續攀岩與參加比賽。我大約每個月到ＹＭＣＡ洗兩次澡，其他時候則待在公共圖書館和二輪戲院。買東西就去販售受損或過期罐頭的商店，甚至翻找垃圾桶。每一晚，我都睡在車上。看自己可以節省到什麼程度，成了一場有趣的遊戲。我珍惜因為不需要物質而帶來的自由。兩段旅途之間，也會返家，把爸媽的食物櫃搜括一空再上路。

有一次，我和克里斯一起流浪到奧勒岡州高地沙漠的史密斯岩石州立公園（Smith Rock State Park）。克里斯從中學輟學、全心攀岩後，我們還保持聯絡。他過得很好，我們都喜歡自己選擇的流浪生活。

我和克里斯都聽過人人耳熟能詳的「做就對了」（Just Do It）這條攀岩路線，級數是五．一四c，當時是全美難度最高的路線。原本美國人艾倫．瓦滋（Alan Watts）已經設好錨栓，但沒來得及完攀，一九九二年時法國人尚－巴蒂斯特．特希布（Jean-Baptiste Tribout）來到史密斯，等於偷走了那條路線。不論是否明文規定，每一種運動都有規則。特希布並未僅僅使用岩壁上天然形成的支點，而是用鑿子損壞路線，在自己需要的地方，以人工方式弄出更好爬的支點。他所做的事是對每個嘗試過那條路線的人比中指，尤其是瓦滋。特希布把那條路線命名為「做就對了」，意思是他根本不屑遵守攀岩只能用已經存在、天然形成的岩貌的道德規範。

有五年多的時間，美國最優秀的運動攀岩者試圖重複那條路線。那條路線已經成為法式攀登稱霸美國土地的象徵。克里斯和我決定該是美國人扳回一城的時候了。克里斯只試幾遍就成功攀登，我則花了三天、嘗試七次才成功。不過當我登頂時，我很驚訝其實不難（至少比我腦中的沙盤推演簡單）。我和克里斯的履歷上多了「做就對了」這條路線之後，就真的成功躋身全美最優秀的攀岩者行列。我們準備好接受運動攀岩世界的挑戰，也就是說我們要去法國。

一整個月，我和克里斯在法國南部到處搭便車，只靠能裝進背包的東西過活。克里斯告訴我，他的嬉皮父親在印度待過幾年，唯一的世俗財產是一根手杖和一副眼鏡。我們覺得那種精神很酷，但我們得攀岩，因此在朝聖途中，多帶了一個小攀岩包和露營設備。我們睡在農田裡，偶爾睡在公共營地。那個月，克里斯在世界錦標賽中擊敗每一個人，還上歐洲幾條最困難的路線。原本批評他非傳統風格的人士，見到他成功後都不再講話。克里斯在攀岩時運用動力，就像猴子盪在樹枝間。守舊派痛批他腳的動作不好，身體也掌控得很差。不過克里斯知道自己在做什麼，而且從那時起，每一個進入運動攀岩界的年輕人都試圖模仿他充滿活力的動態風格。

克里斯連戰皆捷，但依舊是我當初認識的那個十五歲少年，溫和謙虛，擁有根本是來自另一個星球的體能。能夠見證他的神奇時刻，我深感榮幸。我也試圖模仿克里斯，至少要學他攀爬時的自信與姿態，不過只能學到少少幾分。他鼓舞著我，讓我想變得更好。然而在運動與競賽攀岩的場域，跟他比起來，我看起來永遠像個初學者。

我心中還有一件教我更無法釋懷的事。結束酋長岩的攀登後，生活顯得索然無味。我一直回想賽拉瑟岩壁的一個時刻。當時是第三天晚上，我爬出一個大型屋簷地形，面對一座陡壁。那是一塊懸在上方、呈盾牌狀的岩石，絕對可以名列全球「最暴露的空中地點」之一。下方的巨樹看起來好小，一個完美裂隙劈開一片光滑的屏障。我心一慌，用輔助繩環使勁把自己拉上去，慶幸自己每做一個動作，身體都牢牢附在岩壁上。

隨著時間過去，記憶中對那一刻的恐懼與挫敗已經褪去。我想著自己現在已經有足夠的控制力，也夠冷靜，手指可以伸進那個完美裂縫，自由攀爬，四周什麼都沒有，只有風與天空，世界消失在遠方。我一心想回到那個地點，腦海裡轉著各種念頭，想著要是真的重返，這次做怎樣的後勤準備會比較好。

我開始分析上次出錯的地方。陽光是主要的問題，造成脫水、腳腫，以及不理想的攀爬條件。如果摸黑出發，在涼爽的凌晨攀爬，在太陽開始毒辣時收工，就可以避免這種狀況。我把路線分成幾段，頭一千呎相對容易，一天就能爬完。接下來的一千兩百呎較為困難，但要是好好訓練，或許也有辦法在一天之內完成。父親教我的是過時的老派方法，不是自由攀岩者爬酋長岩路線時採用的新策略。如果先健行到山頂，把事先準備好的食物、飲水與睡覺設備沿著路線垂降下去，就不必一路把沉重裝備拉上山。此外，如果先演練最困難的岩段，就可以找出自己需要哪些裝備、哪些不必攜帶，更能複製自己過去幾年進行運動攀登的方法。爬大型攀岩路線時，策略和能力一樣重要。

我們從法國回美國後，我興致勃勃地重啟訓練。我先前的訓練主要都與攀岩技巧有關，這次則開始練舉重跟跑步。我需要更全方位的體適能，尤其絕對需要多一點耐力。

我一直在存錢，包括小型贊助合約金與比賽獎金（我幾乎是永遠的第二名，排在克里斯之後，曾經一連七年拿到鳳凰城抱石賽〔Phoenix Bouldering Contest〕的亞軍）。我買下一輛破舊的一九八〇年 GMC Savanna 旅行車，換掉舊車，搬進新車，一路朝西前進。

少了父親的優勝美地谷，是一個完全不同的地方。我彆扭地試圖打入優勝美地谷的攀岩圈核心。他們是一群怪咖。塞達爾．萊特（Cedar Wright）與提米．歐尼爾（Timmy O'Neill）那樣的人沒錢，全身衣服破破爛爛，但目光炯炯有神，擁有全力以赴的超酷攀岩風格。這群人具備攀岩的勇氣，機智過人，抱持反主流文化的信念，認為貧窮的生活方式是一種合乎道德的選擇，而非迫於可悲的現實。

優勝美地谷攀岩圈的實質精神領袖，是肌肉健美的大膽攀岩者迪恩．波特（Dean Potter）。迪恩身高一九五公分，看起來像一隻翼手龍，肌肉健壯，性格強烈，令人望而生畏。他打著赤膊，穿著剪開的卡其褲，在山谷赤腳跑步，不時短程攀爬最大型的岩面，通常是獨攀，遁入自己特有的寧靜靈境追尋。

有一天，迪恩善心大發，帶著我來一場抱石之旅。我們在峽谷遊蕩，尋找我們覺得可以爬上去又不會摔斷腿的最大石頭。我出於小小的炫耀心態，爬上一塊很高的巨石，要是摔下來只斷腿，算我走運。那塊石頭在三十呎高的地方，又斜又滑，布滿青苔。我上不去，也無法變換動作，身體開始發抖。迪恩見狀立刻爬到一旁的樹上，展開超長的雙臂，一手掛在樹枝上，另一手伸向我：「要是你覺得不行了，快點抓住我的手！」我拒絕放棄，小心翼翼抓住一叢苔蘚，千鈞一髮之際，硬是把自己拉到上方。

迪恩似乎覺得我這小子不容易。我想或許他可以把我引進他們的圈子。隔天早上，我在攀岩者的營地瞧見他，便害羞地走上前去。

他撿起地上一個蘋果核。「嗨，迪恩。」我試著裝出閒聊的樣子。「你今天要做什麼？」

「我跟提米要去爬『鼻子』。」他咬了一口蘋果。

「可……可現在是早上十一點。」

「對啊，沒錯。『鼻子』五小時就能爬完。」

五小時！我花了五天才爬上賽拉瑟岩壁。我當時是嘗試自由攀爬，但即便考量他們「什麼都可以」的競速法，有高階的自由攀登技巧，加上用危險的超高速拉裝備，我的大腦仍舊差點當機，無法想像用一個下午就爬完「鼻子」。這群峽谷硬漢打破當時的標準，我無論如何都想打進他們的圈子。然而我不夠怪，又尚未證明自己的價值。

當時我為了節省露營費，和公園的一位護林員達成協議。他以前在落磯山國家公園工作，認識我父親。由於有這層關係，我還以為自己得到一筆好交易。他不在家時，我可以到他家洗澡、休息一下。他回家時，我就回到我的車子或其他地方。當時的攀岩者與護林員，有點處於你追我躲的遊戲。我後來才曉得，我這位護林員「房東」是出了名的鐵面無私，絕不放過吸大麻和違法露營。當我去住他家的風聲傳出去時，攀岩者便對我敬而遠之。

其實我跟他的執法行動根本無關，可是當時沒人告訴我怎麼回事，我自己也因為個性太內向沒去追問。

我花了一個月的時間，隨機和峽谷流浪者交朋友，爬了一些較小型的路線。如果你是一個瘦巴巴的害羞孩子，要說服別人跟你一起爬大岩壁，不是一件簡單的事。我大部分時間都是獨處，以孤獨的方式深深愛上優勝美地。我健行抵達酋長岩山頂，不時停下腳步聆聽，聞一聞熊果樹的氣味，用手撫摸岩石，研究花崗岩的紋理。徜徉山中有一股魔力，削去我不少稜角，變得更為虛心。我感到自己成為風景的一部分。除了聽見嘩啦啦的瀑布聲與風聲，我還聽見內在一股宣揚寧靜與簡單美德的聲音。天氣風雲變色時，我會做長途健行，重新找回樹木、天空，以及最重要的岩石所帶來的目眩神迷感受。

我後來找到當地的一個中學生麥克．卡西迪（Mike Cassidy）和我一起爬酋長岩。麥克十六歲，是某個護林員的繼子，長得跟男孩樂團成員一樣帥。我試著擺出老氣橫秋的樣子，說：「我會教你攀大岩壁的方法。」

我們花了一星期，每天上賽拉瑟岩壁，把露營設備藏在岩台上，預先練習最困難的岩段。因為我得在搞不清楚狀況的麥克面前假裝自己是行家，不得不深入瞭解大岩壁的攀登系統。和以往從事運動攀登一樣，我背下自由攀登的動作，依序寫下所有的裝備安排，每段路只需帶上需要的即可。先前幾個月，我感到自己的身體變得有力，逐漸熟悉攀登光滑岩面的方式。更重要的是，我的心境開始轉變，不再因為暴露在半空中就開始暈眩。我告訴自己，反正以前從事運動攀岩時已經天天在摔，落下離地幾千呎的陡峭岩面，反而比較安全。

我第二次嘗試攀賽拉瑟，跟第一次相比，可說有著天壤之別。這次在涼爽天氣下攀爬，少了吊掛包的重擔，感覺自己彷彿飄浮在半空中。我善加利用手塞與手指塞技巧，一口氣爬完上次花了數小時的裂隙。那其實就和小時候父親在魔鬼塔教我和姊姊的一樣，把你的手小心翼翼塞入岩隙之中。那次攀爬，感覺就像做了在水裡呼吸或在空中飛翔的夢境。麥克用鳩瑪爾（jumar）跟在後頭。那是一種扣在繩上往上滑的上升器，使用者可以快速完成路線，不必真的自由攀登。我們每攀完一個繩距，就擊掌慶祝。不知怎地，我就這樣解開自由攀登酋長岩的祕密。

開始攀登三天後，我們登頂。那是史上第五次有人自由攀登酋長岩。儘管一開始的學習曲線跌跌撞撞，最後感覺幾乎稱得上簡單。我有預感自己在這個領域可以成為世界第一。我二十歲，突然間曉得人生想走什麼方向，也知道如何才能抵達目的地。

第5章 險境中求生的人質

女孩的眼眸在燭光下閃爍。朦朧間，我聽見蚊子試圖穿越濃烈香茅氣味的嗡嗡聲，便抬頭望向二十呎外的酋長岩。月光下的白色岩壁晶瑩透亮，衝破森林，直上夜晚的雲霄。在我們的林間小營地，四周大石頭上燭光搖曳，我凝視著燭火微光，兩個人後背靠在石頭上，腳塞在睡袋裡，我讓自己的腿靠在她腿邊。她一手放在我膝蓋上，另一手在我眼前揮了揮：「有人在嗎？」

「我在，只是在想事情。」我想把手蓋在她手上，但她已經抽回去。過了一會兒，她躺下去，頭枕著一小團衣服望著天空，露出微笑，潔白牙齒在燭光下幾乎要發亮。我感覺心中酥酥麻麻的，那種一下子太快登頂，既開心又不安的感覺，我想有可能是愛。

我希望她不只把我當攀岩夥伴。她給了我明確的暗示，點起燭光殿堂，還把兩人的睡袋並排在林中剛好只夠塞進兩個人的空地。就連她問我要不要一起攀岩時的低頭微笑、害羞不敢看我的樣子，無不充滿暗示。

「你想和我一起爬『危機四伏』（Lurking Fear）嗎？」

「好啊。」我脫口而出。

一直以來，我對待她的方式，就和對待其他每一個攀岩夥伴一樣。我不想那樣，但那是我唯一懂得和人相處的方式。我覺得她在暗示我更進一步，但我不確定，以致猶豫不決，腦子亂烘烘的。

萬一我弄錯了怎麼辦？該不會那些蠟燭只是為了驅趕蚊子？該不會她把我們的睡袋排在一起，只是因為森林裡沒有夠大的平坦地面？朋友的話一直在我腦中響起：「你這輩子交不到女朋友的，你眼中只有石頭而已。」眼下我願意放棄石頭，只求和這個女孩在一起。我應該直接靠過去親她。

時間一分一秒過去，我們躺在地上，眼睛睜得大大的，我感覺到她身體傳來的熱度，髮中的洗髮精香味。我知道她沒睡，膽子大了起來，決定靠過去，但睡袋傳來沙沙聲，她打開睡袋，站了起來，吹熄蠟燭。

「這個季節很容易引起火災。晚安，湯米。」

該死，我這個孬種。

為什麼我不能勇敢一點，就跟攀岩時一樣？

§

我沒料到自己會突然對貝絲．羅登（Beth Rodden）有好感。以前我喜歡的女孩都是豪邁型的，穿勃肯鞋，一頭亂髮，大口喝酒，大笑說髒話，開著生鏽到快變廢鐵的速霸陸（Subaru）。

貝絲是那種住郊區的鄰家女孩，身上香香的，一頭柔順金髮，身材嬌小，體重大概不超過四十公斤。

我和貝絲絕對算不上一見鍾情。我是和克里斯到處搭便車遊歐洲時認識她的，她參加當地的攀岩比賽，一旁有父母跟著。我還記得當時我想著我們的生活有多麼不同。我在許多方面看不起貝絲那種循規蹈矩的完美人生，先是在攀岩館學攀岩，接著參加巡迴賽，幾乎沒在戶外攀過岩，也很少跟別人講話。不過後來幾年，我們的人生有過幾次交集，我得知她是每一科都拿A的高材生，住在一座山也沒有的加州戴維斯（Davis）。

接著，在二〇〇〇年三月的某一天，也就是我們頭一次見面兩年後，我在圓石市的攀岩館看到她。當時我受邀做投影片演講，站在稀稀落落的聽眾面前，現場大約只有十五人。講到一半時，她和一個朋友走進來，坐在後頭看我，兩個人小小聲不知講了什麼，接著和學校女生一樣偷笑。投影片放完後，貝絲自信十足走到我面前。

「嗨，湯米，你知道嗎，我剛爬完酋長岩。」

「真的假的？」我眉毛翹得老高。「感覺怎樣？」我問。

「我嚇到都要剉屎了。」她微笑回答。哇，這個來自郊區的乖乖牌女生居然會講這種髒話。「想看照片嗎？」她問。我看著她光滑的鵝蛋臉，臉頰紅潤，笑起來眼睛閃閃發亮。居然有超可愛的女生在跟我調情。

貝絲講起自己高中畢業後的自由生活。她放棄讀大學，四處遊歷。雖然幾乎沒有任何戶外攀登經驗，但她還是跑去奧勒岡州的史密斯岩石州立公園，花了一個月以運動攀登的方式，爬上「打錨栓或毀滅」（To Bolt Or Not To Be）。十年前，那是全美最困難的路線，貝絲成為第一位成功攀爬的女性，也是成功攀爬五．一四級岩壁最年輕的女性。

當時鼎鼎大名的琳．希爾恰巧也在爬不遠處的路線。貝絲成功登頂、垂降回地面後，希爾走過去，邀請她一起參加由North Face贊助（希爾當時的贊助廠商）的馬達加斯加之行，兩人在那裡開發了一條困難的一千兩百呎大岩壁攀登路線。貝絲給我看照片，高聳入雲的岩面與岩石拱橋，看起來像另一個星球的景象。

接下來幾天，我們找藉口相處，我聽她講更多的人生冒險故事，一下子墜入情網。到了那週尾聲，我取消自己所有的計畫，接下來要去的地方「恰巧」都和貝絲一樣。

我興奮到飄飄然。本來覺得朋友說得沒錯，我這輩子要找到人共度一生，看來真的是無望了。我的確熱愛攀岩，不過我會單身，主要是因為我害怕面對女生，仍把自己看成小時候那個長著招風耳的醜八怪。我交過幾個女朋友，但每次一下子就陷進去，不懂得慢慢來。我唯一懂得擬定策略的事，就只有攀岩的路線、動作與步驟。每一次談戀愛一下就無疾而終，因為跟我在一起太無趣了。

當時我二十一歲，不是睡在車上，就是住在爸媽家。身上沒什麼錢，除了攀岩，在生活每個領域都極度笨手笨腳，而攀岩又是我心中最重要的事。

儘管如此，我依然心懷希望。

我和貝絲跟著一群朋友前往猶他州的印第安溪（Indian Creek）。那裡是裂隙攀登的聖地，岩塔和岩壁聳立在高地沙漠上，有如天然碉堡，將大地染成亮眼的深橘紅色，背景是廣闊無邊的鈷藍天空。我和貝絲晚上不睡覺，每個人都回自己的帳篷後，繼續留在營火旁聊天，凝視星空。不知道從哪一刻起，我開始茶不思飯不想，念頭無法集中超過十秒鐘，似乎連睡覺都不用了。

我不確定愛一個人是什麼感覺，更別說是第一次遇到真愛，只是我感覺像是被龍捲風掃過。貝絲的頭上出現光環，我注視她的每個小動作，不管是她的O型腿，還是她書呆子的話語，一切都說不出的可愛，不過我不確定她是否也對我有好感。

幾週後，我們在優勝美地再次碰面。她建議我們試著自由攀登酋長岩的「危機四伏」。我興奮極了，以前從來沒人自由攀登過那條路線，我們可能成為第一組。

我們上去「危機四伏」時，陽光炙熱，岩石尖銳。我們手指出血，我幾片腳趾甲因為鞋子很緊而脫落。岩面很燙，支點迷你到需要用上非常吃技巧的腳上工夫。一般情況下，我絕不會認為這種攀岩條件行得通，但貝絲從不抱怨，所以我也沒講話。她以無懈可擊的平衡感攀爬，節奏流暢，小到連肉眼都幾乎看不見的支點也能利用，一點都不受懸在半空中影響。我不明白貝絲怎麼會有這麼強大的力量，深深受她吸引。

我永遠提不起勇氣讓我們的關係更進一步，也因此我們一起待在吊帳的頭一晚，她主動讓我們之間的關係超越朋友。吊帳的睡法通常是兩個人並排倒睡，腳碰頭，頭碰腳，中間有一片隔起來的布，每個人可以像蠶繭一樣，窩在自己的那一格裡。我們待在岩壁上的頭一晚，貝絲拿下隔布，把兩人的睡袋擺成相同方向，挨在一起。對我來講，那是童話故事般的浪漫愛情開頭，在全美最壯觀的大岩壁上，兩隻愛情鳥一起待在雲端上的小小岩台。貝絲因為「危機四伏」成為史上第二位自由攀登酋長岩的女性。

我和貝絲都不希望愛情的魔力消失，但貝絲很快就得踏上另一場 North Face 的攀岩之旅，這次要到吉爾吉斯的高山花崗岩天堂。琳．希爾和另一位 North Face 團隊的運動員，幾年前也去過那一帶，帶回來的故事有高聳的岩壁、壯麗的山脈，以及下方山谷中務農、過著簡樸生活的和善村民。我和貝絲不想分開，所以我陪她到 North Face 在加州聖利安卓（San Leandro）的總部，看看能不能讓公司聘我幫忙攝影團隊架繩。我們花了兩星期擬定計畫與打包，但我打不進貝絲的團隊，整天像迷路的小狗一樣跟在貝絲後頭。領隊傑森

（Jason）是一位年輕攀岩者，頭腦聰明，講話犀利，處處針鋒相對。我因為被欺負焦慮起來，但默默忍受，心想最好別起衝突。貝絲把一切看在眼裡，覺得我未能替自己挺身而出。這對一段正在萌芽的感情來講，不是什麼吸引人的特質。

一天晚上，我們一起躺在我的車裡，她提出分手。我不想讓她見到我哭的樣子，不想證實我真的生性軟弱，便匆匆下車跑步。過了九十分鐘，我才回去，盡量以最輕的聲音關門。貝絲和我迴避彼此的眼神，不過她先前堅決的表情已經軟化，知道她傷到我，也知道她需要我，至少她需要有人協助她爬上吉爾吉斯的大岩壁。隔天下午，我們又復合了。

不久後，我們接獲消息，贊助商願意聘我為拉繩員，我們將一同前往吉爾吉斯。

我以前好奇過沒有人車的優勝美地會是什麼樣子，這下子得到答案：就像吉爾吉斯的卡拉維辛（Karavshin）地區。卡拉維辛是攀岩者的天堂，一旁的阿克蘇（Ak Su）與卡拉蘇（Kara Su）山谷尤其著名。那片位於帕米爾阿萊山脈（Pamir-Alai Mountains）深處的地區，長年深受歐洲與俄國攀岩者的歡迎，有「中亞的優勝美地」之稱，遺世獨立，沒有基礎建設，也不可能搜救。我們四個攀岩者等於是踏上一生一次的冒險。

我們將坐在一頭野獸的腹部抵達目的地。吉爾吉斯的旅行物流公司替我們包下一架巨大的俄國軍事直升機，自吉爾吉斯首都比斯凱克（Bishkek）出發。一路上，我們把臉貼在飛機的小圓窗上，看著乾燥沙漠轉變成淺綠色山丘與高山草原，岩石峭壁往四面八方延伸，角落上升的山谷是即將攀爬的山岳。我們一跳下直升機，直升機隨即駛離，地震般的震動與柴油煙霧隨之消失，帶走我們的睡意，心中湧出全然的驚奇與孤立感。

我們拖著登山包，行經卡拉蘇山谷盡頭一片平坦草地的心臟地帶。崎嶇山丘上下起伏，沒入縱橫交錯的冰川之中。巨大的花崗岩刀鋒直指天際，岩壁緊挨著一路緩緩爬向下方盆地的藍白色冰河。野花在草原間綻放著。

我和貝絲爬到一塊大圓石頂端，瞥向矮瘦樹木的間隙，凝視下方峽谷。左側是花崗巨岩「亞桑烏沙山」（Mount Asan-Usan），右側是稱作「黃牆」（Yellow Wall）的金色盾形地形，高兩千呎，外貌有如巨大的鏟雪機刀鋒。山谷上方，岩石綿延數哩，最終抵達高度超過一萬八千呎的冰封山頂「金字塔峰」（Piramidalny Peak）。

暖意自我胸中升起，一路延伸至指尖。壯麗景色帶來的震撼，令我感到我們似乎籠罩在某種不可思議的力量之中，這麼完美的山谷一定是神聖的造物。我緊緊抱住貝絲，讓她雙腳離地，兩人開心大笑。

我們在一片杜松樹下，打開五顏六色的登山包，開始紮營。我和貝絲搭起我們兩人的帳篷，另外兩位攀岩夥伴也搭起他們的。

North Face 請來記錄這趟旅程的攝影師約翰·狄基（John Dickey）四處漫步，相機後方露出放鬆的笑容。嚴格來講，狄基是我的老闆，我被雇來幫他架繩。二十五歲的他是所有成員中最年長的一位，也是身高一八二的大帥哥，有著通情達理又豪邁不羈的氣質。我們其他人和他比起來只是孩子。

狄基是德州人，從小生活在信仰虔誠的家庭，休閒活動是參加聖經冷知識比賽，直到他反抗，到西部尋找自己的人生。後來，他在舊金山教會區（Mission District）落腳，接觸到攀岩，掉頭朝優勝美地與內華達高山區（High Sierra）前進，來過幾趟扎實的攀岩之旅，還取得舊金山州立大學的休閒遊憩學位，是我們這趟旅程中學歷最高的人。貝絲在大學念過一個學期，排名第二。

「嘿，貝絲，妳知道我的CD在哪嗎？我們得來點他媽的金屬製品樂團（Metallica）。」綽號「勝家（縫紉機）」的領隊傑森．史密斯（Jason "Singer" Smith），正在組裝迷你音響與CD隨身聽。他的外號來自他喜歡自己縫補破衣。勝家小時候和我一樣，身材矮小，比賽時和班上的小胖子一起枯坐冷板凳，直到長大後，才開始探索並攀登鹽湖城周圍的山脈。二十二歲的他身高大約一六七公分，體重五十九公斤，比我矮七、八公分，體重輕九公斤。

勝家高中畢業後前往優勝美地，我們在那裡第一次見到面。我記得那時我覺得他是個有趣的人，會軟骨功或吞劍的那種有趣。他顯然刻意要引人注目，不穿上衣，打赤腳，穿著補靪短褲，可以獨白三十分鐘，講著怎樣刷牙才正確。他滔滔不絕，就像經過排練的單口相聲；激動地比手畫腳時，一頭髒兮兮的金髮跟著晃動。他的腦袋永遠轉個不停，令人難以接近，感覺聰明過頭，不是怪咖就是天才，或許兩者皆是。

勝家會出名是理所當然。他已經攀登過幾次令人印象深刻的酋長岩，還曾經自由獨攀（沒綁繩子）「講台」（Rostrum）這條困難的優勝美地路線，最大的成就是在巴芬島（Baffin Island）進行五十天旅程，創下第一個單攀索爾山（Mount Thor）一座四千呎大岩壁的記錄。當時，他用一條繩子幫自己確保那條困難路線，而且地點是北極圈以北的遙遠地區，他整整三週沒和另一個人類說話。攀爬過程中，他看見上一個試圖獨攀索爾山的人留下的裝備；那位日本登山者挑戰失敗，死在山上。

勝家那次在巴芬島上令人瞠目結舌、眼界大開的獨攀，引發攀岩界的關注，North Face 開始贊助這位運動員。他平日住在自己車上，和貝絲是朋友，因此在這趟吉爾吉斯之行，勝家是領隊，狄基是攝影師，我則是跟在一旁的男朋友。我還負責幫狄基架繩，不過老實講，我會在那裡完全是為了貝絲。

我們紮營時，地方上的一名氂牛牧人走進我們的營地。他穿著棕褐色衣服，一張臉飽經風霜，但氣色絕佳，曬成古銅色的臉頰上，布滿粉紅雀斑。他微笑致意，向我們點了點頭，抓起一根樹枝，開始在地上寫字。我們比手畫腳猜了好幾回合，得知他的名字，以及他和家人住在不遠的一棟石屋，是這附近的高原山谷唯一的居民，不過遠一點的卡拉蘇河與阿克蘇河交會處，還住著一群半遊牧的人們。雖然這一帶的山谷是吉爾吉斯偏遠地區的熱門攀岩地點，西方人對當地居民來說，依舊是新奇事物。我們待在當地的頭幾天，至少有十幾名牧羊人跑來拜訪。

我們搭乘太空船抵達時，一定很像外星人。我忍不住感到自己像入侵者，用我們的CD播放器、時髦帳篷、大量攀岩設備，打擾他們的純樸生活。

氂牛牧人隔天帶著家人再度來訪，送我們新鮮的麵包與氂牛奶。他的妻子穿著吉爾吉斯傳統服飾，頭上包著粉色頭巾，身上是紅色長裙和華麗的刺繡上衣。孩子們穿著牛仔褲與印有西方圖案的T恤，不過衣服破舊到任一位美國媽媽一定想也不想就扔進垃圾桶。我們一起喝茶，靠比手畫腳溝通，享受彼此的陪伴。

千里之外家鄉的壓力開始消失。我感到心滿意足，十四歲時造訪玻利維亞的感覺回來了。夜晚的涼意讓我們躲進帳篷、睡袋，喝茶玩牌。早晨陽光蒸發草地露水時，我到營地以外的地方散步，躺在平坦巨岩上，閉上眼睛，聆聽大地的聲音，身心安定下來。

同一時間，美國國務院發布了吉爾吉斯的旅遊警訊，但感覺應該沒事吧，我們沒理會。國務院指出這一區的局勢「不穩定，可能有危險」，但哪個地方不是這樣，對吧？而且這裡感覺比任何地方都祥和。我們心想，在群山的山谷盡頭露營登山，危險性不會大過攀岩本身。每年都有數十位攀岩者造訪吉爾吉斯，「俄國登山者聯盟」（Russian Mountaineering Federation）前一年才在阿克蘇舉辦國際大岩壁攀登比賽。儘管如此，幾個原本打算過來的朋友取消了計畫，也提醒我們要注意，但我們覺得那是反應過度、沒事緊張兮兮。我們確定自己很安全，而且先前飛機延遲，加上需要完成攀岩工作，我們沒向比斯凱克的美國大使館報到。

我們抵達後，發現一個登山包不見蹤影，猜想一定是轉機時弄丟了。勝家與狄基花了好幾天四處找電話，想打給比斯凱克幫我們安排旅程的公司。兩個人走遍牧羊人小屋、迷你村莊、軍事前哨站，沒人有電話，也幾乎沒人會講英語，而我們這邊也沒人會講任何吉爾吉斯、俄國或烏茲別克的主要語言。

勝家與狄基辛苦跋涉熟悉環境，整整走了四天，依舊找不到背包的下落。我和貝絲則跑去遠足，我們的藉口是勘查攀岩目標，不過我只是在找機會和貝絲獨處。我們漫步在湍流旁，走過氂牛吃草的陡坡。氂牛身上白棕色的辮子像裙子一樣垂至膝處。我們走上廣闊的石堆坡，進入一個側谷，冰川形成一個圓圈，四周荒蕪，只有岩石與水。我們把瓶子放進溪流，水質清澈到只能靠折射的光線，才能辨認出來。有時我故意落後走在後頭，只為了看貝絲在圓石上跳來跳去，爬上岩層。她會轉身找我；看著她稜角分明的鵝蛋臉與一頭金色秀髮，我的心湧出喜悅。我注意到她每一天都多曬黑了一些，腿上多沾到一些泥土，我已經無法想像沒有她的人生。

貝絲轉頭微笑，碰了一下我的大腿：「有一個驚喜要給你。」

狄基與勝家結束東奔西跑的背包尋覓之旅，我們四人開始攀岩。我們沒前往最大型的岩壁，選擇先到像把刀插在地上的兩千呎「黃牆」暖身。我們爬了上去，分兩組坐在兩個吊帳裡，腳盪在外頭。最後一道日光在鋸齒狀的地平線上閃爍，我們聽著下方遠處溪谷的潺潺流水聲。

貝絲拿出一盒巧克力即溶布丁，把蠟燭立在上頭點燃。那是我們待在岩壁上的第一晚，也是我二十二歲的生日。有那麼一瞬間，整個宇宙只剩下那根燭火與被照亮的空間。我吹熄蠟燭，我們的世界擴展到四周的蒼穹，以及數十億不曾被我們拋下的世界污染的繁星。即便晚上什麼都看不見，我依舊感到一股小小的確幸感。全球最壯觀的山峰就在我們身旁，喜馬拉雅山、興都庫什山、天山、喀喇崑崙山在一旁交會，群星閃耀，我和貝絲說說笑笑，臉上帶著笑容入睡。

我們睡了一夜好覺，渾然不覺附近山谷發生的恐怖殺戮。幾天前，「烏茲別克伊斯蘭運動」（Islamic Movement of Uzbekistan, IMU）全副武裝的民兵，溜進吉爾吉斯與塔吉克邊境一萬五千呎高的隘口。我們攀登的吉爾吉斯西南角，與塔吉克、烏茲別克的國土交纏在一起，中間有一塊三不管的種族飛地。與塔利班結盟的ＩＭＵ，已經向烏茲別克政府、吉爾吉斯政府發起聖戰，理由是烏茲別克有登記在案的人權問題，包括無情壓迫穆斯林，而據傳吉爾吉斯協助了烏茲別克政權。ＩＭＵ預備在這一區建立伊斯蘭哈里發國。

叛軍悄悄穿越國境，分成兩隊人馬。前一天，在二〇〇〇年八月十一日我們攀岩時，不到十哩外的地方，其中一支民兵突襲吉爾吉斯的馬札（Mazar）軍事前哨站，狄基和勝家找電話時去過那裡。民兵屠殺了十名士兵，還先刑求其中幾人。此外，他們抓了一個負責巡邏這一帶山谷的吉爾吉斯士兵，因此知道我們所在的位置。民兵大概也從嚇壞的地方居民那裡得知，阿克蘇與卡拉蘇谷地有外國攀岩者。同一天，另一支民兵進入阿克蘇，抓走幾名德國與烏克蘭攀岩者，扣留在山谷裡，並繼續從馬札殺向卡拉蘇，同樣得知卡拉蘇有四名外國攀岩者，也就是我們。

刺耳的回聲讓我一下子睜開眼睛，顯然是槍聲，不可能聽錯。昨晚我睡得很沉，整個人沉浸在前一週的幸福感之中。怎麼可能有人開槍？**有人想告訴我們什麼事嗎？我們的背包找到了嗎？**

又出現第二聲槍響。一顆子彈自懸在我們頭頂的小岩塊回彈，碎石落在吊帳上。貝絲立刻坐了起來，身體貼在岩壁上，呼吸急促，胸膛不斷起伏。

「怎麼回事？」勝家大吼。

貝絲慌亂看著四周：「有人在對我們開槍。」

我心中冒出一股陌生的恐懼，不是那種從岩壁上摔下、懼高或打雷帶來的恐懼。我們僵著不動，不曉得該做些什麼，接著小心翼翼探出頭。遠處的下方，岩壁底部的碎石斜坡上，站著三個人。

狄基用望遠鏡頭偷看。

「他們有槍，比手勢要我們下去。」狄基的語氣和平時一樣。

我們商量了一下：**該怎麼辦**？對方已經示範自己是神槍手，我們沒多少選擇。

狄基頭一個拿出勇氣。

「我年紀最大，」狄基依舊語氣鎮定，「至少看起來比你們大十歲。我下去，請他們抽根菸。」

狄基抓了一部對講機，把所有的繩子頭尾接起來，下降一千呎到大岩壁底部，找出正在等候我們的命運。

狄基用對講機告訴勝家：「嗯，沒錯，這些人只是想和我們在營地共進早餐，麻煩你們下來一下。」狄基的講話方式很怪。我猜他知道我和貝絲也在聽，不想嚇到我們。

我們逐一垂降到地面，勝家先，再來是我，貝絲最後一個下去。

一個叫阿布杜（Abdul）的人顯然是領袖，和我們打招呼。阿布杜留著大鬍子，身材健壯，但腰很細。迷彩服口袋裝著鼓鼓的彈藥，胸前掛著一把AK步槍。

其他叛軍也拿著槍，但看起來像是翹課去打電動的高中生。其中一人瘦瘦高高，一副懶洋洋的模樣，身上的巴塔哥尼亞（Patagonia）Gore-Tex外套，八成是從西方攀岩者或登山者那兒搶來的，外面加套一件軍隊的迷彩背心。

他們看到最後一個從繩子下來的是女人後，眼睛瞪大。貝絲身材嬌小，雖然二十歲了，但看起來年齡很小，說她是孩子也會有人相信。

出乎我意料，叛軍親切地和我們握手，一路護送我們回基地，沒使用暴力手段。我一到營地，立刻發現他們先前甚至懶得拉開帳篷拉鍊，直接用刀劃開，滿地散落著裝備和儲糧。一個人彎腰嘔吐，顯然對我們的食物起了不良反應。那是我們見到的第四名叛軍。

叛軍用手勢、咕噥聲、口哨聲，要我們在小背包裡裝進食物與保暖衣物，不過首先把護照交出來。

我心想：**那是一個好兆頭，至少他們沒要殺掉我們**。我們交出護照時，明白了他們想幹什麼。

狄基大喊：「我們是人質。」

我們坐在草地上，等著叛軍搜括完我們的裝備。不遠處站著一個我先前沒注意到的人，看起來很眼熟。他是吉爾吉斯政府軍的士兵，名字是圖拉特（Turat），幾天前我們見過他，他進行日常的軍事巡邏時，來過我們的營地。當時他和我們在卡拉維辛碰過的其他人一樣，輕鬆和善，如今卻變了個人。健壯的中等身材依舊打理得整整齊齊，然而米色軍服上現在染著鮮血。我看著他時，太陽穴抽動著。圖拉特看起來一臉憔悴，聽天由命，但眼神驚慌地四處亂看，停下來後卻混合著悲傷與決心。

圖拉特趁抓住我們的人不注意時，把臉轉向我，指著自己褲子上的血跡，比出三根手指，做出割喉的手勢。恐懼湧過我全身：**ＩＭＵ會殺掉我們三個男的，然後留著貝絲。**

圖拉特用俄語講著：**「不，不！」**他一定是看到我嚇壞的表情，知道我八成誤解了。我們靠比手畫腳與非常破的英語，終於弄懂圖拉特想說什麼。ＩＭＵ殺了圖拉特三個朋友，他是下一個。他們留著他一條命，只是要他帶路來抓我們。

圖拉特在四散的裝備裡，撿起一根帳篷杆，做出刺的動作。我緩緩眨眼，試圖弄懂他在說什麼。我曉得他一定是那個意思，但聽不進去。他居然要我們用帳篷杆攻擊全副武裝的士兵。我能容忍最大的殺生程度是在家裡裝捕鼠器，光是抓老鼠就讓我想吐。我斷然搖頭，大聲低語：「不行，不行。」

我們小聲比手畫腳時，遠方一個嗡嗡聲愈來愈近。我們站在草地上仰望天空，阿布杜跳起來，像是即將衝出去的獵犬，大吼大叫。自從我們回到地面，他們第一次拿槍指著我們，命令我們「起來」，急急忙忙把我們帶到草叢旁，要我們躲在樹葉與荊棘中。我們沒躲多久，再次聽見混亂的叫喊與口哨聲。我們再度站起來，兩架吉爾吉斯軍方直升機在頭上盤旋。我們沿著卡拉蘇河岸奔跑數哩，穿越卡拉蘇河與阿克蘇交會處，氣喘吁吁，筋疲力盡，驚惶失措，不時再度躲進樹叢與林子，接著繼續跑。

我們停下來休息片刻，勝家試圖安慰貝絲，告訴她：「妳得把這想成一場電玩遊戲。」他的想法和我一樣：我們得假裝這不是真的，好讓自己脫離現實。

直升機繼續在上方盤旋，叛軍要我們跑上一座岩丘。槍聲四起，我們四個人縮進一個岩石凹處。我不曉得是誰在射誰，也不知道軍方是否知道這裡有無辜的人質。我猜他們一定知道，不然會直接展開無差別射擊。也或者是為了不誤傷圖拉特，才沒火力全開，不是為了我們。

突然間，槍戰全面展開。一小群來抓叛軍的吉爾吉斯軍隊抵達，我聽見「轟」的一聲，再來是尖銳的哨聲。幾秒鐘過後，岩石泥土炸開，叛軍用機關槍瘋狂掃射回擊，堅持不肯投降。

貝絲、我、圖拉特一起躲在附近一棵樹下。子彈在枝葉間咻咻而過，樹枝斷裂，塵土飛揚。我抖個不停，抱著哭泣的貝絲。圖拉特坐在我們身旁，手撐在膝蓋上，極度冷靜，聽天由命。杜松的香味在機關槍的金屬氣味中盤旋，接著圖拉特做了一件我永生難忘的事。他從口袋中拿出一塊糖，塞進貝絲手裡，然後看著她的眼睛，用破英文與手勢說：「請別哭。我要死了，我也沒哭。」

交戰區的槍林彈雨中，上坡處的一塊大石頭傳來尖銳哨聲。叛軍首領阿布杜走下來，比了一個手勢，我們身旁的叛軍停下射擊，把槍瞄準圖拉特。圖拉特走向阿布杜，面無表情，阿布杜把他帶到巨石後。

我們聽見兩聲槍響，貝絲的嗚咽變成啜泣。

阿布杜叫我們也過去，我想吐，子彈自四面八方咻咻而過，我們別無選擇，只能跟著阿布杜走。我們縮在圖拉特的屍體旁，屍體逐漸冰冷僵硬，一攤血從頭部冒出來，幾小時過後，紅褐色的血失去光澤，只在沙地上留下一個深色污漬。圖拉特倒在地上，四肢縮起，手指蜷曲，我試著不去看，但視線忍不住被吸引。那是我見過的第一個死人，我試著穩住顫抖的雙腿。

我轉頭看貝絲，原以為會在她臉上看見恐懼，但貝絲見到屍體的那一刻，圖拉特的勇氣似乎轉移到她身上，她一字一句鎮定地告訴我：「看著我的眼睛，不管發生什麼事都不要移開。」

子彈持續在巨石間回彈，岩屑如雨點般落在我們身上，我的耳朵嗡嗡作響，緊張的情勢放大了我的感知能力。我不舒服地閉上眼睛。再次睜開時，傍晚的地平線上出現了火燒雲。如此絕美的景象，怎麼會和如此恐怖的事同時發生？哨聲突然再次響起，一個東西掠過我們頭上，我們縮了一下，阿布杜接住空中拋來的蘋果，塞進嘴裡，丟水果給他的叛軍轉頭繼續開槍。阿布杜調整一下自己的武器，讓蘋果從嘴裡落到手上，站起來好整以暇地啃起蘋果，就好像在自己家裡看電視一樣。他吃完水果，將果核丟在地上，在褲子上擦了擦手，不慌不忙地重新架好立在岩中的AK-74三腳架，繼續掃射。

戰火愈來愈猛烈，雙方都想趁最後一道日光消失前殲滅對方。太陽西沉的那幾分鐘感覺像是幾小時，阿布杜與其他三名叛軍放下槍，攤開祈禱毯。附近的山丘上，另一枚火箭推進榴彈（RPG）爆炸。他們四人朝著麥加的方向跪下，開始祈禱。

天色一轉黑，射擊便停止。我們和俘虜我們的人一起逃跑，圖拉特的屍體在原地安歇。晚一點的時候，兩名叛軍去找吃的，看看有沒有山羊可殺，結果一直沒回來；我們後來才知道，他們被吉爾吉斯軍方帶走。看守我們的人只剩阿布杜，還有沙立普夫（Sharipov）；後來我們叫他「蘇」（Su）。蘇二十歲，和貝絲同年，上嘴唇有一顆很大的凸痣，短髮從羊毛帽下冒出來，臉上是稀稀落落的鬍碴。有時看起來嚇壞了，眼睛睜得大大的，茫然不知所措。他毫不遲疑地接受所有命令，我很擔心他一個不小心就會開槍。

我們是人質，然而某種層面上，抓我們的人也是。他們被吉爾吉斯的軍方追捕著。我們在晚間竄逃，我緊跟著貝絲。瘋狂的奔跑與恐懼讓我們六神無主，一切感覺很不真實。

太陽出來後，我們躲起來。阿布杜為了不讓我們有機可乘，把我們分成兩組，他帶著貝絲與狄基，蘇看著我和勝家。我和貝絲曉得阿布杜想幹什麼的時候，轉頭看向彼此。

「沒事的，」貝絲說：「照他們說的做。」

「我會的。」

「答應我絕不會做傻事，好嗎？」

「我們很快就會再見到面。」

我擔心這是這輩子最後一次見到貝絲。我發過誓要待在她身旁保護她。那個誓言讓我心中生出一絲希望，找到活下去的目的。然而我們的命運不再屬於自己。

接下來十四小時，外頭的陽光耀眼，勝家、蘇、我躲在一個潮濕的洞穴裡，把蘆葦和樹枝拉到頭上，蓋住自己，三十呎外是湍流帶來的朦朧濕氣。小小的空間裡，很快就充滿濕葉子與三人的呼吸酸味，與高山的潔淨空氣形成強烈對比。我們的衣服沾滿濕氣，增添刺骨的寒意，簡直度日如年。離上次喝到一滴水、吃到一口食物，已經過了幾乎整整一天。我用舌頭舔了舔上頜，一股快意湧過全身，然而和我擔心貝絲的心情比起來不算什麼。

我質問自己，質問上帝。我需要抓住點什麼，抓住一絲希望。我說出或默念了一些禱詞，我需要相信我們被看顧著，這是我們的命運。我想起母親，她一直相信自己有心電感應，可以感受到心愛之人的受苦受難。我坐在洞穴裡，想著母親是否知道兒子有麻煩了。

勝家和我並肩坐著，膝蓋貼著臉頰。刺骨寒意讓幾分鐘感覺像是幾小時，幾小時像是幾天。多數時候，我都放空盯著泥土。蘇打起瞌睡，勝家對我使了個眼色，看向蘇的槍，不曉得有什麼打算。

太陽再次西下，我們終於離開躲藏處，像老人一樣手腳僵硬，跌跌撞撞走不動。不過我看見貝絲時，挺直了背，感覺力氣又回來了。貝絲還活著，就站在我眼前，甚至擠出一個笑容。我們站在河岸旁，水聲大到要用吼的才聽得見彼此在說什麼，也因此我們只是相擁，凝視著彼此，確認雙方沒事。我想要永遠抱著她。

不久後，在夜色的掩護下，我們吃下每天的配糧：六個人分一條能量棒。我們第一天逃離營地時，抓了一個放著六條能量棒的小背包，那是我們唯一的食物。離開河岸、聽得見彼此說話後，我得知貝絲與狄基那天過得比我們糟多了。阿布杜強迫他們躲在河岸一塊大石頭下，正午時，河水湧進他們躲藏的洞穴，兩個人泡在水裡，而且大石頭下方的岩層被河水侵蝕，兩人擔心巨石會掉下來砸在身上。

貝絲後來告訴我，在那幾天的劫難之中，狄基像父親一樣照顧著她，抱住她發抖的身體，提供暖意。有時她會哭泣，質問我們做了什麼，為什麼會遭受如此劫難。阿布杜和蘇客套地對待彼此，對我們三個男性人質則毫不客氣，但他們不曉得該拿貝絲怎麼辦，態度明顯很彆扭，有時甚至害怕。狄基頭腦轉得快，比手畫腳告訴他們，我和貝絲是夫妻，希望他們會動惻隱之心。

我們繼續前進，由阿布杜帶頭，每晚穿越數條小河，而每次過河是我們唯一能喝水的機會。充滿泥沙的河水在齒縫留下沙粒，但每喝一口，都能帶來一陣微弱的精力。

第二天晚上，我們站在一條湍流的河岸上，找著過河的方法。阿布杜與蘇試著把一塊長條朽木推進水裡當橋，但他們和那塊笨重的木頭奮戰時，腳幾乎沒弄濕，顯然極度怕水。勝家撲通一聲跳進急流，水深及腰，他奮力想站穩，有一瞬間差點被河水沖走，但穩住腳步，往回走，抓住木頭，把木頭拉到水上。阿布杜爬過木頭時在發抖，差點掉進河裡，站在水裡的勝家伸出援手。阿布杜為了讓手空出來，把槍交給了勝家。勝家繼續引導他，接著又把槍還他，叫我們也快點過河。我們一個接著一個抵達河岸另一頭，勝家也從河裡上來，坐在岸邊氣喘吁吁，全身濕透。

「你在幹什麼？」我怒視著他，心中感到困惑，甚至覺得噁心。

然而，阿布杜把槍高舉過頭，對著勝家歡呼：「**勇士！**」

我懂了。在這場噩夢中，在我們其他人恐懼到六神無主時，勝家正在想辦法讓我們大家逃跑，那得先讓叛軍信任他。

我們每個人腦中都偷偷想著逃跑的方法，但勝家迫使計畫在我們腦中成形。從那時起，每當我們多少能避人耳目講話時，便竊竊私語討論著。我們分成兩派，貝絲堅持絕不能做危險的事。劫持我們的人顯然殺人不手軟，沒人知道他們打算做什麼。他們目前尚未要對我們動手，為什麼要把自己的性命置於險地？他們撐不久的，軍方在圍剿他們。

勝家與狄基則堅持立刻擬定逃跑計畫。我們有四個人，他們才兩個人，可以趁他們一個不注意，以多勝少，奪下他們的槍。我們一定得行動。

我瞭解他們的想法，但我猶豫不決。貝絲是我最重要的考量，我站在她那一邊，但我保持沉默。即便是在如此危急的時刻，我也不想製造摩擦。

兩天兩夜過去了。每當東方既白，我們就被迫躲起來，以免被後頭追趕的吉爾吉斯軍方發現，以致根本無法被自己的救兵看見。太陽下山後，我們在天色的掩護下，走向愈來愈無望的未來。

日子一天天過去，我們體力愈來愈不支。原本就不多的物資早已消耗殆盡，身體開始分解肌肉。比挨餓和恐懼還糟的，是睡眠剝奪折磨著我們的心智。我們四個人晚上相見時，就縮在一起，狄基與勝家不停策畫逃跑計畫。我和貝絲試著不去聽他們的胡言亂語。

吉爾吉斯軍隊依舊窮追不捨。有時我們在白天的藏身處看得見他們，也聽得見他們直升機的聲音。雙方的交戰次數逐漸減少，但偶爾還是有零星槍戰。彷彿要隨時提醒我們一樣，遠方傳來開戰的聲響，主要是軍方與附近一帶ＩＭＵ民兵的衝突。晚上是漫漫長夜，有時我已經不在乎了，軍方有效地圍剿我們。我們在阿克蘇與卡拉蘇山谷北方不停繞著大圓圈，山谷中淨是搖搖晃晃的木板橋，以及幾間如今被遺棄的牧羊人小屋。

我們躲藏時，勝家依舊講個不停，策畫著逃跑計畫，或者只是在幻想。我們躲在陰濕洞穴深處或濃密樹叢下方時，他壓低聲音，保持語調平穩，以免被聽見。

「蘇睡著的時候，我就抓一塊石頭敲破他的頭，然後我們奪走他的槍。保險就在扳機後面，在右邊。我們可以趁阿布杜搞不清楚狀況時幹掉他。」勝家不停擬定計畫，講著令人難以忍受、栩栩如生的血腥殺人細節。「你們奪槍的時候，我咬住他的喉嚨，撕開他的頸部。」

我們安全聚在一起時，我聽見勝家跟狄基商量。貝絲依舊堅持，與其和ＩＭＵ一樣做出邪惡的事，不如忍受幾個月的俘虜生活，但勝家依舊說個不停。「殺掉他們一切就結束了。我們拿一塊石頭，砸碎他們的頭，奪走他們的槍。他們現在信任我們，我們辦得到。」我希望他閉上嘴巴，用念力要他安靜，但他一直講個不停。我像看著外星生物一樣冷冷注視他。我們不能殺人，殺人是不對的，取人性命是我們和他們之間的區別。

然而，我們一天天失去力氣，愈來愈消瘦，也喪失意志力。貝絲的天使臉龐凹陷下去，蒼白憔悴，瘦了快七公斤。我們的身體虛弱起來，我開始想，該不會勝家是對的。如果想活下去，我們可能得殺人。

或許勝家只是在等待完美的時機。過河的時候，蘇依舊拿著槍。此外，阿布杜與蘇永遠不讓我們離開視線，就算制伏了一個，難道我們得拿著自己不會使用的武器，和另一個展開槍戰？

從某方面來講，我們占優勢。我們人在異鄉，但軍方逼我們躲進山勢愈來愈陡峭的區域，俘虜我們的人還得靠我們引導，我們有時甚至得把手放在他們背上，一路看顧他們。

雖然很不情願，此時我終於看出勝家的策略很聰明。這些人不是什麼好人，他們留著我們，不是為了像童話故事那樣，最後放了我們。我們還在等什麼？難道美國海軍的海豹特種部隊會衝進這片與世隔絕的吉爾吉斯山區，拯救四名攀岩者？

我們到死都會是人質。

我們引導阿布杜與蘇登山時，聽見勝家在想辦法逃跑，他和狄基講著要把阿布杜和蘇推下去。**什麼時候？現在！快！**

我什麼都不確定，但有一件事我有信心：我有能力撐下去。我的體能似乎比其他人好，我也不怕死。我這輩子都是這樣，害怕失去自己愛的人，但置個人生死於度外。

我終於接受，我深惡痛絕的暴力將是活下去的唯一辦法。此外，我還明白了另一件事：其他人講歸講，沒人會真的親自動手。

飢餓很有趣，一開始你飢腸轆轆，下腹疼痛伴隨著噁心。然後呼吸變得很耗力氣，動作跟著遲緩，表情也嚴肅起來，動一下都覺得累。接下來，你會失去神智，漠不關心，情感麻木。然而過了幾天後，就不再胃痛了。我到今天依舊不曉得發生了什麼，究竟是怎麼一回事，只是其他每個人愈來愈虛弱時，我卻感覺自己強壯起來。

我留意到自己的夜間視力變佳，物體輪廓顯得很清晰。第六天太陽下山時，每個聲音、每個動作，都逃不過我的注意力。我感到輕飄飄，活力充沛，就算一口氣衝上山坡，心跳也不會加速，其他人則是每走幾步路便跌跌撞撞。不論是否為幻覺，我再次感到自己是一名戰士。

自信增強後，我開始接受事實。勝家比我聰明，但我比較強壯。勝家可以當指揮官，我當士兵。情勢很明顯，我對貝絲的愛昇華了我對她的需求。我要自己狠下心腸。

第六天晚上，俘虜我們的人想出一個計畫。他們同樣又冷又餓，阿布杜將回到我們的攀岩營地，搜括剩下的食物與保暖衣物，剩下的人爬上兩千呎高山，通過碎石地與近乎垂直的峭壁帶。對我們來講（至少是平時的我們），那算是簡單的地形。阿布杜搜集完口糧後，會從比較不危險的另一邊上去，在上方與我們會合。這是第一次只有蘇看守我們。

§

黑暗中，月光在峭壁間上演著變幻莫測的光影秀，下方亂石消失無蹤，漆黑一片。遠方，群星照耀著高低起伏的山頂與白雪覆蓋的群山。

蘇的腳不小心滑了一下，發出痛苦呻吟。我看著勝家指引他攀登，告訴他哪裡的岩壁夠結實，可以把手腳擺上去。計畫是我和貝絲將待在上方，避開墜落線。

我們繼續往上爬，蘇的身體再次晃動，我聽見岩塊滾落近乎垂直的峭壁。

現在。

就是現在。

我靜靜催促他們行動，用念力要他們動手。

狄基與勝家繼續指導蘇攀岩。蘇又爬過更多容易失足的點。我試著不去想自己用念力希望狄基與勝家做的事。

山頂近在眼前時，蘇恢復自信，一下子超越了狄基與勝家，爬過鬆軟土石，用手維持平衡。距離山頂僅五十呎、在我和貝絲右方二十呎的地方，地勢再度變得難以攀爬，他慢了下來。狄基與勝家依舊待在下方。我往下看，我們視線相交，他們點了個頭。

我看著貝絲，低聲說：「我不得不這麼做，得由我來動手。」

貝絲抖了一下，臉上蒙上一層陰影，嘴脣微張，但沒發出聲音。我們對望了幾秒鐘，她低下頭。

我知道。

我體內不曉得從哪裡冒出一股力氣，化成一隻陌生野獸。我像一隻敏捷的山羊，一口氣加速衝過好幾個腳點，靜靜待在陰影裡。十五呎，十呎，五呎，蘇依舊沒看到我朝著他而去。他的槍管在星空下閃閃發亮。我看見他上唇那顆難看的痣。我的腳踏鬆了一塊岩石。

他眼神銳利地看向我，視線相交，我撲向他肩上的槍帶，盡全力拉扯，推著他的肩。月色下，他的黑色身影毫無防備地往後倒，恐懼地大叫一聲，砰的一聲掉落岩台，身體彈起，接著就消失無蹤。

有那麼一瞬間，我什麼都聽不見，什麼都感覺不到。一陣暈眩襲來。我知道太陽正在升起。微弱的光影變成模糊的長線條，似真似幻。突然間，好像石頭撞上我的腦袋，我身體每一塊肌肉縮起，我用最大的力氣緊緊閉上眼睛，連滾帶爬衝上山頂，一個人氣喘吁吁地跌坐地上，用力把自己縮成一顆球，前後搖晃，不停啜泣，先前壓抑住的所有情緒全部湧出。

§

我剛殺了一個人，不是邪惡的壞人，而是一個和我沒什麼不同的人，既害怕又年輕，大概有人在等他回家。我對上帝怒吼，要祂讓我從這場噩夢中醒來。這麼恐怖的事不可能是真的。我全身抖個不停，心想自己是不是瘋了。

我聽見一個聲音，感覺背上有一隻手。是勝家。我反射性地縮了一下。「你做了該做的事。」

我把頭埋進膝蓋，只覺面目猙獰。我得把罪怪到別人頭上。我選擇殺人，是因為勝家的叨念像病毒一樣傳染了我。他本該自己動手才對，怎麼能把我置於這種境地？他是撒旦，我受了他的指使。我繃緊全身肌肉，希望把自己弄死。

然而接著我感受到了溫暖。貝絲跪在我後頭，整個人撲在我背上，緊緊抱住我。「你救了我們的命。」她說。

「妳現在怎麼還可能愛我？我是一個可怕的人！」我啜泣。

「你是我的英雄。」

我抬頭看著圍在身邊的三人，感受到他們要我快點堅強起來。按照計畫，我們要在這裡和阿布杜碰頭，而我剛剛在這裡殺了蘇。我深吸一口氣。

我在心裡告訴自己：**振作點，事情還沒結束**。

前方東側，地勢和緩起來，銜接一條陡坡。我們沿著山脊一路奔跑，跑到一個看起來不錯的裂口。我們從右側下去，跌跌撞撞地踩過鬆軟的土石，在月光、恐懼、運氣的指引下，半奔跑、半逃命，繞過偶爾出現的峭壁，跳下較低的崖面。

狄基與勝家認識下方山谷的路，他們找背包時去過那裡。如果能順利抵達，那裡有幾間牧羊人小屋，還有一個軍事哨站。如果軍方沒把我們當成敵人掃射我們，如果那個軍事據點尚未被叛軍攻下，我們就安全了。暗處、巨石下、山谷一排排的樹下，或許躲著拿槍的人，可能是吉爾吉斯軍隊的士兵，也可能是殺了士兵的叛軍。如果是叛軍，他們絕對會殺了我們。

我們繼續在谷底前進，跑過羊腸小徑，壓下心中恐懼，無視晃動的樹影中可能藏著敵人。呼吸撕裂我們的肺，冰冷的空氣刺痛鼻腔。我們把蘇推下去之後，靠著腎上腺素與恐懼，像人骨一樣在夜間跑了三、四個小時。即將天亮前，我們停下腳步。前方有一棟小屋，一根桿子上掛著野山羊頭骨。狄基與勝家認出這個地方，知道不遠處有一個軍事據點。

寒霜覆蓋樹叢，我看著自己呼出的白色熱氣閃著微光。我們再次加快腳步，很快就見到一旁有走動的人影，再度快跑。砰！砰！砰！子彈飛了過來，我的心跳錘著耳膜，槍聲愈來愈密集，我們繼續跑向哨站內一個看起來像廣場的地方。我們不曉得開槍的人，究竟是把我們誤認為叛軍的吉爾吉斯士兵，還是吉爾吉斯士兵已經被殺，叛軍占據了這裡。當一群大吼大叫、用槍指著我們頭的人圍上來時，我們沒時間思考，也沒別條路，只得撲到地上，一遍又一遍大喊：**「美國人！美國人！美國人！」**

第二部

第6章 歷劫歸來，重拾力量

雪花飄落睫毛，遇熱融化前的一瞬間，視線朦朧。鋒面來襲，白天化為黑夜，步道上滿是雪靴留下的足跡與印痕，踏深模糊不清的小徑。春雪厚重的濕氣、陽光的熱度、寒冷的夜晚，留下一片濕滑，令人舉步維艱。儘管一不小心就會滑倒，我依然開心能出來跑步。背上滴下汗珠，打了一下哆嗦。

我又跑了一哩左右後轉彎，耀眼陽光迎面而來。雲彩在天上翩翩起舞，好像在擦拭北方與西方的山峰。白雪反射著陽光，我有如跑在一片灑著亮片的潔白地毯上。四周寧靜無聲，唯有鞋子踩出的嘎吱聲。

山徑緩緩上升，斜度不過一、兩度，然而位於海拔超過九千呎的地方，我還是氣喘吁吁起來。我步伐變短，韻律加快，腰部微微往前。登頂後，回家都是下坡路段。

幾小時後，我坐在沙發上，牆上是貝絲替我們兩個人裱好框的合照。我一直努力提起勇氣求婚，但是我對這種事向來不在行，怎麼樣都說不出口。貝絲隨口開玩笑說今天是我們的約會之夜，不過我曉得這並非實情。事實上，她焦慮不安，我也一樣。不曉得人們會說什麼，不曉得重返二〇〇〇年八月那段二十個月前的經歷，將帶來什麼感受。在那之後發生了太多事，紐約世貿中心遭受恐怖攻擊、戰爭……講也講不完。

NBC的《日界線》（*Dateline*）節目開始了，片頭令我尷尬得坐立難安。我們看起來好年輕，而我似乎不知所措。我轉頭看向貝絲，她全神貫注盯著電視，也可能心思飄到別處。我不想打擾她，讓她以自己的方式療傷。

節目終於講到我們的故事，熟悉的景象映入眼簾，岩壁、吊帳、山峰、山巒、山谷。我原本好奇自己會有什麼反應，結果什麼反應也沒有，好像一切是發生在別人身上。

鏡頭轉換。監獄裡，一名女性訪問一位男性，兩人講著吉爾吉斯語，旁白提供了翻譯。我和貝絲緊靠在一起握住手。我們忍受了幾個月的含沙射影與含血噴人，終於被還以清白。女人問：「你被推下去，還是你睡著了？」

「他們推我。」他回答。

終於。

終於。

我關掉電視，只想繼續過日子，不再每天活在別人的指指點點裡。

終於可以前進了。

用槍指著我們頭的人是吉爾吉斯軍方的人。他們很快就發現我們不是叛軍，幾分鐘內就提供我們保暖衣物、食物與飲水。我們四人狼吞虎嚥吃下兩罐沙丁魚。我以前從沒吃過罐頭沙丁魚，但那一刻，心中一直在想：**這是我吃過世上最美味的食物**。我把手放在胸上，再比向一旁的吉爾吉斯人，表達心中謝意。從他們疲憊的神情、憔悴的身影，加上我們聽說的戰況來看，這場戰爭也把他們折磨得不輕。

§

幾小時內，直升機就把我們從小小的前線作戰基地，送到一個距離首都比斯凱克要幾小時飛行時間的大型軍事堡壘。我們一抵達，便和吉爾吉斯總統阿斯卡爾・阿卡耶夫（Askar Akayev）及其他將領見到面。由於語言不通，我們沒和總統講上幾句話，不過從他提的問題來看，他最關心的似乎是他的軍隊在「拯救」我們這件事上所扮演的角色。我身心俱疲，並未完整解釋其實是我們救了自己。總統會對我們的故事感興趣，主要是為了自己的政治宣傳。

我們搭上載我們去首都的飛機。一抵達比斯凱克，就被護送到美國大使館。大使館看起來像一座地堡，藏在一排建築物中，戒備森嚴，圍著鐵門與混凝土護欄。我們第一時間立刻聯絡家人，感覺像是過了一世紀還聽不見電話接通的聲音。我不曉得耳邊傳來的嗡嗡雜音來自電話線路，還是我的腦子。

「媽，是我。」我說：「爸在嗎？你們兩個人可以一起聽電話嗎？」

「我們被綁架了。」我結結巴巴，不確定該告訴他們多少，斟酌哪些事不該提。「我們沒事了，已經逃了出來。我們不得不把一個綁匪推下懸崖，但我們逃出來了。」

爸媽沒有回應，時間久到我還以為斷訊了。靜電干擾和白噪音劈里啪啦響個不停。爸媽幾乎異口同聲說出：「真是太不幸了。」他們反反覆覆講著那句話，其他什麼都吐不出來。這不能怪他們，他們完全沒料到會聽見這種事。他們告訴我他們很慶幸我們沒事。我含著眼淚說得掛電話了，會再告訴他們自己何時返家。

我掛斷電話。辦公室另一頭，勝家手舞足蹈地告訴他母親發生了什麼事。我感覺自己彷彿在聽別人講動作片的劇情，就像范達美（Jean-Claude Van Damme）演的那種老片。我有點希望自己能像勝家那樣興致勃勃，把這件事看成一趟刺激的冒險。發生這種事，誰都不願意，我居然得取走一個人的性命。我只希望整件事快點落幕，離開這裡。

我們和家人通完電話後，大使館詢問我們事件始末，勝家一個人壟斷發言。我默默坐在椅子上，感覺胃和全身很不舒服。我們可以離開前，大使館說我們當初抵達時真的應該來報到才對，我們四個人全都點頭。大使館職員非常和善，協助我們添購保暖的乾淨衣物。下一班從比斯凱克飛美國的班機，還要再等上一星期，所以他們協助我們前往哈薩克搭乘往加州的班機。貝絲和我呆坐在椅子裡，沉浸在自己的世界。狄基與勝家沒和我們同行，選擇在吉爾吉斯等上一星期，那樣機票比較便宜。貝絲和我打著瞌睡，偶爾低聲講幾句話，默默感謝三萬五千呎高空上的寧靜。

八月二十二日那天，貝絲的爸媽到機場接我們，大家哭成一團。我們抵達貝絲家在戴維斯的房子，幾台採訪車與記者守在門外。我們低頭跑進屋內，不曉得自己的恐怖遭遇已經傳到媒體那裡。我們認為沒必要對少數親友以外的人講這件事，然而採訪車還是來了，記者蜂擁而至。我只希望他們全都離開。

我們睜大雙眼，打赤腳在屋裡走來走去，聽到大一點的聲音就嚇到縮起來。貝絲的父母用愛保護我們。記者敲門時，他們抱住我們，領我們到後面的房間待著。貝絲和我站在走廊上，聽她的父母用堅定但禮貌的語氣告訴記者，我們會在恰當時機發表新聞稿。貝絲和我非常感謝他們鎮定的支持。他們似乎直覺就知道該如何照顧我們這兩個劫後餘生的人。貝絲告訴我，幾年前她父親差點死於癌症，她的父母已經懂得如何兼顧照顧者面臨的兩難：得夠堅強，也得夠溫柔。

貝絲的爸媽和我們一樣，不曉得該如何面對媒體。那些記者顯然不會自己消失。伯父、伯母努力在我們與媒體之間築起銅牆鐵壁，不讓他們打擾我們，但如此一來，我們也等於是被禁錮起來。

我自己的父母也很快趕到。看到母親努力壓抑情緒，嘴唇不停顫抖，我的心都碎了。兩家人待在客廳裡，母親坐在我後方的白色沙發上，撫摸我的肩膀。沒人知道該說些什麼。閒聊幾句後，接著就是一陣尷尬的沉默。父親提到天氣可真好，大家臉色一副黯然；不見得是針對父親，只是對眼下的狀況束手無策。一連幾天，我們都小聲說話。父親沒刻意大聲，卻仍聲如洪鐘，似乎打破了貝絲的父母努力幫我們搭起的保護牆。

貝絲站了起來，走進自己房間，關上門。客廳裡，其他人看著地板，看著窗戶，眼神不曉得要投向哪裡。我等了幾分鐘，也跟著貝絲進房。

貝絲說：「我現在還沒辦法面對你的父母。」

每個人都很難過。我必須待在貝絲身旁，但我也想陪我父母。我很感謝爸媽趕來，我需要他們的支持。我被夾在中間，但是當下我感到貝絲的需求比我自己和爸媽的需求還重要。

兩家人在尷尬的氣氛中度過兩天。父親跟平常一樣，努力聊天，想讓一切恢復正常，不想弄得像是我們人在殯儀館一般。然而不管他說什麼、做什麼，似乎都會惹惱貝絲。就連坐著安靜地拼拼圖，喃喃自語「找到了，就是這塊」的聲音都嫌太刺耳。我看著貝絲像在搬沉重的家具一樣，深深吐出一口氣，而她的確是想把我父母搬出她家。我裡外不是人，但還是告訴她：「好，我去說。」

想到要叫自己的爸媽離開，我心如刀割。他們才剛來。採訪車已經全數離開，我們三人沿著街上的潔白圍籬與花箱散步，鳥兒在空中嘰嘰喳喳，寬闊的街道呈現整齊的棋盤狀。我看得出來，爸媽努力壓低腳步聲。我深深吸了幾口氣，把話講出來。

「媽，爸，我很抱歉。」我開始流淚，「你們在這裡不太方便，我會盡快回家。不用擔心我，我會沒事的。」

我緊緊抱住爸媽，三人在原地抱了一分鐘，接著往回走。他們收拾行李道別，開車回家。我對自己居然鬆了一口氣感到內疚，但至少這下子不必面對貝絲和我父母相處時的彆扭情緒。這陣子，我經歷太多紛擾了；現在我只想照貝絲的意思做，希望那樣她的情緒就能穩定下來。

此外，我也知道爸媽能諒解。母親雖然沒對我多說什麼，她從頭到尾都沒提那些不是很得體、但有時人們很愛講的話，像是「你們很幸運了啦」，或是「你們要懂得感恩」。我從母親的眼神看出她被傷到，只是過了幾秒鐘就調整過來。我想母親懂我這麼做是為了貝絲，為了我生命中另一個女人。母親和往常一樣，把自己的需求放到一旁，以我的事情為優先。

我在戴維斯待了一陣子便感到格格不入。更糟的是，我不曉得自己**應該**要有什麼感受。我一直等待強烈的情緒湧上來，告訴我該怎麼做。我應該帶著恐懼與創傷發抖，還是該跳上跳下，開心地大喊「活著真是太棒了！」？我是把大家救出險境的英雄嗎？我一點都沒有當上英雄的感覺。當時的情境不斷閃過眼前，高山凍原上血流成河，子彈射向巨岩，流彈擦過後方的山丘，吼叫聲、哨聲、尖叫聲，還有火箭推進榴彈發出警報器般的刺耳笛聲。一切的聲響、一切的恐懼，像電視雪花雜訊一樣，化成一團模糊的白色。我坐在公園椅上，目光呆滯地望著前方，幾小時像是幾分鐘一樣。我在心中以最快的速度挖洞，把任何要冒出來的情緒埋起來，腦子只想著一件事：我殺了人，我殺了人。

貝絲一下子哭，一下子害怕發抖，或是眼神放空盯著窗外。她覺得ＩＭＵ會派人來追殺她，一直問我們造了什麼孽，為什麼會碰上這種事。在我們被俘虜的六天之中，一定曾經有過笑聲，有一絲輕鬆的時刻，但我一點也想不起來。我們回家後也一樣。回家跟被綁架一樣糟，綁架有明確的始點與終點，但我們要花多久時間才能撫平創傷？我如何才能讓自己堅強起來，同時扛住自己和貝絲的壓力？

晚上，我幫貝絲按摩，她會睡著。然而人體珍貴的復原力，在她身上似乎永遠不持久。她不停做噩夢，一直醒來。她的父母和我盡一切努力安慰她，叫她最愛吃的外賣，不停告訴她我們安全了，這裡不會有人傷害我們。然而那六天的夢魘依舊糾纏不休。

貝絲的父母判斷我們需要專業的協助，幫我們約了一名心理師。看診不過幾分鐘，那位心理師就把我們比為性侵受害者。我瞠目結舌，有幾秒鐘說不出話來，那個人根本不認識我們，不清楚我們發生了什麼事，也不曉得如何協助我們。我們沒被強暴。我不想聽別人胡亂評論，更不想和任何人談發生了什麼事。我後來聽懂那個心理師想講什麼：我們有創傷。我不願深入思考整件事，也不想先清理傷口，只想在潰爛傷口上直接貼ＯＫ繃。貝絲是我能講心事的人，也是唯一可能懂我在說什麼的人。

我一直回想在吉爾吉斯時一個深深印在腦海裡的時刻。軍方發現我們不是叛軍後，我們坐在一間簡陋房子裡，背靠著牆。儘管我把貝絲抱在腿上，卻感覺她好遙遠。我很慶幸能夠活著，但也擔心貝絲會因為我做的事懼怕我。

「湯米，」勝家說：「你想的話，我可以說蘇是我推下去的，或是我們可以說是三個人一起做的。你來決定。」我疑惑地歪頭。在整場劫難中，勝家的腦袋一直轉得很快，永遠領先我們其他人好幾步。勝家是因為看到我萬分沮喪，真心想代我受過？還是他想把我們能逃出來的功勞攬在身上？

最初，我們含糊交代了把人推下山的細節，但諱莫如深也讓我們內心不安。有一天，我在電話上告訴勝家，我需要說出實情。勝家說他也在想一樣的事，然後講了他認為是什麼樣的心理狀態，讓我把蘇推下去。

「你知道珍珠果醬樂團（Pearl Jam）的〈傑若米〉（Jeremy）那首歌，講一個被欺負、被霸凌的孩子。他有一天受夠了，衝進教室，拿槍掃射每一個人？我覺得你就像那樣。」

他說。

我無法接受勝家說我是一時抓狂的瘋子，但我沒講話。掛斷電話後，我專心想著必須專心想的事：貝絲。貝絲需要我，但她不需要一個為她神魂顛倒的傻子。在她心中，我是唯一真正懂得她經歷過什麼的人。她請我待在身邊，我不可能推開她。

貝絲正在苦苦掙扎，她受的創傷大概比我們其他人都嚴重，但我答應過爸媽我會回家。她不願我失信，因此我們前往科羅拉多。

父親就是父親，我感激他的好意。父親這輩子只知道一種往前走的方法。從我兩歲學他擺出健身姿勢，想和他一樣強壯、強悍、永不示弱，他就一直試著幫助兒子。我和貝絲一抵達埃斯特斯公園的家，父親就說：「兒子，你得回去攀岩。」

貝絲氣壞了。「他怎麼能那樣說？他究竟知不知道我們經歷過什麼？」貝絲暗示父親叫我們立刻回去攀岩，是為了自己的利益，兒子的事業讓他有面子，可不能毀了。不過，我原本就留意到其他人是如何利用我們這次的痛苦經歷牟利，而在我內心深處，我知道父親永遠不會是那種人。然而，我也是母親的兒子，貝絲的苦我感同身受，努力耐心以對。

我心裡其實認同父親的建議，但再度感到左右為難，最終還是選擇站在貝絲那一邊。我麻痺自己，一心一意想幫助貝絲復原，不去管什麼對自己才是最好的。

我們沒在科羅拉多待太久。貝絲需要她的父母，也就是說，我們得在她戴維斯的家待上無限期的時間。就連回到加州之後，她也愈來愈受不了我的父母。每次我和父母講電話，她就火冒三丈。**他們怎麼可以鼓勵我回去攀岩？不就是攀岩害我們現在變成這副鬼樣子？**我感覺，不管是誰都會讓貝絲跳起來；我們需要時間痊癒，我需要讓貝絲好起來。

媒體的持續關注只會讓事情雪上加霜。我們回美國後天天被包圍。我們回國的第一週，就把自己的故事交給格雷格・蔡爾德（Greg Child）。蔡爾德是著名攀岩者與作家，是勝家的朋友。他和《戶外探索》（*Outside*）雜誌講好要替他們寫一篇報導，之後再擴充成一本書。我們簽的合約給了他獨家報導權（《危險時刻》〔*Over the Edge*〕二〇〇二年出版，對我們遭遇的綁架事件做了詳盡研究）。

同一時間，我當時的贊助者旗下的一名女公關，未經我們的同意，就向《花花公子》（*Playboy*）雜誌兜售我們的遇險故事。《花花公子》接受了，但我們已經和格雷格與《戶外探索》雜誌簽下獨家權，法律上、道德上都不該與這名女公關合作。被拒絕的女公關認為我們是在操控報導，而且一定經過了修飾美化，好讓好萊塢拍成電影。她居然說我們利用悲情故事賺錢，我氣瘋了，尤其是她和她老公才是真正想趁機撈油水的人。如果真的如她所言，我們的故事是編出來的，她又為什麼要向《花花公子》兜售我們講的故事？

女公關夫婦四處宣傳我們的故事是假的，甚至安排出版自己的「大揭祕」（最終沒出書）。她的丈夫窮追猛打，甚至跑到吉爾吉斯調查。為了證明我們製造了一場騙局，自費三萬美元以上，始終緊咬不放。我至今都不明白，是什麼讓他如此孤注一擲。我們可以把他當瘋子，不去理會就好，然而他如此信誓旦旦，民眾也開始留意他說的話。嗜血的媒體最喜歡這種爭議性報導，立刻打蛇隨棍上。

一天，我和貝絲在加州中央谷地（Central Valley）的加油站，排隊等著結帳，聽見前面一對情侶在討論我們被綁架的事。

「你聽說了嗎，有四個攀岩的人被綁架？」

「我聽說了，有夠瞎。那你有聽說嗎？他們根本沒被綁架，只是想紅而已。這個世界是怎麼了，一群瘋子。」

貝絲轉身衝進車內。我留在原地付油錢，等我回到車上，她已經哭成一團。我們到地獄走了一遭，然後現在人們說我們是騙子。

我開始不看手機簡訊，也幾乎不和任何人說話。我懷念起攀岩一向能帶給我的自由感。然而，我也開始懷疑這一切有什麼意義。我花了人生那麼多時間，做一件只對自己有直接好處、對別人來講沒差的事，這樣是不是很自私？然而，這世上不是幾乎每個人都這樣嗎？為了私利活著，然後指控別人很自私？多數人只是努力活下去，努力連結自己所愛的人事物，努力追求個人目標與人生意義。人要是幸運，就能帶著熱中的目標活著；那真的是上天賜予的禮物。每當我那樣想的時候，我就不需要為攀岩或是任何能讓自己快樂、又不會傷到別人的事情找理由。從簡單的層面來講，攀岩樂趣無窮；我熱愛攀岩。然而如今在貝絲心中，攀岩象徵著恐懼，變成與噩夢和死亡連結在一起的活動。

我渴望回到山裡，再度感到左右為難。我和貝絲對彼此的愛，把我帶到她身旁。不久之後，郊區的悠閒氣氛開始讓我坐立難安。在我軟弱的時候（這種時候經常出現），我忍不住要批判郊區。一切都很不真實，人人談著有機食品和哪一家洗車店最好。然而我每天也想到，我雖然厭惡暴力，但也不見得是什麼好人。

每個人在我身邊都小心翼翼。他們是怕我會發瘋嗎？我的行為源自勇氣，還是軟弱？在我心底，我覺得自己當下只是做了該做的事。我想繼續被當成和以前同樣的一個人，但也感受到自己必須表現出心靈受創的樣子，不然人們會覺得我很可怕。要是我沒精神崩潰，沒有創傷症候群，那是否代表我冷血，不在乎人命？

我的內心很不安，但仍然感受到世上的慈悲與美好。我在貝絲的受苦中見到她的力量。她受傷了，勇於表現出受傷的樣子。那六天地獄般的日子，讓我們四個人的命運綁在一起，彼此照顧。我想著我們每個人都不是單純的好人或壞人，就連阿布杜和蘇也一樣。他們的同胞被壓迫、被殺害，他們大概也認為自己的行為是崇高的，是在反抗暴君，讓自己所愛之人活下去。那麼界限在哪裡？有一陣子，我懷疑每件事，也懷疑自己。

我花很多時間思考人心這件事。我常想起勇敢的圖拉特。他自己就要死了，還拿糖給貝絲，要她別哭。圖拉特在人世間做的最後一件事，是試圖安慰其他心情低落的人。

有兩個月的時間，我一直想著自己殺了人。從小到大，我一直覺得自己溫柔敦厚，摔角比賽讓別的孩子贏，看悲劇電影會哭。然而某天晚上，在異地的月光下，我就那樣取走一條性命。

有一天，我接到一通電話。想把我們的故事登在《花花公子》雜誌上的那個女人，也就是和丈夫不留餘力想證明我們是騙子的女公關，說蘇還活著，目前關在吉爾吉斯的監獄裡。我的第一反應是怎麼可能，接下來我感到憤怒。雖然我認為人性本善，但我相信這對夫妻又在耍花招。我打電話給幫我們寫書的蔡爾德，蔡爾德再去調查這個說法，發現這消息正確：蘇還活著。狄基、勝家和我看著蘇先是掉在一個岩台上，接著又滾落山底。沒人能從那麼高的地方摔下還活著，然而蘇的確沒死。

各位如果今日去問我的父母，他們會告訴你，在我得知蘇沒死的那一刻，整個人活了過來，不過我的記憶不是那樣說的。我的確多少感到鬆了一口氣，但依然不斷折磨自己，想著自己居然有能力殺人。

有好幾個月，貝絲幾乎足不出戶。我盡量隨時待在她身邊，但我出門時，她常常控制不住自己的憤怒與恐懼，擔心ＩＭＵ會報復，找出我們住在哪裡。她還擔心街上的人會認出她，說她就是那個騙子。有時她精神承受不住，不停地流淚。同時，她也看出我因為被困在戴維斯，愈來愈煩躁不安，便同意我前往優勝美地。

二〇〇一年三月，酋長岩成為我最親密的伴侶。山不會批判我，永遠不留情面地對我誠實，而且充滿挑戰，令我奮發向上。我重新體會到優勝美地的壯麗，在大自然中感到渺小。攀爬如此巨大、雄偉的岩壁時，世俗壓力似乎消失不見。我想辦法利用裝備一個人安全地攀岩，靠繩子幫自己確保。

一開始，我攀岩完全是為了轉移注意力，不過漸漸地，簡單的幸福感流遍全身，那種感覺比從前還強烈，我重新心懷感激：走在酋長岩山腳下，森林飄來潮濕的氣味，鈷藍色的天空，遊隼的哀鳴聲。我真希望把一切裝在罐子裡，帶回去送給貝絲。我每隔幾天就回戴維斯一趟，抱著貝絲哄她入睡，告訴她再也不必擔心了。我愛她，這輩子都會照顧她。

我和貝絲達成無言的默契，自身的需求和彼此的需求一樣重要。我接受她還在痛苦，她接受我必須攀岩。我們不在彼此身旁時，還是常通電話。

接下來的春天，我準備嘗試當第一個自由攀登極度困難、向來只能靠人工攀登技巧上去的「穆爾岩壁」（Muir Wall）。貝絲自願加入我。

困難的岩壁攀登細節，很快就讓我們忘卻其他事。這條路線比我先前攀爬過的酋長岩路線還要難上一級，對我來說將是全新的攀登境界，可以向其他人、向自己證明，我依然能當個專業攀岩者，再次掌控自己的人生。貝絲無私地幫我確保，給我無窮的鼓勵，晚上替我按摩痠痛的身體，像個母親一樣照顧我的每個需求，從不喊累。我們被清新的空氣與花崗岩圍繞，彷彿回到了家。

第四天，一場暴風雪襲擊優勝美地。大雪紛飛，我們替吊帳準備了特製的防水套，綁了上去，封住窗口，鑽進帳內。落雪偶爾暫停時，我和貝絲瞥見其他人垂降而下，只見火柴盒大的汽車逃離山谷。四周靜謐無聲，黑夜降臨，風勢加大，吊帳雖然緊緊固定住，仍像個巨大風箏晃動著。白雪一陣陣落下，我們沉沉進入夢鄉。

早上醒來時，暴風雪暫歇。微風輕拂，吹乾部分岩石，我們連忙穿上雨具。我套上裝備，告訴貝絲：「快，幫我確保。」我以最快的速度往上爬，必要時就抓著攀登器材。風勢加大，濕雪再度毫不留情地降下，碎石紛紛崩落。距離山頂一百呎處，我們爬過像瀑布般落下的一排滴水，搞得渾身濕透，好不容易把自己拖至酋長岩山頂，霎時萬物靜止。我看著貝絲，心中充滿自豪。

雖然我未能自由攀登，但我們安然度過了暴風雪，甚至享受了一點笑聲。我把戴著手套的手，放在貝絲帽子下的臉頰上，快速在她脣上重重親一下。

「寶貝，我以妳為榮。」我說。

我們帶著自信，以輕快的步伐跑下山徑，很久沒有這種輕鬆的感覺了。貝絲的個性是當下可以挺過去，但事後才會一下子崩潰。接下來幾天，她感到我們命中有劫數的想法又回來了，好像冥冥中有一股力量想傷害我們，我們一定是前世做過什麼壞事。為什麼要把自己暴露於可能帶來痛苦的危險經歷？貝絲決定自己必須暫時停止攀登大岩壁，實情是，她尚未從吉爾吉斯的夢魘恢復過來。

我對於暴風雪的反應和貝絲十分不同。我沒感到遲疑，毫不猶豫，隨機應變。我的心中生出某個東西，我無法確切說出那是什麼。

我最好的朋友尼克．賽格（Nick Sagar）是運動攀岩家，他擅長有錨栓支點的困難短路線。我是在中學畢業後、四處遊歷時認識他。我最初覺得他很妙，因為他幾乎不管講什麼，最後都能轉成一個「她是那麼說的」黃色笑話，不過我們的友誼愈來愈深厚，兩個人都全心投入攀岩。尼克和女友、兩隻狗住在他的豐田休旅車裡；我很敬佩他願意放棄世俗財產，選擇不一樣的寶貴生活。

有幾次，我們花光身上最後一毛錢，跑到南法與西班牙攀岩。我腹肌緊繃，一部分是因為使力攀岩，一部分是因為笑到肚子痛。不過尼克除了幽默風趣，也很有人生智慧，有他作伴真是太好了。尼克不懂大岩壁攀登，不過我請他加入我、再次嘗試自由攀登穆爾岩壁時，他放下手邊的一切，告訴我：「我一直都想試試看那種又長又硬的東西。」然後加上招牌口頭禪：「她是那麼說的。」我們兩個人大笑，感覺好像變回小孩子。

我們兩個人攀岩時，永遠在進行一場友誼賽。運動攀岩時，我們的能力不相上下，不過酋長岩不同，我也不一樣了。我們一開始攀登，開關就似乎被打開了。即時已經是黃昏時分，裂隙濕滑，又有風雪，我卻一路往上衝。

「該死的，你被附身了。」尼克在某段的確保點氣喘吁吁。他說得沒錯，我開始感覺身邊的人已經發現的事情：我的體內有一股力量，而我才剛開始瞭解。我沒說話，對著尼克微笑。

就算對象是尼克，我也不是很想談吉爾吉斯的事，不願打開還沒準備好暴露的傷口。我什麼都沒說，但尼克能理解。他想當我的朋友，而不是我的治療師。他很有同理心，非常瞭解我需要更多時間消化每件事。

我接下大部分的先鋒（leading）和拖包（hauling）工作，不過尼克表現出色，尤其考量到他並不熟悉大岩壁攀登的領域。我們兩個人都自由攀登了每一段繩距，輪流當先鋒，成為自由攀登穆爾岩壁的第一組人馬。當時我二十二歲，吉爾吉斯的事件已經過了九個月。這是我在酋長岩上獨立自由攀登的第三條路線。當時這個數字超越所有人，甚至超越我景仰的傳奇自由攀登者，以及我自認比不上的前輩。後來我替《美國山岳雜誌》

（*American Alpine Journal*）撰稿時，沒提到綁架的事，也沒把成功攀登穆爾岩壁當成我對人生的一次大反擊。我依舊是從前那個害羞的戰士，不多談也不著迷於自己通過的耐力大考驗。我想把穆爾岩壁單純當成另一次的攀登經驗。我離正常的生活又推進了一步。

我們待在岩壁上的最後幾晚，有一天，尼克和我靜靜坐在吊帳裡凝望星空，尼克頭一次提起吉爾吉斯的事。「我一聽到你們靠推下一個拿槍的人成功脫逃，」尼克說：「我就知道是你。」

貝絲逐漸回去攀岩。打從我認識她以來，她一直是個爭強好勝的人。有一回，她偷偷告訴我，她中學考試居然拿過一次B。她焦慮到沒把那件事告訴任何人，而且從此沒再拿過那麼糟的成績了。我以前是特教生，很難理解好學生的世界。但如果是攀岩，我完全懂她的感受。

我和貝絲搬到我在科羅拉多州埃斯特斯公園不到十七坪的小屋裡，四周的峭壁與山峰構成一千多條攀岩路線。我們展開訓練，貝絲是專業攀岩者，知道自己對贊助商有責任，不過她最初沒透露自己再度攀岩的事，害怕公布後會招來嘲弄。自從發生了吉爾吉斯事件，在眾人面前表現不好等正常的擔憂，在她眼中被放大數倍。

表面上，我們過著幸福的居家生活。訓練，攀岩，吃飯，休息。我們住的小屋又破又舊，因此我買了幾本居家裝修的書，開始DIY。貝絲在牆上掛滿裱框的照片，每當我們在家，她就會穿著圍裙在廚房忙裡忙外，烤餅乾，烤派，留給我貼心的紙條：「剛烤好的餅乾在台子上的保鮮盒裡。」還會在我的背包裡藏小點心，等我出去攀岩了才會發現。我們會在夕陽下散步，或是躺在床上，她把頭枕在我肩上，一聊好幾個小時。貝絲每次都想討論以後孩子要取什麼名字，我則談自己想去哪裡旅行。

貝絲對外的形象是純真無邪，私底下卻承受揮之不去的憂心與焦慮。我們上床睡覺時感到人生美好，一切充滿希望。然而，夜裡在睡夢中，焦慮或緊張的情緒會像鬼魂一樣偷偷溜進來。貝絲選定了發洩的目標：我令人窒息的父母、我們的事業壓力、埃斯特斯公園保守的居民。我感覺她的心情一陣一陣的，我有時跟著沮喪，有時充滿想保護她的柔情，盡量和她一起復原。

訓練似乎是貝絲最開心的時候，她帶著狂熱使勁地拚命做。我們多數時候都在舉重，或是在室內攀岩牆訓練，強化體能和手指。訓練時，貝絲老是選擇阿姆（Eminem）的黑色饒舌歌來聽。我累了想回家，她就會使勁再多做幾次仰臥起坐，每一下都使出吃奶的力氣，嘶吼尖叫。

起初，我們主要做抱石攀岩——在靠近地面的小型岩石上做無繩攀登，靠泡棉「防撞墊」（crash pad）與確保者保護安全。抱石的重點是盡可能嘗試最困難的爬法，所以摔落是家常便飯。把自己推到極限的腦內啡愉悅，帶給貝絲滿足感。加上她可以控制自己使力的程度，那至少能讓心情穩定一陣子。

貝絲很快就把注意力改放在她能力所及、最困難的單繩距攀岩，沉浸在只有我、她和岩石的世界。我們經常回到我青少年時和父親一起開發的路線，我心中充滿溫暖的懷舊感。貝絲體態輕盈，平衡感絕佳，耐力一流，是頂尖的攀岩者。她也開始注意到吉爾吉斯一劫帶來的好處。攀岩和許多運動一樣，進入高階境界時，必須仰賴疼痛耐受度。我們的忍耐能力完全升級，加上貝絲是天生好手，她的攀岩成績不久便重返全美女性的前幾名。

我們從吉爾吉斯返國大約一年後，貝絲開始問我什麼時候要求婚。她規畫好了。我們要在三十歲前結婚生子，還要成為全球最優秀的兩名攀岩者。我沒問題。

貝絲的需求，變成我最重要的需求。我的需求，也成為她最重要的需求。當她憂鬱沮喪、擔心受怕、心神不寧，我的身體也會跟著不舒服。我和朋友出門攀岩時，她會淚眼汪汪打電話給我。我並未完整意識到她需要我在身邊提供情感支持的程度。我們變得完全分不出你我，兩個人如繩子般緊緊纏繞，渾然不覺自己能夠獨立的日子已經遠去。

我們除了在地方上的岩壁做攀登訓練，房子後門一打開，就是地方上的攀岩黃金地帶，可通往我十二歲時和父親一起攀登的著名大岩壁「鑽石嶺」。有人嘗試鑽石嶺第一條被列為級數五・一三的路線時，科羅拉多的攀岩社群便熱鬧起來。

我的朋友艾瑞克・道伯（Eric Doub）一直在嘗試那條路線。他在三年間，總共花了約四十天試圖自由攀登。在攀岩的世界，如果有人正在嘗試新路線，大家一般會禮讓，讓那個人成為第一個攀登者。艾瑞克告訴我：「老兄，那可是有點野性的一條路線，對我有些難度。你該試試。」他不但大方祝福我，還給了我一張詳細的路線地圖。

自從前一個夏天遇劫後，我一直在進步，一直在成長。差點害死我們的經歷，似乎以各種我想不到的方式，轉換成我體內全新的耐受力。我第一次嘗試艾瑞克那條路線時，彷彿重返童年，和昔日一樣，與父親結伴上去，只不過這次在一條難上許多的路線，由我擔任先鋒，父親跟在後頭。他和我一樣，對攀上這條路線充滿熱情，然而十年前用冰轟炸我們的煙囪地形，這一次滴著水，上方岩層也濕透了，艾瑞克的路線我們只完成一半。

我先前攀的都是乾淨的陡峭岩壁、蜿蜒裂隙、薄岩面，以及各種適合攀岩的理想地形，尚未碰過最困難的繩距。此外，鑽石嶺總是突然下起雷陣雨，加上高海拔，攀爬變得令人望而生畏。接下來一個半月，我心中什麼都不想，只想著成功爬上艾瑞克的路線。

貝絲也想見識鑽石嶺，自願幫我確保。我們健行三小時後，在第一道閃電襲擊岩壁時，爬上百老匯岩台（Broadway Ledge）。自從上次我和父親首度嘗試這條路線後，岩面乾了。我和貝絲一下子就爬完最初的繩距，我領攀，她帶著補給用上升器跟在後頭。

這一次，父親健行至大岩壁附近稱作「裂口風光」（Chasm View）的觀景台上，在我攀爬最初的幾個繩距時，默默在心中為我加油。很快地，我抵達路線的心臟地帶，氣喘吁吁，前臂痠痛不已，但火力全開，努力控制住自己，吸氣，放鬆，在稀薄的高山空氣中，一口氣完成一連串費力的動作。貝絲大聲替我加油打氣，高亢的嗓音迴盪在立體環繞的山壁中。我的腳滑行在肉眼幾乎看不見的岩邊，想辦法撐過一個又一個繩距。

二〇〇一年八月的一個週末，附近的攀岩者聽說我在嘗試這條路線，聞風而來，有的我認識，有的不認識。我愈爬愈高，逼近了體能極限，幾乎快撐不住，不斷擺盪在成敗之間。更多攀岩者來了，大聲替我加油打氣。父親原本在一旁默默支持，後來也跟著一起大聲歡呼。貝絲喊到聲嘶力竭，我抓著薄如羽翼的支點，強迫顫抖的身體做出精準的動作，感覺貝絲的加油聲把我整個人往上提。

唯一支撐我爬上去的力量，來自我生命中最重要的兩個人。我無數次差點摔下，但在岩壁上待了十二小時後，我和貝絲最終登頂，完成鑽石嶺史上最困難的自由攀登。這些日子以來，我被來自四面八方的力量拉扯，能夠簡單往上爬的感覺太美好了，體內似乎湧出一股新生的神祕力量。

艾瑞克原本打算把那條路線命名為「蜜月殺手」（The Honeymoon is Over），出於對他的敬意與感激，我留下那個名字。貝絲完成最後的確保後，過來吻我，我的青春歲月在地平線上展開，風帶走我開心的歡呼。

第7章　失去左手食指

年輕女子眼中透露著焦慮。我已經在醫院躺了兩週，長到足以解讀不同護士的眼神，也長到足以長褥瘡，但沒長到停止一遍又一遍按著嗎啡止痛劑。無聊讓我腦筋一片空白，但憂慮也讓我心亂如麻。

醫院幫我注射了五花八門的藥物，不斷輸血，切開我，縫合我，好像我是一個動物布偶。晚上，他們進來量我的生命徵象，偷走我的睡眠。我疲憊不堪，沮喪心煩；先前的生活如今感覺像是小時候剪的碎紙。我在藥物帶來的昏沉中，看見支離破碎的回憶。

護士說：「有時人們在病床上躺久了，肺容量會下降。」她遞給我一個塑膠裝置，看起來像是底部接著一根管子的量杯，裡頭有一顆紅色塑膠球。

「用最大的力氣對著管子吹氣。如果球浮到刻度『四』，代表非常好。」

護士拿著裝置，我試吹了一下。球一下子飛到「十」。

「哇，你是運動員或從事相關職業的人？」

我得想一下該如何回答。

我看向左邊，自己包著繃帶的左手掛在托盤上。食指露出來，看起來像在烤肉架上放太久的熱狗，如果熱狗會插著金屬針、有如等著被解剖的樣本的話。

「我以前是。」我告訴她：「我是說，我現在還是，希望以後可以再是。」我結結巴巴，答不出一個原本想都不用想的問題。

「你是運動員。」貝絲深深凝視著我，「你是的。」

半小時後，病房門打開，一個面色蒼白、看起來相當難過的醫生走進來。

「我和你們一樣攀岩，還是專門開手的外科醫師。要是你當時送醫再晚幾小時，你最初的手術會是我操刀。」

醫生看著貝絲，再看著我，說他一直在追蹤我的攀岩進度。心臟監測儀傳來的嗶嗶聲響，不再是原本緩慢、穩定的節拍，好像我的心臟正在跳出緊急訊息：拜託拜託，請給我好消息。

醫生低頭盯著地板，然後抬頭看著我：「湯米，情況看起來不妙，你會失去你的手指，你最好開始思考以後的人生想做什麼。」

我腦筋一片空白，只能擠出「好」一個字。醫生低頭走出病房。

貝絲起身站到我床邊，一臉堅決，在門砰一聲關上時說：「不要管那個人的胡說八道。他怎麼對你那麼沒信心？」

我心中湧出滿滿的愛意。

§

二〇〇一年的秋天攀岩季，我擬定計畫，想變得和希爾與波特這些自己最仰慕的人士一樣厲害。我送貝絲回她父母家之後，回到優勝美地，等不及要探索自己的體能極限。我已經成功自由攀登許多岩壁，但我還有一個課題。我已經不再覺得花費多天自由攀登那些路線是不可能的龐大任務。我早期攀岩時，成功主要來自改善效率，而不是超越原先設想的極限，但後來我在吉爾吉斯瞥見不同的可能性。我發現在一切似乎無望的時刻，當你感覺自己不行了，有時求生本能會冒出來。全身湧出力氣，覺得自己什麼都做得到。這種本能一定是內建在我們的基因裡，屬於遠古以來人類演化的一部分。我對於人類潛能可以發揮到哪裡十分好奇，也曉得自己可以更上一層樓。

我決定挑戰在一天內完成自由攀登酋長岩。

首先，我得學會如何快速攀爬。我回到優勝美地後，詢問競速攀登（speed climbing）的大師漢斯．佛瑞林（Hans Florine）是否願意傳授祕訣。競速攀登百無禁忌，目標很簡單，就是以最快的速度爬完路線，有時是自由攀登，有時是人工攀登，多數時候是兩者混合。漢斯是這方面的權威，提出各種補給方式，也出書介紹這種風格。我無意創下任何速度記錄，但知道自己可以從中學到東西。

漢斯同意當我的老師，我們用四小時二十二分鐘衝上「鼻子」。登頂時，漢斯問我要不要順便快速爬一下「半圓丘」（Half Dome）。我拒絕了，不覺得自己有這個能力。我還處於震驚之中，不敢相信酋長岩可以只是一條短路線，而非可怕的大怪獸。我的世界觀完全被顛覆。

我們競速攀登完「鼻子」後沒多久，漢斯自願幫我確保，挑戰一天內自由攀登賽拉瑟岩壁。我們天一亮就出發，每一段繩距都由我當先鋒，漢斯則用上升器跟在後頭。我盡量以最快的速度攀登，完成一段又一段的繩距。過了二十八個繩距後，我們抵達陡壁（headwall），只花了九小時。我在刺眼陽光下，快速重新整理裝備，展開級數五・一三的耐力賽。

我往上爬，前臂腫起，因為脫水暈頭轉向，注意力不繼。只剩五呎就可以結束繩距時，我精疲力竭，倒在繩子上。我垂降到漢斯身邊收繩。第二次嘗試時，只上去三十呎就摔落。我告訴自己：「兄弟，就是這裡，該是把儲備的精力釋放出來的時候了。」我又多試了兩次，前臂完全撐不住，連機械塞都抓不太住，更別說是要自由攀登賽拉瑟的陡壁。漢斯接下先鋒工作，我們競速爬到山頂。

我失敗了，但後來發現自己學到需要什麼，才能在一天內自由攀登酋長岩。比起以很快的速度攀爬，我其實更需要保留體力。我一直想著加快腳步，結果忘了放鬆。雖然沮喪，但我知道下一次可以如何改進。

那年冬天，貝絲和我回到埃斯特斯。

精神上，我非常願意一週練習七天，一天練習二十四小時，實際上卻是不可能的事，因為身體必須休息。有一天，我正在替家裡的新洗衣機與烘衣機做台子，需要先把裂開的歪斜混凝土地板墊平。我沒出門買墊桌片，心想自己用鋸床鋸開一些二乘四的木條就行了。我拿了幾條一呎長的木材，走到外頭，覺得自己很聰明，不必跑一趟木材行就能解決問題。

我縱切著木條時，一根二乘四的木條像一支箭，從桌上飛向山坡。我關掉電鋸，注意到黑色桌面上有幾滴東西。我抬起左手，發現血流如注，食指的白色骨頭露了出來，手指只剩下方一節，血肉模糊，連著類似肌腱或韌帶的東西。我的手和手臂刺痛不已。

我心中一陣驚慌：少了左手食指，要怎麼攀岩？

我一陣頭昏眼花，但努力眨眼深呼吸。我必須找到鋸下的指頭，於是趕緊掃視鋸床，尋找四周，小心翼翼地把手伸到心臟上方，同時搜尋地面。我不想嚇到貝絲，回到屋內後，穩住聲音呼喚她：「我剛剛鋸下自己的手指，麻煩出來一下好嗎？」我找不到斷指，便往剛才木頭飛出去的山丘方向走去，但雙腿搖搖晃晃。看來這不是好主意。

貝絲衝出來，在鋸子旁找到斷指，立刻從木屑中拿起來，衝回屋內。我仍處於驚嚇狀態。貝絲在幾秒鐘內拿著夾鏈袋跑回來，我的斷指泡在裡頭的水裡。她遞給我一條擦碗布，包住我的手，接著像開賽車一樣，開著我們的小本田，一路衝向埃斯特斯公園的醫院，輪胎嘎嘰作響。距離意外發生不到五分鐘，我們就抵達醫院。醫生很鎮定；但我們無法鎮定。醫生在斷指上注射奴佛卡因（Novocain）之後，把它包在冰裡，叫我們轉診到山下科林斯堡（Fort Collins）的大醫院。他要我們車開慢一點，但貝絲繼續一路狂飆。

貝絲不論開多快，都快不過我的焦慮。

我淚如雨下，想著優勝美地閃耀的花崗岩。我還記得自己在半空中全神貫注，只專注於當下那一刻的感受。我會不會再也無法做我這輩子最愛的事情，再也無法做能夠同時帶給我衝勁與寧靜的事？我感到自己完了。除了攀岩，我沒有B計畫，沒有專業技能，沒有夢想。我和貝絲當初是因為攀岩走在一起，要是我以後無法攀岩，她還會愛我嗎？

意外發生後，我兩週內動了三次手術，失去全身近三分之一的血量，動也不動地躺在醫院的無菌室內。即便明白每按一下只會注入允許的劑量，我還是不停按著嗎啡幫浦，希望靠藥物麻痺心理創傷，而不是肉體上的疼痛。

我可能親手終結了自己的攀岩生命。

我想起貝絲說過的話，她說冥冥之中有一股邪惡的力量想傷害我們。當時我覺得那只是她憂鬱症發作，這下子我躺在病床上，不得不去想或許貝絲說得沒錯。先是綁架的事，再來是手指。我是不是做過壞事，所以有報應？我太習慣依循著一個公式過日子：努力就會有成果。攀岩不靠運氣；你有多努力，就多有成就。我活該嗎？我知道鋸二乘四木頭時不用推桿（可以隔開手和鋸刀的裝置），不是明智之舉，但讓木頭彈回來夾傷一根指頭，已經是夠重的懲罰了。

我是不是變得太習慣匆匆忙忙？我最近養成的快速攀岩嗜好，是否也滲透到生活中的其他領域？

藥物帶來的昏沉，讓幾小時變幾天，幾天又變幾週。醫生固定住骨頭，修補神經，重新接起指頭，然後以極度精密的技術，試圖縫起微小的血管。我的手指一直充血。為了減壓，醫生移除指甲，割開甲床放血，在上頭放醫蛭。我因為平日攀岩的緣故，手指肥厚，血流量大，也因此嚴重淤血，經常得釋放壓力。我因此大量失血，然後又得輸血。在我不斷恢復意識又失去意識之間，院方盡了一切努力。

我清醒時心情不斷擺盪，一下子極度痛苦，一下子心死接受。然而前景未明之際，我想著兩件事：我想著一直陪在身旁的貝絲，想著攀岩。我希望自己能為貝絲堅強起來，努力不去想醫院探視時間結束時縈繞心頭的問題。醫療監測器的光線與聲音，護士站傳來的談笑聲，全都折磨著我，讓我感到自己被困住。

白天的時候，親朋好友圍繞在病房，我深深感受到自己備受關愛。父親自願捐手指給我，還幾度拿著介紹我是攀岩好手的雜誌來醫院，想求醫生特別照顧我。他告訴醫生，我靠手吃飯，攀岩是我的命。我知道父親這一生，有一部分就寄託在兒子是攀岩運動員這件事上，但是當我躺在病床上，看到他願意為了我犧牲自己的程度，心裡實在充滿敬畏，自嘆弗如。

父親不是唯一表達支持與關懷的人。貝絲的媽媽像一隻盤旋在醫院上的老鷹，一看到我的醫生就撲上去。她因為先前先生接受過癌症治療，熟悉醫院環境。家中每個人都問了無數問題，請醫生一定要盡全力救我的手。當然，貝絲也一樣。她堅定不移，用各種方式支持我。和我一起躺在病床上，撫摸我的頭髮，說她有多愛我。她讀東西給我聽，餵我吃我沒胃口的食物，能吃多少是多少。她待在醫院病房的時間，幾乎和我一樣長。

母親優雅地退居二線。她看見人人搶著照顧我，知道多一個人出聲，聲音只會被淹沒，甚至更加添亂。我再次感應到我們母子間的默契，感受到她傳給我的力量。

儘管眾人對我關懷備至，但到了夜裡，我便質疑自己，想著自己是否讓貝絲失望了，還有我是否打碎了父親對兒子的夢想。我等不及沉沉睡去，暫時忘卻我加在自己身上的期待與責任所帶來的壓力。

因為不夠穩定，最終醫生還是移除了接上的斷指，兩天後讓我出院。我的慣用手左手，如今食指少了三分之二，只剩一節會抽痛的殘肢。骨頭附近的皮膚縫合起來，邊緣凹凸不平，像一塊小小的義大利披薩餃，每看一次，心中就難受一次。

貝絲開始四處幫我尋找最好的物理治療師，我得好好做復健，不能再傷到手指。為了降低斷指變得過度敏感的風險，我需要訓練神經。治療師告訴我：「基本上，練到沒感覺就對了。」她教我一套重新訓練神經與減敏的練習，只交代我每天做一小時，但我做三小時。一小時重新適應溫度，碰熱水，碰冷水，冷熱交替。再來是質地練習，手指劃過不同東西，先是米，小扁豆，再來是乾燥通心麵，然後是尖銳的星型通心粉，循序漸進，還用鉛筆尾端的橡皮擦拍打斷指處。接下來是靈巧度練習。把一罐一分錢撒在地毯上，我得靠斷指與大拇指或其他指頭一一撿起。我專心拿起每一枚硬幣，笨手笨腳，但絕不放棄，直到大腦能同步操控神經與肌肉，用我如今不一樣的新手指做出精細動作。做完練習後，還要不斷冰敷斷指。

貝絲擬好復健時間表，管理我的訓練，規畫進度，告訴我該做哪幾套練習、順序是什麼、要做多久、哪幾天必須做。不過，貝絲提供的最強大支持是她對我的信念，不曾懷疑我有能力復原。她會直視我的眼睛，淚眼朦朧、但堅定地告訴我：「你要撐下去。」

貝絲一路照顧我到康復。其實在我內心深處，始終都在自問貝絲是否真的愛我，還是發生了吉爾吉斯的事件之後，她需要我罷了。但現在我知道了。她在我需要她的時候照顧我，而我感受到她的愛。

我逐漸明白，唯一拖住我的是我的心。我出院不久，就再度展開訓練。父親幫我銲接一台手指鍛鍊器，我經常使用，最終還突破那台自製訓練器的極限，父親不得不在旁邊多銲接兩排支點，以承受更多重量。此外，我靠抓握槓片做力量收縮訓練，也在雪地裡跑步，促進血液循環，加快復原速度。我精力提升，感覺力量回來了。我在父母昏暗的車庫裡做訓練，冬天的風自大陸分水嶺襲擊大地時，心中依舊燃起熊熊火焰。

好長一段時間，我拿東西會掉，主要是車鑰匙等小東西。手也還會痠痛，不過主要的問題是幻肢痛。我已經失去了食指，指尖卻感覺到搔癢，還在尷尬時刻忘記自己缺了指節，發生一些想都想不到的事。例如有一次我進電梯，後面有人跟著進來。

「到幾樓？」我問。

「四樓。」

我伸手按「四」，等著電梯移動，但電梯沒動。那個人瞪大眼睛看著我。我回以禮貌微笑。他揚起眉毛。我再度微笑。**可惡**！此時才想起，自己是用那半截幽靈手指按樓層，足足差了五公分。

我再度攀岩後，感受到無預期的大量愉悅感，專注力變得超強，清楚掌握自己的方向。

我學到逝者已矣、來者可追的道理，告訴自己痛苦就是成長，創傷能增強我一心一意的程度。我重新站起來的速度連自己都嚇一跳。我感到除了家人，外界沒人真心認為我可以完全回到場上，但沒人期待反而令我海闊天空。

我出院三週後，參加地方上一場抱石賽。手依舊感到虛弱無力，但奮力一擊，拿下了第三名，完全出乎自己意料。我得繼續努力。

我注意到自己重拾攀岩後，一開始手在抓支點時，彷彿十隻手指頭仍健在。我的手掌肌腱需要重新適應，而攀爬會造成發炎腫脹。我需要學習正確擺放斷指，手才不會腫起。漸漸地，我走向岩面垂直、高度仰賴技巧、需要多動腦的攀岩路線，例如酋長岩。儘管如此，我知道自己得克服自己的弱點，困難的運動路線通常比傳統攀登陡峭許多，少一根手指帶來的問題更大。

初春時，我為了追蹤進度，開始重複攀爬自己幾年前在地方上開發的運動攀岩路線。我需要學習用整個身體來攀登，不能過度依賴手指的力量，得把多一點的身體重心移轉到腳上，利用核心肌力讓自己貼近岩壁。多用腳，把手空出來，精進自己的技巧，不能只靠手拉往上。我出院僅三個月，就重新攀登地方上級數五．一四b的「大奧普里」（Grand Ole Opry）路線。在最困難的岩段，我輕輕晃動雙腳，躍上一個迷你支點，臀部稍微轉幾度，利用腳的力量，把身體擺放成最佳位置，不靠自己失去的手指用力拉。我抓著岩壁，皮膚與鞋底橡膠和岩壁的接觸面積只有幾公釐，但動作一氣呵成，移動起來甚至感覺比幾年前還簡單，也更自然。

不過，那些都是小路線。我需要更努力，用上更多腦筋，讓自己適應嚴苛的大岩壁。

此外，我把如今長得不一樣的新手指當成新的開始。從一開始我就輕鬆戰勝自己，超越他人的預期。我感到別人對我靠斷指攀岩的能力，沒有太大期待。我熱愛進步的感覺。在攀岩生涯中向來享受解決問題的部分，而恰巧如今有新的問題要面對，例如抓支點現在對我來說特別困難，因此我靠強化肩膀來補償。我不再捏住支點，而是把手指放在洞裡，大力往外推。少了一根手指，沒有外人想的那麼不便，因為較困難的路線，支點原本就小到難以用大拇指以外的四指同時抓握。我特別擅長兩指或三指的小支點，因為我左手也只剩四根手指。我向來把垂直攀登想成一種舞蹈，俯角攀登則比較像摔角賽。力氣相對容易培養，許多攀岩者依靠力氣來彌補技巧上的不足。我由於手受傷，加上整體的個性，愈來愈專注於技巧，甚至開始把自己當成腦力型的攀岩者。

科羅拉多州的西部偏遠地區，有一座名為「孤獨堡壘」（Fortress of Solitude）的美麗岩壁。我造訪吉爾吉斯的前一年，在當地開發了一條級數五・一四d的路線，用超人的弱點命名為「克利普頓石」（Kryptonite）。當時，那是全美最困難的運動攀登路線。我在右方一百呎處，開發了一條難度更高的路線，玩超人死對頭的哏，命名為「弗雷克斯路瑟」（Flex Luthor）。那條壯麗的路線，一路在俯角幅度驚人的石灰岩上飛升一百二十呎。如果要把非正式的名稱取為「全美最難的單繩距」，也當之無愧，不過對新生的我來講，並不是很容易的攀岩環境。我把弗雷克斯路瑟當成目標之一。

不過，我的主要目標是回到自己在酋長岩上自由攀登過的第一條路線，試著在一天內自由攀登賽拉瑟岩壁。前一個秋天，我的手指還沒斷，當時我和漢斯．佛瑞林一起攀登，沒完成那個目標。那時，唯一在一天內完成酋長岩自由攀登的人是爬上「鼻子」的希爾。希爾先是創下跨時代的記錄，用四天時間成為自由攀登那條路線的第一人，一年後重返原地，還更上一層樓，在二十三小時內完成攀登。

我忘不了那個念頭，覺得自己要是能在一天內完成賽拉瑟的自由攀登，就能向自己證明我還是很行。

優勝美地的天空繁星點點，貝絲在賽拉瑟岩壁的第一個繩距下方順繩，時間是凌晨一點。再過一天，我失去的手指就屆滿六個月了。貝絲時時刻刻都陪在我身旁。月亮尚未升起。我綁上繩索，拉緊岩鞋鞋帶，手塗好粉。

「結綁好了嗎？」貝絲問。

我用頭燈照著自己綁好的八字結。「好了。」

「來吧，湯米。加油。」貝絲說。**加油**。

我盡量全心投入放鬆。黑夜讓我專注於頭燈照出的光線，我冷靜看著受到驚擾的蠹魚自岩隙中竄逃出來，什麼都不想，只想著下一個動作，就連呼吸都放慢了。

太陽自地平線升起時，我們幾乎爬完了一半路程。陽光照到山壁上，像熟悉的老友一樣，讓我們溫暖起來。開頭的十八個繩距一下子就過去，我繼續攀爬數小時，直到抵達一個大岩台，決定在那裡等待中午的炎熱過去。我躺在岩台上，頭枕在貝絲懷裡。她把手放在我額頭上，小聲說著：「你做得到的，寶貝。」我試著不去想上方的考驗，睡了一、兩個小時的午覺。

一股涼風吹醒我，我揉了揉眼睛，深吸一口氣，沿著最困難的陡壁路線，開始往上爬。山谷熱鬧起來，我望見底下馬路上的車輛，以及在酋長岩草地上閒晃觀看攀岩者的路人。

酋長岩這部分的地形結構，如同五年前我和父親第一次造訪時一樣，完美無瑕，裂隙與內角閃閃發亮，聳立天際。陡壁最初是二十呎的屋簷地形，再來一路延伸，呈現一個角度不大的俯角，再上去是完美的裂隙，愈來愈細，愈來愈陡。愈往上難度愈高，就像漸強的拍子，帶你走向幾個有如抱石難關的激昂動作。最後一路向前衝，停在一個完美的捏點。

我胸中湧出興奮感。休息夠了，也補充好水分。我看見一個固定繩環像旗幟一樣拍打著。眼下天時地利人和，我知道自己得一氣呵成，只有在需要被推一把時，才仰賴情緒。我緩緩爬過最初的內角，爬上陡壁屋簷。繩距上方，大風呼呼吹著。貝絲利用上升器抵達確保點時，被吹動的繩子纏繞打結。她抵達後，我重新整理繩子，纏繞成小圈，試著安撫自己的神經。接下來是最難的路段。我將自己需要的裝備按照順序扣在吊帶上，在腦中複習一遍動作，接著開始爬。

我緩緩地深呼吸，想著動作要精確，扭動手指，深深擺進裂隙。在繩距的尾聲，就在前臂疲勞的時候，我碰上一段不安全、往外延展的手塞地帶。我擺好腳，要自己放鬆，幾乎只剩最後一點力量，把自己撐在岩面上。我閉上眼睛休息，吸氣、吐氣數次。

我前一次嘗試通過這裡時，氣力耗盡，再也使不出力。這次不一樣，我也不一樣了，知道什麼不該做、什麼該做。我提早出發，慢慢攀爬，把體力保留給山頂最難的幾個繩距。

上方處，裂隙逐漸縮小到一根手指的寬度，但又往外開展，構成不穩的手塞點。我用一手拿掉吊帶上剩下的裝備，扣在機械塞上，好減輕身上重量。**呼吸，呼吸**。貝絲加油打氣的聲音自確保點傳來，那是出現在無數次攀登與每一次復健時間的聲音。我回想起自己人在醫院的時候，**吐氣，放鬆**。當時的我萬分虛弱，**專注於呼吸就好，冷靜……**

如今我人在這，在酋長岩即將登頂的地方，只剩十五呎，就能完成從前覺得遙不可及的目標。我一鼓作氣往上，用力把指尖塞進薄薄的裂隙。腳高踩在凹凸不平的岩石結晶體上，我沒放裝備，一躍而過抱石難關，一路往前衝，然後大吼一聲，抓住最後的支點。我快速攀完剩下的簡單路段，固定住自己，調整好繩子。然後我坐下來，氣喘吁吁，臉上掛著微笑，凝視遼闊的內華達山脈。

貝絲上來後，露出溫暖微笑，靠過來抱住我。最瘋狂的是，我感覺這次攀登幾乎算得上簡單。

第8章 攀岩夫妻檔

我啪一聲降下車窗，左手感受到溫暖的加州空氣，手垂在車外，右轉上加州一二〇號公路。那條新鋪好的黑色柏油緞帶，一路穿越高地沙漠。幾哩外，地勢忽高忽低，我們經過好幾部大吼大叫的狂歡車輛，感覺像在參加嘉年華，不是在公路上。

我轉頭看貝絲。她縮在乘客座裡睡歪了，呈現一個尼龍加羊毛的逗點形狀。她在顛簸之中依舊能熟睡的本領，源自我們待在吊帳上的無數夜晚。貝絲信任我的程度，還有我們信任彼此的程度，令我訝異。我不想吵醒她，所以沒開收音機。後方的太陽又升起了一點，我的心思和我感受風的流動的手一樣，四處神遊。塵捲風溜過北邊的莫諾湖（Mono Lake），我突然想起小時候一段往事。

我九歲的時候，和父親踏上一場滑雪冒險，在天寒地凍中一路滑了幾哩。狂風吹拂，扭葉松被吹到彎腰，樹枝纏繞。我們抵達米爾斯湖（Mills Lake），沙塵暴掠過凍結的湖面，我們繞過冰雪交界處，林間的一塊空隙刮起一陣風，把我拉抬到湖面上。我那時體重可能二十公斤左右，化身一艘二十公斤重的冰上滑行船，靠雪橇一路掠過湖面。我壓低重心，祈禱雪橇的鋼緣能慢下前進速度，但塑膠滑雪杖一頂進結實的冰面，前進速度不斷加快。我瞬間恐慌起來，但幾秒鐘後便不再恐懼，把自己交給風，張開雙臂，增加自己瘦小身體的風帆效應。速度帶來的極樂感與自由感穿透全身。不久後，我輕輕停在對岸的雪堤旁。

我咧嘴而笑，整個人感到輕飄飄，只聽見湖的另一頭父親在叫我：「湯米！」我揮了揮手，讓父親知道我沒事。幾分鐘後，父親的巨大身影朝我而來。冰上幾無阻力，他同樣乘風而起，在高速中又叫又笑。

我再次轉頭看貝絲，她依舊在乘客座裡縮成一團球。我的思緒飄向我們的未來，耀眼陽光刺著我的眼睛，我的視線明亮起來。一個小男孩跌跌撞撞，衝向一個簡陋遊戲器材。拍一拍鞦韆椅後，他改變主意，轉頭，眼睛睜大，笑得更開懷了，發亮的金棕色鬈髮在頭頂形成一個光圈。他搖搖晃晃，走向叢林遊戲架，爬上梯子，想也不想，就躍上第一個可以抓的假樹枝。他踢了踢腿，一格一格盪上成排的木條，笑得開心極了。我走向他，要抱他下來。「不要，爹地，我自己來。」他說。貝絲走向我們，背著一個頭髮綁著緞帶的小女孩。

「有其父必有其子。」貝絲說。

「這小傢伙和我一模一樣。」我回答。

下坡路段過去了，地勢平坦起來。我們人在距離優勝美地幾小時的地方，再過不久，就會抵達我們第二個家。我加速，等不及抵達璀璨的未來，急著讓美好的未來成真。

§

我不曉得自己為什麼拖了那麼久，才請貝絲嫁給我。她是我第一個認真交往的女朋友，或許是我天生的不安全感，讓我無法相信她真心愛著我這個人。不過隨著時間流逝，我們之間的連結變得牢不可破，我終於求婚了。八個月後，在二〇〇三年一個不符合季節規律的溫暖春日，我們在她父母的後院結婚。貝絲走過綠茵上的地毯時，我真心相信她將是我共度一生的伴侶。

回到我們兩個人都熱愛的攀岩，貝絲逐漸能夠出現在公眾面前。一旦她重新站起來，便所向披靡，在二〇〇二年成功自由攀登優勝美地「鳳凰路線」（Phoenix）。「鳳凰」大概是史上最困難的當場攀登路線（onsite，未事先勘查和研究動作資訊，第一次攀登一條路線就成功，屬於最純粹的攀岩類型），過去是沒有女性成功挑戰的傳統保護裂隙攀登。貝絲接著又成為不論男女、成功攀登「薩克增路線」（Sarchasm）的第二人；那是我在落磯山國家公園一萬兩千呎高的地方開發的路線，難度是五．一四。

至於我，我在發生意外後僅一年，即重返攀登弗雷克斯路瑟路線的計畫，而且成功了；原本我以為少了一根手指，此生再也無法實現。很多人把那條路線視為美國第一條五．一五的路線，不過後續沒人成功過，無法證實級數。今日部分嘗試過的年輕攀岩者，認為我級數定得可能還不夠高。當然，一切只是臆測而已，要等有人爬上去才能確認。對我來講，重點不是攀登級數高的岩壁，而是證明自己已經完全走出斷指陰影。

我只是以運動攀登方式完成弗雷克斯路瑟，但是我生出信心，想進行更大型的冒險。那條路線的魅力在於並非傳統開車可達的運動攀登。要抵達的話，首先得在一月零下的氣溫，走路跨越及膝的積雪。那條路線位於一個大型石灰岩凹陷處，在冬天有如自然形成的太陽爐，洞內的環境溫度，通常比外頭高約攝氏二十度。石灰岩通常會滲水，夜晚時沿途形成冰柱。每一天我抵達目標時，恰巧也是冰柱往下掉的時刻。

弗雷克斯路瑟十分陡峭，是一場肉搏戰，比較像摔角，而不是跳舞。隔著費力支撐點的高強度抱石難關，讓我不得不把膝蓋塞進懸岩內角，整個人上下顛倒。這不同於我後來出名的攀岩方式，不過那不是重點。

重點是我們回來了。

我和貝絲感覺，是一起重返遠方探險的時候了。於是二〇〇三年夏天，我們前往加拿大西北地方（Northwest Territories）的蠻荒岩塔群「禁攀之環」（Cirque of the Unclimbables）。那場旅程由貝絲的贊助者 North Face 提議，貝絲同意了。我認為貝絲願意前往如此偏遠的地方攀岩是好事。我們包下一架水上飛機，飛行數小時，穿越野熊出沒的荒原，抵達一座小湖。接著轉搭直升機穿越林木線之上的美麗草原，周圍是針狀的尖塔。我們在一塊房子大小的巨石底下搭帳篷，暴風雨肆虐兩週。大雨如注，我們縮在帳篷裡，多數時候睡覺玩牌。

其他攀岩隊伍也來到此地。有人找到裝著一袋麵粉的彈藥箱，就藏在一塊巨岩底下，是先前的攀登隊遺棄的。我們烤麵包，玩拼字遊戲。大雨傾盆，山活了過來，四周落石源源不絕地砸下，有如天崩地裂。我們嚇到從營地的爐子或拼字遊戲板旁跳起，對大自然的威力瞠目結舌。

我為原始大自然深深感到著迷，幻想我們是穴居人（只差沒在洞穴牆壁上填字謎），大雨就像某種把我們困在洞穴裡的劍齒虎。我和貝絲不在外頭走動時，便待在帳篷裡讀書。我喜歡這種被迫的冬眠，但貝絲似乎不覺得這場冒險很有趣，她符合人之常情，又冷、又累、又害怕。我還以為她只是因為不能活動而感到煩躁，後來才明白待在如此蠻荒之地，讓她又想起吉爾吉斯。

第十五天，天空終於放晴，我們連忙趕到有如一座大教堂、高兩千呎的蓮花塔（Lotus Flower Tower）山腳。岩石高聳入雲，彷彿從天而降的神蹟。我開心到想尖叫，貝絲則默不作聲。

爬完後，我們用衛星電話呼叫水上飛機駕駛，把剩下的所有裝備分裝成兩大袋，開始步行回湖邊。如果中間那段可以不靠直升機接送，就能省下數千美元。貝絲看起來像第三世界的童工，彎腰駝背扛著巨大背包，但一路撐著。有半天時間，我們搖搖晃晃走在鬆散的碎石中，接著又辛苦穿越濃密的樹叢。

我們抵達湖邊時，貝絲的前腳掌一陣劇痛。我們返家後去看醫生，得知她的種子骨斷裂。種子骨是人體內一種血液供給不良處的小骨頭，是出了名難復原。

攀岩帶給貝絲滿足感，腳傷卻使她不得不遠離攀岩。貝絲無法攀岩時，整個人從悲觀的角度看待我們兩人的人生，永遠在擔心未來。專業攀岩者的職業生涯時間有限，等到我們的手指和身體不再年輕有力，該怎麼辦？我們對贊助廠商來講已經沒有利用價值後，該怎麼辦？如果再也跟不上後起之秀，該怎麼辦？貝絲才二十三歲就受傷，偏偏又是在她才剛找回攀岩手感的時候，她備受打擊。

我試著以興高采烈的態度鼓舞貝絲。我知道那有點像是在學我父親，但那是我唯一知道該如何處理這種事的方法。我看過父親那樣對母親、對姊姊、對我，不過有什麼關係呢？

我和貝絲還活著，自由自在，別人付錢請我們待在全世界風景最美的地方遊玩。我們兩人又深深相愛。

我和貝絲的夥伴關係在我們的小圈子裡逐漸出名。人們開始叫我們「攀岩界的第一夫妻檔」（First Couple of Climbing）。有了名氣，企業贊助也多了起來。貝絲知道她沒工作時，我可以負責撐起這個團隊。成為一流的攀岩者，已不再是我個人的自私目標。我們夫妻想生孩子，計畫最終由我負責養家。我最好精進攀岩技術，畢竟那是我唯一的長處。

二〇〇四年初，貝絲的腳依舊拒絕復原。春天攀岩季不得不報銷，她回戴維斯娘家。我獨自一人待在優勝美地一個月，自由攀登另一條酋長岩人工攀登路線「內角岩壁」（Dihedral Wall）。這條路線位於內角（由岩壁構成的角落）的裂隙細長又呈扇狀，通常會逐漸消失不見。迷你的岩面支點偶爾會出現在逐漸封閉的裂隙外，那是唯一往上爬的機會。我的攀岩能力進步之後，開始挑戰愈來愈困難的地形，一度看似不可能成功的路線吸引著我。

我每天早上五點出發，綁上自我確保系統，從地面開始攀爬，爬到高一千八百呎的最後一個困難的繩距。然後在中午前垂降回地面，吃午餐，練抱石到天黑。我把自己操練到精疲力竭，但非常開心；有時黃昏和貝絲講電話時，講著講著就睡著。每天獨自一人待在岩石上陽光與陰影形成的弧線之中，燕子俯衝飛過。內角岩壁讓我在酋長岩上，第一次真正感覺到自己面對著體能極限。我獨自在無人看顧的情況下攀岩，悄悄感到自己能把大岩壁自由攀登推至前所未有的極限。我融會貫通自己學到的東西與所有的肢體訓練，享受活在自己的小小祕密世界。我隨心所欲做出前所未有的動作；我不斷突破極限，時間一小時一小時、一天一天過去，我**要求**自己的身體配合攀岩所需，睡得更少，吃得更少，喝得更少。每天晚上，我帶著滿足的笑容沉沉睡去，訝異自己的身體只需要那麼少的東西，就能發揮那麼大的力量。我努力解開難如登天的連續動作，一點一滴進步，爬到腳趾甲脫落，手指皮開肉綻，我愛上寧靜的世界，擁抱對進步的渴望。我人生的一切幾乎都建立在那樣的渴望之上。

我十分想念貝絲。然而攀岩時，我不必承受她黑暗的心境與焦慮，精力大振，能以充滿希望的方式看世界。酋長岩再度成為我最好的朋友。

有一天，我在谷中碰到攀岩好手亞當・史塔克（Adam Stack）。我們認識很久了，我父親是他的中學體育老師，也是帶他走進攀岩世界的人。亞當剛完成賽拉瑟岩壁的自由攀登，我邀他一起爬內角岩壁。大岩壁攀登看似嚴肅，你也的確得克服風險，但攀岩者其實就像大孩子，在大自然裡玩著最宏偉的公園爬格子器材。一流攀岩夥伴的必備技能是有辦法笑著度過順境與逆境。

亞當不停開著玩笑，喜歡講一個雙關語笑話。英文字 squatter 同時有「擅自占用房屋土地者」與「蹲下的人」兩種意思。亞當說美國一八六二年頒布的〈公地放領法案〉（Homestead Act），意味只要他在一個地方待得夠久，就擁有「占用權」（squatter's rights）。每次我準備好要開始爬了，就會發現亞當出奇地安靜，一轉頭便發現他蹲在小岩台上，臉上掛著大大的笑容。我會告訴他：「這位朋友，你並未擁有這塊花崗岩，把你的屁股挪過來，快點幫我確保。」此外，亞當每次一氣呵成一套困難動作或自由攀登一段距離後，就會說：「你有沒有聞到臭味？對，我大便了！」（I'm the shit!，意同「我是最棒的！」。）

我希望貝絲也能體驗這種好玩的一搭一唱，那個世界輕鬆美好。然而，我開始感到我們似乎是不同世界的人。

我每週回戴維斯陪貝絲一、兩天。她不懂為什麼她感到世界陰暗痛苦，我卻覺得人生希望無窮。儘管我們兩個人性格迥異，她的腳傷也還沒好，她仍想支持我。貝絲告訴我：「我想和你一起待在岩壁上。」二〇〇四年五月，我感到自己準備好在內角岩壁嘗試自地面開始的連續攀登，打算從底部一氣呵成，一次完成二十五個繩距的自由攀登，只要有一小段無法自由攀登，就算失敗。

對外界來講，攀岩的遊戲規則感覺很隨性。大岩壁的自由攀登沒有負責監督的見證人，其實其他任何類型的戶外攀登也都沒有。規則主要來自攀岩社群的共識，由某個年代突破極限、開發最困難的路線的人，定義何謂一次成功的攀登。以內角岩壁來講，我的事前練習和攀登運動路線是一樣的：你可以人工攀登每一段岩壁，想怎麼練習動作都可以。萬一摔下去，可以再試一遍相同的繩距，但整體而言，一次成功的攀登，每一個繩距都得完全自由攀登，中途不能掉下去（但可以重複嘗試某個繩距，直到成功為止，然後再接下一個繩距）。你要按照順序，從地面開始，最後在山頂結束。

亞當堅持要幫忙，但只有兩天有空。貝絲認為自己穿大雙的登山靴，足以取代醫生建議的步行石膏。他們兩人都會幫我確保，用上升器跟在後頭。

我有好的開始，但進入困難地形時，身體開始因為用力過度而顫抖。路線的中心地帶高度近一千八百呎，有十個難度五．一三與五．一四的連續繩距。難度增加後，我感到自己好像硬要撬開一扇愈來愈沉重的門，在一條隱形的成敗之線來回擺盪。亞當與貝絲為了替我加油，喉嚨都喊啞了。幾乎在所有的困難繩距，我不停摔下，有時一摔就摔很遠；每一次都回到固定點，收繩休息，再試一遍，感覺就像一遍又一遍地練習高階體操動作，直到做對為止。就算好不容易成功，下一個同樣困難的繩距又在上方等著。一個接著一個，一個接著一個。晚上在吊帳裡休息時，我全身痠痛發抖，懷疑起自己。貝絲幫我按摩疲憊的肌肉，亞當則做起各種誇張滑稽的動作，模仿騎著灰熊進營地。愛與笑聲，笑聲與愛，那是人生最美好的組合。

到了第三天，亞當先下山。我已經自由攀登完三分之二的岩壁，最困難的繩距只剩一個，靠近山頂的最後十個繩距相對簡單，但我已經沒力氣，準備休息，等明天早上再說。突然間，對講機響了：「好傢伙，幹得好！」是亞當的聲音。他在底下的草原用望遠鏡看著我，身旁圍著其他人。「我這裡聚集了一大群人，大家等你完成最後一個困難的繩距呢！」

我喜歡自由攀登大岩壁，那是你單獨的個人挑戰。你存在於不同的世界，不像短路線攀登，通常是一群人在一起的團隊氣氛，只不過這次不同。我擠出微笑，閉上眼睛，恢復一下元氣，吐氣，**就快結束了，再一個繩距就好**。我開始爬，痠痛疲憊的身體又發抖了。我先前已經一連專注三天，意志力累了。我愈爬愈高，從一個淺岩溝，到達一個小小的側拉裂隙。從那裡開始，困難繩距只剩十呎。我在一個耗力的落腳點停下，咬緊牙關，要自己腳撐住，手開始拉。如果在這裡摔下，幸運的話，一根釘在風化裂隙、至少有二十年歷史的固定栓會撐住我。我把充血腫脹的手指，塞進一個小小的側拉點，腳摩擦過一個滑溜弧面。手指即將碰到下一個支點時，我的腳滑了一下。驚惶失措下，我的腳再次摩擦岩面，手立刻抓住上方一個堅固塞點。剩下的三十呎，是我這輩子最小心翼翼攀登的五．一一級路線。我抵達岩台，聽見底下模糊的歡呼聲。我轉身面向群眾，高舉雙手，用盡所有力氣歡呼。

我和貝絲剛認識時，她最大的志向就是自由攀登酋長岩的鼻子路線。我們剛交往的頭幾個月，她的衝勁主要就來自那個夢想。接著，吉爾吉斯事件讓她失去動力。

不過，接下來一年，貝絲憂鬱黑暗的情緒似乎逐漸好轉，腳傷也在痊癒，她再度恢復鬥志。我暗自希望貝絲決定回去攀爬大岩壁，代表她的恐懼期已經結束。老實講，我非常想要她再度回歸大型路線攀岩。她不喜歡我離開她身邊，而我不想停止攀登大岩壁。要是她回歸，就一石二鳥了。

我協助貝絲準備攀登鼻子路線時，也偷偷為自己訂了一個目標。我的下一個酋長岩階段，將是在一天之內自由攀登兩條路線，這看似荒謬。人們認為那得採取相當不同的戰術才辦得到，例如從上方低空跳傘，節省時間。但我都想好了。如果能在十一小時內自由攀登完鼻子，我可以花一小時下去，緊接著自由攀登「搭便車路線」（Free Rider），也花十一小時。這樣就能在二十四小時內連攀，中間還有一小時的緩衝時間。

到目前為止，能在一天內自由攀登完鼻子路線的人，只有琳．希爾一個人。我偷偷計畫著連攀，沒透露多少口風，只告訴貝絲我想知道自己能變得多強。一開始，我先打好基礎：在落磯山國家公園進行三週最困難的抱石難關，接著增加高階運動攀登訓練，一天爬六個五．一二至五．一四級的繩距。此外，我也開始進行耐力訓練，每隔一、兩週就加上新項目，做著無數的攀爬訓練、重量訓練、指力板訓練，並在夏天接近尾聲時騎三小時自行車，從垂直高度四千呎出發，在一萬兩千呎處登頂。我通常一天訓練十四小時，目標是增強耐力與吃苦的能力，增進整體的韌性。

二〇〇五年秋季，我們抵達優勝美地，貝絲躍躍欲試，我也處於一生最佳狀態。

睡袋的暖意讓我不想睜開眼睛。我懶懶躺在一片乾淨碎石上，上方是古老雲松的枝葉，四周圍繞三三兩兩的熊果樹叢，南方幾呎是完美無瑕的白色花崗岩板，也就是酋長岩寸草不生的山頂。萬籟俱寂，只有砰砰作響的鍋子，丁烷爐轟隆隆的火焰。我看著貝絲小巧的O型腿四處忙碌著，準備今天的裝備。她走過來，遞給我一杯熱咖啡，接著鑽進睡袋，靠了過來，頭倚在我肩上。

「早安，親愛的，昨晚睡得好嗎？」她抓緊下巴附近的睡袋。

「我睡得很好。」我回答：「我們的計畫就要展開了，興不興奮？」

有十分鐘的時間，我們看著太陽從地平線升起，每一件事都很美好。

我們計畫從岩壁上方放下繩子，垂降而下，先練習鼻子路線上方最困難的部分，把技巧再練純熟一點。不久後，我們穿上吊帶。我把一根六百呎長的繩子末端，綁在一棵樹上，走到岩石邊緣，看向上方幾呎處的貝絲，她正微笑著。

我緩緩擦過岩面。一陣冷風自谷底升起，我抖了一下。幾秒鐘後，眼前的岩壁就遠到根本碰不到。我緩緩轉著圈，看向下方三千呎的谷底。我已經習慣身體暴露於半空，感覺就像騎著高速前進的摩托車，讓車體緩緩旋轉。恐懼早已在幾年前消失，取而代之的是興奮感。高空中的岩壁就是我這輩子該待的地方。

十五分鐘後，我看向下方一個邊長十呎的正三角平坦岩台，兩個坐在睡袋裡的男人放空望著前方。我快降落到他們身旁時，其中一人抬頭。

自從近五十年前第一次有人成功攀登後，鼻子路線成為全球最熱門的大岩壁攀登地點。那是一片完美無瑕、充滿歷史感的壯麗岩面。雖然幾乎不可能自由攀登，但人工攀登上去的方法直截了當。旺季時，上頭隨時可能有十組人馬。

岩壁上，人潮聚集後出現一個微型社群，全球各地的人來到酋長岩活出夢想。對攀岩的熱愛將大家凝聚在一起。那是一群多采多姿，還有點古里古怪的人，吸毒、音樂、性愛，樣樣都來。有生，有死，還有無數生死一瞬間的故事。攀爬大岩壁需要的身心強度，引出人們心中最好或最壞的一面。

「嗨，你好啊。」帶著澳洲口音的男人說。

我垂降到三角岩台，詢問：「你們做準備的時候，不介意我們自由攀登這個地方吧？」

「自由攀登?!」

「嗯，我們正在試。」

「完全不介意，我倒想見識見識。你帶了馬子過來？」

「對，」我回答：「她是我太太。」

「很好，讓你老婆過來吧。」

幾分鐘後，貝絲興高采烈垂降到岩台上。「各位晚上睡得好嗎？」她問。貝絲永遠看起來像剛洗完澡，皮膚光滑，秀髮像絲綢一樣，身上沒有體味。

貝絲安全落地後，澳洲人拍了拍她的頭髮。那個人的眼睛周圍結著大塊的黃色眼屎，紅腫的指頭從露指皮手套伸出來，像信號站一樣發光，顯然昨天累到沒脫手套就睡著。今天是他們人工攀登這條路線的第四天。

貝絲穿上小巧岩鞋，用腳尖攀上岩壁，在兩個裂隙間優雅移動，悄悄將雙腳塞進岩石紋理之中，再秀氣地將手塞進孔洞。八十呎後，她抵達裂隙消失處，伸直了手，搆到一個淺岩溝，把自己拉上去，再度愈爬愈高。她的手腳以奇特方式彎曲，四肢帶著節奏感上上下下，彷彿一隻爬著玻璃片的蜘蛛，在幾乎沒有支點的一個九十度內角，左右撐著岩壁，一路向上。

兩個澳洲人站了起來，目瞪口呆，像是看到天使降臨。「我不敢相信你們要自由攀登這個地方。」其中一人搖著頭，「我連要從睡袋裡爬出來都很難。」

接下來一小時，貝絲爬上爬下，試著把每一個精細動作記在腦中。這個地方的名字「換角」（Changing Corners），是路線中最難的一個繩距。貝絲爬個幾呎，吊在繩子上，臉貼近岩石，手掌撫摸岩面，像在讀盲人點字一樣，尋找可以讓岩鞋上的橡膠多撐一下子的粗點。她用體操粉筆畫圈做記號，定出動作順序，解開由身體各部位與高低起伏的岩面構成的謎題。接著再試一遍。

我和那兩名澳洲人聊起天。「還順利嗎？」我問。

「媽呀，」其中一人搖頭，「糟透了。」他們在第二天碰上一支愛爾蘭隊伍，兩方人馬的繩子不小心纏繞在一起。澳洲先生二號沿著繩子而上時，愛爾蘭人的吊掛包直接壓在澳洲隊的攀岩繩上，還一路貼著繩子把吊掛包往上拉。

澳洲隊怕繩子受損，暫停攀登，四人在確保點吵了起來。其中一個澳洲人解下愛爾蘭隊的吊掛包，作勢要丟下岩壁。雙方再度出發時，一天已經去了一半。而且開始刮風，每一個人的繩子都打了結，雙方結下更大的梁子。澳洲隊搶先爬在上方，後來其中一人得上大號，在疾風中掛在吊帶裡，拿著棕色紙袋貼在臀部後方（那是攀岩的標準禮儀，你得把大完的袋子放進「大便管」，下山再丟棄）。不巧碰上風勢減弱，澳洲人的袋子失去準頭，糞便自由落體兩百呎，不偏不倚打中愛爾蘭隊的吊掛包，濺得到處都是。

雙方坐在自己的吊帶上，度過一個無眠的夜晚。隔天，他們一前一後繼續攀岩，傍晚抵達岩壁中段一個小岩台。愛爾蘭人為了和解，拿出一瓶威士忌，四人喝到醉醺醺，對著月亮嚎叫，兩隊融成一隊。我和貝絲在第四天碰到澳洲人時，他們離登頂還有六百呎，食物基本上已經吃光，水也剩不到一加侖。

「愛爾蘭人去哪了？」我問。

「噢，他們睡在下方一百呎的一個岩台。」一個澳洲人回答，另一個澳洲人探頭看下方，大喊：「嘿，你們兩個白癡，快點起來，不要再玩你們的老二了！」

過去四天，這四個人不打不相識，在彼此頭上大便，還一起醉倒，一起受苦，如今卻像在酒吧裡講故事的老友，沉醉於冒險旅程的幽默之處。

接下來一個月，我和貝絲大都睡在酋長岩上一個小營地。每天垂降到岩壁下方，練習不同的岩段，每到第三天就休息。我們健行經過巨大糖松、雪松、紅杉遍布的壯麗森林，樹幹長滿螢光綠的青苔。日光穿透高聳的樹頂，在一條小河的河面折射，河川下游消失在四分之一哩外，注入北美最高的單階瀑布——里本瀑布（Ribbon Falls）。我和貝絲在冰冷河水裡洗澡，大笑著潑對方水，身上起雞皮疙瘩。我們注意到森林裡有熊出沒，看見牠們踏出的腳印，河岸旁留有還冒著熱氣的糞便。

最後一切似乎終於準備就緒，我和貝絲回到谷底，準備迎接一場四天的自由攀登。我們在攀岩路線的中段藏了一個營地。第一天是重頭戲，在接近滿月的月光下，凌晨一點出發。夜間的酋長岩給人一股白天感受不到的寧靜氛圍。白天，交通噪音迴盪空中，熱氣帶來捲風；晚上，就算兩個人相隔一百呎，低聲講話也聽得見。確保時，我關掉頭燈，整個世界延展成一個夢鄉。巨大岩壁在谷底投射詭異的光影，星河垂掛半空。西方地平線上，舊金山的萬家燈火與車輛微微發光。天亮前一小時，月亮消失，我們繼續摸黑攀爬。天全亮時，已經登上一千呎。

我們等不及要達成目標，飛快攀爬著。我感到心底升起一股動能。然而在第十六個繩距的尾聲，我發現貝絲一臉痛苦的樣子。

「妳還好嗎？」

「我沒事。」

貝絲先前休息了一陣子，但腳裡的斷骨一直沒完全痊癒。醫生說可以開刀，但可能有後遺症，疼痛成為貝絲生活的一部分。貝絲試著爬了一下，不敢抱太大希望，不過依舊成功自由攀登最後幾個繩距，抵達我們藏起的中途營地。

我們搭起吊帳，坐了進去。我脫掉貝絲的鞋襪，輕輕按摩她的腳。早秋的風吹了起來。我有點冷，戴上羊毛帽，穿上外套。

我按摩貝絲的雙腳，心想萬一我所做的一切，只是出於自私的需求，因為我有不安全感，希望貝絲愛我、照顧我。那該怎麼辦？萬一貝絲的幸福，要靠我陪在她身旁，而我的

幸福要靠她愛我。那是真正的愛嗎？萬一她這次失敗，會不會陷入沮喪？不會的，不會發生那種事。如果她成功了，她就會開心，我也會開心。

隔天早上，貝絲腳幾乎不痛了，或者她只是口頭上那麼說。馬上就要爬「大屋簷」（Great Roof）了，也就是全球最經典、最險峻的繩距。有十年時間，路線的這一段擊退了每個試圖自由先鋒攀登的勇者，希爾是唯一成功的人。

「大屋簷」是一塊巨大的天花板岩石，自「鼻子」的垂直面，平行延伸近二十呎，壯觀得令人屏息。從下方看就像一棟房子突出的屋簷，只不過這個屋簷突出在一千八百呎的半空中。不曉得在什麼時候，屋簷下方脫落一大塊岩石，留下這塊平坦、近乎垂直的天花板地形。下方的岩面幾乎一片平滑，只留下一個可下手的地方：岩壁上一個長一百五十呎、在頭頂成拱形的裂縫，一路接到大屋簷下方。要成功的話，首先得爬上一段勉強可爬的垂直裂縫，直到裂縫彎折至水平處的地方。此時裂隙縮成只剩一條小縫，除了十分錢硬幣寬的滑溜岩石邊緣，腳沒有任何地方可踩。

貝絲先出發。我注意到她試圖用腳的外側攀爬，以免動到會痛的大拇指。她爬的時候，我感到有點不安，咬起手指甲，萬分害怕她會掉下來，用力祈禱她能成功。大約在三分之二的地方，貝絲滑了一下，盪在空中，繩子接住她。

我把貝絲降回固定點。她沒說話，掛繩，解繩。「拉好繩子，重新替我確保。」第二次嘗試時，貝絲俐落解決「大屋簷」，毫無失誤，心中狂喜。我在繩子的另一頭都能感受到她的興奮。

我們沿著陡峭的裂隙繼續前進，有效前進到一個大型露宿平台，預備隔天多數時間在原地休息，替剩下的困難岩段做準備。

雖然我的主要目的是支持貝絲，我依舊想著自己的美夢。六個月前，我跟貝絲提過，我的目標是一天內自由連攀「鼻子」與「搭便車」。我不想讓貝絲分心，所以沒多提。當我進行讓自己精疲力竭的訓練，還有和貝絲待在岩壁上做著白日夢時，都在想著如何進一步圓夢。到了平台休息日的尾聲，我沉不住氣了。

「嘿，寶貝，如果我今晚嘗試『換角』，妳會介意嗎？」我問：「那樣一來，明天涼爽的早晨時光，都會是妳一個人的。」

「大屋簷」與「換角」是路線中最難的兩段，就連最優秀的自由攀岩者也退避三舍，需要涼爽的天候助陣，好讓鞋底的橡膠產生最好的抓力，不致滑下花崗岩。「換角」尤其需要這個條件，因為岩面沒有可靠手拉的地方，必須半爬到內角一個完全沒有手點的地方。接著，在內角消失在上方光滑的岩壁時，移到右方一個相鄰的內角繼續前進。完全要靠身體的姿勢撐著內角的兩側攀爬，利用手掌和攀岩鞋的摩擦力，製造一股推擠向上的動力，同時彎曲身體，維持住某種可以撐住自己、不會往下掉的神奇張力。

爬「換角」無法靠蠻力。就算有辦法連續做一百下引體向上，也不會幫到任何忙。不論是誰，自由攀登難解的「換角」只能靠技巧與禱告。那是魔術師胡迪尼才有的攀岩技巧。

「噢，我猜應該OK吧。」貝絲回答。我套上裝備，貝絲幫我確保。我在開頭的地方失敗了兩次，再試一遍，三十分鐘後順利通過，剩下的上方路段相對容易。我的得意忘形，無意間帶給貝絲壓力。這下子，害她心情沉重起來。

隔天早上醒來時，貝絲僵坐在吊帳角落，閉目養神，深深吸吐著乾冷的早晨空氣。我試著跟她說話，她每一句話都冷冷地簡短回答。我默默準備好當天需要的裝備，不敢多說話，同時也緊張起來，無法想像貝絲現在的感受。

遠處的下方，陽光輕輕灑落高聳松林。貝絲出發，像蒸汽引擎一樣格格發動，每吐一次氣，喉嚨就發出低沉怒吼。

貝絲愈爬愈高，低吼變成沉重的呼吸聲。我們過去一個月練習這個繩距時，貝絲想好每一個單獨的動作，但一直未能掌握自由攀登必須做到的一氣呵成。現在是正式上場，她得拿出一生中最好的表現才可能成功。眼看太陽愈升愈高，陽光熱起來後，就不可能完成這段光滑的岩面。貝絲抵達半途一個小休息點，靠著有創意的身體姿勢，把那裡變成一個可以休息的落腳處。麻雀四處飛翔，像戰鬥機一樣彼此追逐。貝絲小心地變換重心十分鐘，恢復一下精神，接著拉進一旁的內角，手掌與手指用力塞進對側岩壁，身體扭成不自然又精確的有力姿勢。接近繩距尾聲時，她的低吼變成小聲的尖叫，過了先前爬到的最高點後，尖叫轉成同歸於盡的嘶聲吶喊。貝絲完成最後的困難動作，眼眶盈滿淚水，坐在繩距終點的小落腳點，好幾分鐘不發一語，接著大喊：「解除確保！」

我以最快速度手忙腳亂攀上去。抵達時看見貝絲淚如雨下，好像有人打開了累積五年的壓力釋放閥，哭喊著：「我的腳好痛。」

「妳成功了，親愛的，從現在開始只是遠足而已。」攀岩界用「遠足」來比喻簡單的岩段。接下來，依舊是高手級的自由攀登地形，但是對貝絲來講，就像是輕鬆走在樹林裡而已。

我抱著她，撫摸她的背，但我們沒停多久便再次出發。看著她爬，就好像看到腳被車子輾過的鹿一跛一跛前進。貝絲一直努力撐著，但這下子她的恐懼與疼痛全部湧了上來。幾小時後，我們成功登頂。貝絲坐在酋長岩平坦的山頂上，雙眼放空，望著前方。

我猜貝絲原本以為，成功自由攀登「鼻子」會帶來快樂，然後她就會痊癒。她實現了多年來的夢想，從她小時候把希爾的海報掛在臥室開始，就認定了這個目標。但現在她坐在酋長岩山頂，依舊是開始爬之前的同一個人，擔心受怕，心中有傷口，還在找尋其他更多東西。我們兩個人都期待爬完酋長岩後，人生會豁然開朗，但什麼事也沒發生。

「所以你想要什麼時候連攀？」她冷冷地問。

我不曉得該怎麼回答。相較於多數的人生目標，我攀岩主要是為了自己，榮耀自己，完成自己的心願。攀岩者開始往上爬的那個瞬間，或許是在成為自己的上帝。然而，我希望現在這一刻屬於貝絲，一個心滿意足的快樂時光。內華達山脈一片晴朗的天空裡，風中傳來松樹看不見的芬芳氣味。我們應該珍惜這一刻，不該想著接下來的事。

儘管如此，我的連攀計畫大概也不純粹是為了圓一個夢。這種事成為我和貝絲之間愈來愈大的矛盾，我們從來沒好好討論過。我在探索極限、擁抱未知時，感到那是人生最豐富的時刻；然而貝絲愈來愈需要安穩的生活。這種事在攀岩界很常見，同時促成了愛情，也摧毀了愛情。我當時沒意識到，但我想要填補內心愈來愈大的缺口。我想要逃避。我知道和貝絲在一起的生活，永遠不會是我當初希望的童話故事。我大概和多數攀岩者一樣，浪漫**和**冒險兩者都想一把抓。

「或許下週我可以試試看。」我擠出一個笑容。

我們又繼續做下一件事。沒慶祝貝絲完攀，也沒沉浸在完成一件大事的開心氣氛中。我想貝絲大概是覺得，過去一個月我支持她，現在該輪到她忠誠地支持我。穿攀岩鞋讓她腳痛，穿登山鞋、使用上升器則勉強能忍受。我把關注的焦點從貝絲身上，轉移到自己的目標，開始興奮起來。

三天後，我花了十二小時完成「鼻子」的自由攀登，領攀每一個繩距。僅僅兩天後，以類似的風格完成了「搭便車」，所費時間不到十二小時。我兩條路線都爬完的四天後，跑回兩個路線之間的底部，以二十三小時多一點的時間，自由攀登完酋長岩六千呎的花崗岩。我另一個朋友克里斯．麥克納馬拉（Chris McNamara）也在一旁幫忙。在大挑戰那天的尾聲，我的手臂失去知覺，整個人精疲力竭，不知怎地頭痛起來。接下來，整整一個月左手肘都伸不直。

貝絲和我知道，雖然外界給我成功連攀的掌聲，多過她完成「鼻子」的讚美，這是我們兩個人共同的成功。人們認為接連完成「鼻子」與「搭便車」難度高，所需的耐力也多，是攀岩史上的一大進展。這個讚美令人飄飄然，還等著其他人來打破記錄。儘管如此，雖然名氣集中在我身上，貝絲也不曾露出一絲嫉妒。

相較於和貝絲一起攀爬「鼻子」的歷程，成功連攀令我心滿意足，但實在不算什麼。爬「鼻子」對我們兩個人來說，都是很重大的目標，我們是以夫妻身分一起完成。夫妻同心，其力斷金。我們兩人未來的目標包括搬到優勝美地，全部的時間都待在那。稍早之前，我們拿出所有積蓄，合資買下國家公園旁的一塊地，現在可以挪出時間蓋我們的家。

然而，在精疲力竭爬完酋長岩後的秋天寧靜時刻，我沒想到接下來會發生的事。我只記得自己當時想著，只要貝絲在我身邊，我這一生就會幸福快樂到老。

第9章　超自然的寧靜

我替下一次的垂降做準備，收起繩子。繩子纏繞在一起，朝我打來，糾結，再分開。托佛．唐納修（Topher Donahue）站在小岩台上不動，抬頭往上看，開始思索。垂直花崗岩消失在下方冰河之中。

距離我上次和托佛的弟弟托比亞一起看著營火、玩西部遊戲，已經是很多年前的事。從某種角度來說，我和唐納修一家人就像這些繩子，一起同行，但走上不同的路線，有時仍會交錯。托佛比我大八歲，是赫赫有名的登山家。他打電話邀我一同前往南美巴塔哥尼亞（Patagonia）。我欣喜若狂，但也有點傷感。如果人生再順利一點，我人不會在這裡。

托佛揉了揉眼睛和雙頰，放下背包，手伸向上衣拉鍊口袋，掏出一個乾淨的小瓶子給我看。高高低低的尖頂山脈、湖泊、冰川、草地，往四面八方延伸。

「他一路上一直陪伴著我們。」托佛說的是自己的父親。

托佛事先沒告訴我這項任務，不過我很榮幸能夠參與。這原本是他們父子同遊的一趟旅程，但兩個月前，無情的腦癌一下子奪走麥克．唐納修的性命，五十九歲便英年早逝。

我腦海中仍聽得見叔叔的縱情大笑，看得見他平日笑咪咪的表情。

托佛微微一笑，轉開瓶子，把父親的骨灰撒了出去。一朵小小的灰雲在半空旋轉，瞬間就被風帶走。叔叔是我這輩子見過最愛大自然的人，如同老橡樹的根那般深。他永遠在談四季，談生命的循環，談山中「不佳狀況」帶來的無常。他說若能坦然接受天地的不仁，就能寬心，生出力量。我只願自己這一生能做到叔叔萬分之一的精神，像他那樣熱愛山岳，無入而不自得，瞭解自己在宇宙中扮演的角色。

§

二〇〇六年的南半球初夏，巴士一路嘎吱，行駛在如洗衣板起伏的道路上，揚起一陣塵埃，吹向遠方的山丘。我二十七歲了，但這片魔幻大地令我感到自己仍像個孩子。擋風玻璃框住阿根廷巴塔哥尼亞的查爾騰山（Chaltén Massif）。山脈有如戴著蓬鬆白帽的大怪物，聳立在波濤起伏的大草原上。四周野草地上，三三兩兩的羊兒慵懶地吃著草。

雖然先前舟車勞頓了二十小時，我毫無睡意。我們就快到了，即將抵達登山界最著名的舞台。那裡狂風呼嘯，即便是最簡單的山頂，也得靠接連不斷的技術攀登才上得去，就像上帝替登山家布置好一個遊戲場。

只有一個問題：我算不上登山家，主要都在攀岩。

托佛說：「如果我們抵達當地時，天氣還不錯，就得直接進入山區開始爬。」麥克．唐納修叔叔與佩姬阿姨的大兒子，今日是巴塔哥尼亞的登山老手。他比我還躍躍欲試，已經穿好適合高山氣候的人造纖維舊褲子與聚丙烯上衣，裝備也都收拾好，準備出發。

有一陣子，我心中愈來愈想追求更大的夢想。我已經暫時滿足對優勝美地的渴望，覺得該是賭大一點的時候了。巴塔哥尼亞壯觀雄偉的崇山峻嶺，可以是我持續探索自我的絕佳地點。我研究相關報導，敬畏地凝視當地的照片，做起白日夢，想像自己千辛萬苦對抗那一區的著名風暴。先前我最難以忘懷的大自然體驗都發生在糟糕的天候下。我讀了薛克頓（Ernest Shackleton）等極地探險家的書，他們撐過不可思議又很嚇人的考驗。前人的故事令我心生嚮往；他們帶出深深埋藏在我心中的熟悉回憶——險中求勝，挖掘內心。在登山耐力這一塊，我才剛開始瞭解自己的侷限，想多知道一些。

查爾騰山的技術難題主要和岩面有關，然而我曉得巴塔哥尼亞的登山之旅，將以不同的新方式挑戰我。冰雪、鬆動的岩塊、突如其來的暴風雨等高山技術攀登中不可控的變數，多添了一分野外的挑戰。在穩定的天候中，專注於結實岩面的困難動作時，是不會碰上那些事的。你無法掌控那些客觀風險，只能碰上了再說。從許多方面來講，我不夠格來這裡攀登，但托佛瞭解我，知道我熱愛新挑戰。他似乎認為我擁有正確的技巧與態度，不過我依舊擔心自己在優勝美地晴朗天候的經驗，能否用在巴塔哥尼亞。但不管怎麼說，我等不及要在巴塔哥尼亞開拓視野，尤其這裡不在任何國家的危險旅遊地區名單上。

貝絲明白我迫不及待想參加這趟旅程，但她不想爬大山，我們也無法忍受分開整整一個月。我們存款不多，收入也有限，但我們省吃儉用，過簡樸的生活，就是為了替這樣的冒險存錢。因此，我們將一同前往阿根廷，她父親也會陪同。托佛和我去爬費茲洛伊峰（Fitz Roy）時，他們父女會在附近健行。

我等不及了，但我也想起我的英雄湯姆．洪賓（Tom Hornbein）講過的話。洪賓是著名的醫師與登山家；在聖母峰還是蠻荒之地的年代，他在一九六三年參加了第一個登上聖母峰的美國團隊。他的著作《西稜》（*Everest, The West Ridge*）令我心生無限嚮往。他寫過一句話：「或許我們可以用看待藥物的方式看待風險，劑量適當的話，對生物有益，太多或太少則有害。」

費茲洛伊峰高一萬呎，聳立在小村莊查爾騰（El Chaltén）上方。從村莊出發的步道縱橫交錯，穿越飽受疾風摧殘的山毛櫸樹叢，經過河流，繞過湖泊，還進入滾滾冰川，與四周平原形成超現實的對比。永不停歇的狂風，捲起泥巴路上的塵土。

我們拉高衣領，遮住鼻子，拖著登山包，經過三三兩兩的建築物。一個南美牛仔騎馬而過，我們雇他將器材運至白河（Río Blanco）營地，自己走路跟在後頭兩小時，抵達似有妖精盤據的樹林，避開狂風襲擊。接下來一個月，我們大都待在潮濕的帳篷裡發霉，不斷盯著氣壓計。氣壓上升時，代表該出發前往山上。離去前，我親吻貝絲臉頰。她叮嚀著：「答應我，你會活著回來。沒有你，我活不下去。」我踏上山路，眼眶含淚。

我討厭讓貝絲擔心，也不願讓任何人擔心我的安危。自從我第一次提到可能來巴塔哥尼亞，貝絲就驚惶失措。她是攀岩家，瞭解我和托佛已經研究過風險，認為可行。我們將登上乾淨的岩面，選擇不會碰上雪崩的路線，經過冰川時會綁好繩子。托佛經驗豐富，性格也小心。儘管看似萬無一失，我即將冒的險遠遠超過酋長岩，以及攀登過的其他地方。

我和托佛打算登上費茲洛伊峰東面四千呎高的「同花大順」（Royal Flush）路線。正下方是冰川，峭壁聳立於一片平坦的白雪與藍冰之上。我們凌晨兩點從營地出發，頭燈照出的光影在四周跳躍，照出一路拔高的泥土小路。我們沿著時有時無的冰川走，腳下踩的泥土，很快變成冰晶。我們穿梭在大大小小的冰川裂隙；某些地帶的裂口，和小型冰塊形成的影子差不了多少，難以分辨。我有一次甚至跌進腰部那麼深的地方。

我們健行數小時，走上幾千呎高的地方，抵達目的地的底部。我們即將攀登的駭人巨岩，地質組成複雜，看起來不像地球景色，令人想起《魔戒》（*The Lord of the Rings*）裡的「末日火山」（Mount Doom）。我無法想像會有攀登路線可以上去。我們整理裝備，亮光映出鋸齒狀的裂口。出發前，我抬頭望了一眼，試著不去想貝絲說不能失去我，數度深呼吸，清空腦袋，開始攀爬。

岩面滴下冰水，過沒多久，我們的手指、腳趾便凍僵了，遠方寒風的咆哮令人心驚膽戰。雖然風幾乎沒吹到身上，耳邊依舊傳來狂風的威脅。我想著唐納修叔叔的座右銘「惡劣天候只是大自然循環的一部分」，繼續前進。我們挑選的登山路線還算有屏障，但岩壁吸收陽光的熱氣後，還是會讓大塊結冰掉落，在底下的冰川上爆開。大自然的重重險阻，令我既焦慮又興奮，感官敏銳起來，每吸一口氣，都像風箱在燒旺內心之火。

白日過去，我們無法繼續前進。在約莫兩千呎高的岩壁附近一個分離的岩板上，找到一個小小的歇腳處，距離岩壁約十六吋、寬三呎，而狹縫中的冰雪已經凍結。我們在那裡暫時棲身，多鋪上一些雪，弄平表面，坐了下來，背靠著岩壁，下半身塞進兩人用的輕型露宿袋，沒用睡袋。我們試著休息一下。我用繩套綁住上半身，固定在岩石上，接著又將頭盔帶子也扣在上頭，支撐頭部，有如一隻困在蜘蛛網中的昆蟲。

西邊的天空上，夕陽潑濺出層層疊疊的紅橙黃綠藍靛紫。狂風吹累了，暫時鳴金收兵。四周一片靜謐，散發著一股超現實的美感。

我閉上眼睛，大自然的美景暗了下來，這時才第一次感受到刺骨寒意。我牙齒打顫，像個抖動的傀儡，在自己織成的網中直打哆嗦。

怎麼會有人讓自己處於這種境地？

我用腳跟敲地，試著讓失去知覺的雙腳血路暢通一點。但寒意滲進腦子，我不免擔心自己將失去腳趾和手指。我想著貝絲，想起兩個人依偎在一起，她的身體散發熱氣。我想著營火，想著和托比亞一起奔跑嬉戲，腦中浮現過去目睹凍傷患者壞死的黑色手腳的畫面。最後，新的一天照下第一道光線。我們在群山中最高的山峰上，凝視著陽光，等待暖意降臨，感恩自己處於某種「煉獄」——不算天堂，但再也不是冰凍地獄。我開始從自己編織的網中掙脫出來。

我們起身繼續攀爬，但步調變慢。上一場暴風雪留下的積雪融化成水，再次結凍，岩面覆蓋著危險的薄冰。雲層在上方聚集，呼嘯的狂風像一隻憤怒的野獸，從西方撲來。

我和托佛待在有遮蔽的東面，然而大塊落冰從山頂滾下，砸中下方一哩外的冰川。山甦醒過來，天色轉暗，我卻感到一股奇異的寧靜。我們連忙自冰川上方兩千五百呎處撤退。暴風雨來得令人措手不及，在我們下山時威力增強，害我們全身濕透，抖個不停。

我們藉著費茲洛伊峰這個龐然大物的庇護，跌跌撞撞回到下方的冰川。少了山壁的保護，一陣風把我們吹倒在地。我跪在冰川上，靠短冰鎬穩住自己，縮著頭，以免被飛濺的冰片打中。很快地，我的頭盔被吹跑，眼睜睜看著裝備被吹向天際，消失在地平線上。

暴風肆虐，但風勢很快靜止，天空再次放晴。所有的聲音都跑了出來：碎裂冰塔的隆隆聲，雪中冰爪的爆破聲，我們呼吸的韻律聲。山頂岩石閃閃發亮，我一生未曾見過這樣的美景，也不曾體驗過如此的寧靜。我回到營地，擁抱貝絲，躺在我們的帳篷裡，精疲力竭，心滿意足。我的靈魂有一塊被喚醒了。

我們待在森林裡養精蓄銳，有時走路到鎮上採買雜貨、肉排、啤酒。貝絲和她父親待了兩週半後先回家，我和托佛繼續完成我們的攀岩之旅。

下下停停的斜風細雨之中，我們望著聳立的山脈。我一直念念不忘上次沒完成的攀登，總想著或許有辦法成功。我渴望再度上去。

日子一天天過去，接近搭機返國的時刻。氣壓計指數再度飆高，在黎明前的黑暗之中，我們步行七小時回到費茲洛伊峰。這次，朋友艾瑞克．羅德（Erik Roed）也加入。他的經驗不如我和托佛豐富，但身強力壯，處變不驚，從前是海軍陸戰隊隊員，如今卻令我聯想到泰迪熊。

這一次，我們決定嘗試不同路線，改從「同花大順」右方一點的「優雅路線」（Linea de Eleganza）上去。兩年前，一個義大利團隊首度成功攀登；他們嘗試多遍，用上各式固定繩索與人工攀登技巧。在我們勇敢的白日夢中，我們期待一次就自由攀登成功那條路線，但手上的資訊只有艾瑞克找到的簡略地形圖。我們心想反正也沒差。成功的機率本來就不高，巴塔哥尼亞都已經踢了我們好幾次屁股了，再多一次又何妨？

我們再次站在景觀壯麗的費茲洛伊峰東面山腳下，我重新湧出信心。雲層散開，天空轉為橘色。白日下，我們發現手上資訊原本就不多，這下子更是雪上加霜，我們居然弄丟了地形圖。不過至少我們輕裝簡從，沒帶任何露宿裝備。我們不是為了減輕負重，而是確定自己一定會失敗。

我們理好繩索，把自己綁好，開始攀爬。

第一個一千呎一下子就過去，我們開開心心找到大量裂隙、內角、岩面抓握點，接著碰上懸岩路段，慢下速度，由托佛領攀。托佛一邊呻吟、一邊奮戰，但和平日一樣，保持鎮定瀟灑的態度。只是岩面突然擺了他一道，他盪過半空，垂降至確保點，氣喘吁吁，提議由我接手。

呼吸，保持放鬆。我爬的時候，不斷靠一手抓著岩面，同時對著空出的另一隻手呼氣，幫手指取暖，努力爬下去，試著告訴自己，我只是在爬家鄉的峭壁而已。我忘記腳底下的地形，一個繩距接著一個繩距，冰川愈縮愈小，地平線愈放愈大。白天變成黑夜，我們靠著頭燈照出的光束帶路，繼續挺進，在黑暗中攀爬，冷到無法停下手腳。托佛奮力度過艱辛的五小時領攀，靠著頭燈攀爬部分表面覆蓋薄冰的內角，結冰的呼吸消散在黑暗之中。在遠超過最後一個確保點上方，他以不穩定的平衡姿勢停住，一手拿出冰鎬敲碎薄冰，一手撐著脆弱的岩片，小心翼翼用外撐法，靠穿岩鞋的雙腳左右撐住冰緣。小小的冰片如雨點般落下，我和艾瑞克打著哆嗦，前後搖晃身體，大聲替托佛加油。托佛完成那個繩距，完美展現攀岩最終極的技巧，接著精疲力竭地掛在固定點上。我繼續往上，循著頭燈光束尋找幾乎不存在的支點。很快地，岩面變得一片光滑，我試著解謎，但摔了下去，掠過岩面，晃過確保點。

我們找不到路，只得停下，在三千呎高的一片小冰面上，縮在一起取暖。我頭腦不清，累到無法思考。我們似乎卡住了，什麼都看得見，也似乎什麼都看不見。我關掉頭燈，盯著黑暗，緩緩呼吸，面對銀河美景，驚嘆不已。我們不停打著瞌睡，但一下就被冷醒，眼皮累到睜不開。最後拿出爐子，從岩台上抹下一些冰雪，放進鍋中融化，用熱飲溫暖自己。

地平線上閃耀第一道日光。我凝視下方翻騰的冰川，視線飄到遠方的樹林與上下起伏的大草原，世界感覺同一時間分散又聚合。新的一天帶來力量，我們抬頭往上看時笑了出來。我被黑夜愚弄了，竟然爬上岩壁最陡峭的地方，右邊一點就是可以輕鬆自由攀登的地方。我們在極度清醒與偶爾的精神錯亂之間，輪流領攀跟坐在吊帶裡打瞌睡。攀岩，休息，休息，攀岩。

天空轉成薰衣草色，我們穿越半透明冰層構成的陡峭地帶。西方大約三十哩處的太平洋吹來的雲朵，像白色飛碟一樣竄進天空。風勢開始增強，小冰河化為低地積雪。眼前的景象是真的嗎？一切太如夢似幻了。

突然間，費茲洛伊峰的山頂出現在我們腳下，東邊的乾枯草原彷彿延伸至看不見的盡頭。往西邊看去，我們與海洋之間是一片白色的夢境：巨大的南巴塔哥尼亞冰帽。雲層在附近的山峰滾動，看起來像即將沸騰的爐子。風勢漸漸增強。

我們垂降下山時，太陽再度西下，群山籠罩在火焰光線之中。我們步履蹣跚地穿越冰川，風勢忽大忽小，最後一股超自然的寧靜降臨大地，我接受命運。**這是我選擇的路，也是命運替我選擇的路**。

即將回到營地前，我們第三度看到日出。這次的攀岩一共花了五十小時。缺乏睡眠加上飢餓，讓一切籠罩在夢境般的迷霧中。四周聲音聽起來悶悶的，只有累壞的身體感受到的刺骨痠痛萬分真實。

我們走下碧綠的湖邊，三三兩兩的登山客停下腳步，呆呆凝視前方，看起來像安靜的遊魂。每走一步，滑雪杖叮噹作響。

歷經千辛萬苦、氣力耗盡之際，眼前豁然開朗，好像我探進心中一個太常被遺忘的地方，外在的一切全被剝下，你探索到真正的自己，讓不可能的事成真。我不曾如此清楚感受到自己活著。

第10章 心碎時刻

我全身脫到只剩運動短褲和粉袋，坐在與母岩分離的花崗尖塔「講台」上。這塊脫離其他岩面的巨岩很適合我。我渴望簡單。

下方是遠方瀑布傳來的隆隆水聲。斑點狀的白色花崗岩刺進我腳上的赤裸皮膚。我坐在岩石邊緣，望著八百呎下的森林，絲狀白雲在山谷間飄蕩。我需要脫離自己一團亂的人生，抹去醜陋的連續劇。

朋友告訴我，一名低空跳傘玩家屍體被找到。那人的降落傘未能打開，從三千呎高的地方摔落地面。屍體外觀完整無缺，但內臟爆裂。我能接受那樣的命運；只想從腦海中的狂風暴雨解脫出來。

我手拿著攀岩鞋，腳盪在半空，望著地面景色，回想過去六個月的事。頭頂一架飛機帶來飛機雲，雲朵漸漸分解成線條，再化成幾抹小點，最後什麼都不剩。

二〇〇八年夏秋之際是我人生最黑暗的時期。自從過了攀上「神奇蘑菇」的那個美麗五月天，憂鬱的龍捲風便吞噬了我。雖然貝絲沒說出那幾個字，但我知道她試圖離開我。

當時我被噩夢纏身，父親掉下酋長岩的景象、我自己死去的景象，不停出現在眼前。人生怎麼會陷入這樣的境地，你居然夢見自己的死亡？

§

早在二〇〇一年，貝絲就覺得自己都想好了：我們兩人會結婚，自由攀登「鼻子」路線，三十歲前生孩子。我們後來又多加一個任務：在優勝美地蓋房子。四件事已經完成兩件，我們興致勃勃想完成剩下的。

我們很幸運，用四萬兩千美元跳樓價，買到很好的四分之一英畝地，真是太便宜了。那塊地位於西優勝美地（Yosemite West）一個斜坡上，上頭覆蓋一百呎高的雪松與糖松。那塊小小的袋地是優勝美地國家公園大門內一塊私人土地，距離酋長岩僅十三哩。

優勝美地等於是我和貝絲的辦公室，在那裡蓋房子感覺是很合理的下一步。我們的吉爾吉斯遇險記出版合約，讓我們存下一小筆錢。我們日子過得很簡樸，微薄的收入只用在外出攀岩和伙食費上。

我和貝絲是攀岩者，所以努力活在當下，數百個夜晚都在優勝美地違法露營，多年流浪於全球各地的攀岩區。儘管如此，你無法在露營車或是偷偷進入的營地裡，好好帶大孩子。攀岩賺的錢，幾乎連買食物、加油跟旅費都不夠，更別提要給孩子一個安穩的家，同時存大學學費與退休金。我們知道最終還是得放棄我們熱愛的自由，負起我們預備承擔的責任。

我們在經驗豐富的攀岩者與擅長蓋房子的蘭斯・蘭考（Lance Lamkau）的協助下，讓生活在森林裡的夢想成真。我和貝絲可以在新家好好養大孩子，把重心放在彼此身上，專心攀岩，未來還能照顧新增的家庭成員。我們將在優勝美地打造出屬於自己的迷你天堂，一切盡在我們的掌握中。

二〇〇六年的季夏，我和貝絲暫時把攀岩設備換成工作靴、輔鋸箱及其他電動工具。蘭斯成為我的老師，他的建築專業加上我們的努力不懈，讓新家逐漸成形。我和貝絲一天花十三個小時自己蓋房子。

我在萬里無雲的天空下，把木材拖上並拖下陡坡，挑戰自己，看看能以多快的速度搬動一堆二十片的三夾板。貝絲站在鋸子旁，把二乘六的木頭鋸成牆骨長度。蘭斯判讀藍圖，在夾板地板上立起牆壁。我開始愛上新鋸好的木材香氣，以及手握釘槍的感覺與打造出實物的滿足感。做東西的時候，每天都會有進度，我喜歡蓋房子解決問題的本質。攀岩和做木工時，你得從策略與力學的角度思考，找出最省力的方式。我沉溺於DIY動手打造新家，開始著迷於這個新方向，認為那是自己執著本性的一部分。

我和貝絲休息時，在立好牆架的地基附近走來走去，談論我們的未來。貝絲似乎很開心，我也開心。我的心情、我的幸福感，完全和她綁在一起。我們一同堅強起來，但我內心總有一小部分，擔憂又會回到過去黑暗的日子。

某天晚上收工後，我接到尼克．賽格的電話。尼克是我在吉爾吉斯歷劫歸來九個月後一起攀爬穆爾岩壁的朋友。他寫了一本談攀岩訓練的書，當起教練。他指導的一位學員叫吉姆．柯林斯（Jim Collins）。

「你是說爬了埃爾多拉多峽谷（Eldorado Canyon）『創世紀』（Genesis）的那個吉姆．柯林斯？」我問：「然後他現在變企業家了？」

「沒錯，就是他。」尼克回答。

如果你攀岩，在科羅拉多州長大，不可能沒聽過柯林斯。一九七九年時，他成為攀登「創世紀」路線的第一人，當時那是科羅拉多自由攀登最困難的繩距。據說他還獨攀過「天網記」（Naked Edge），那是埃爾多拉多峽谷最著名的六百呎船首地形，不過他顯然並不感到自豪，日後甚至覺得過於有勇無謀，並未大肆宣揚這個成就。柯林斯真正出名是在人生比較後來的時期，他成為知名企業顧問與作家，在史丹佛教書，寫下數本暢銷書。我除了仰慕柯林斯的攀岩成就，也敬佩他在攀岩世界以外，為自己打造的平衡生活。

柯林斯為了慶祝五十歲生日，希望達成在一天內攀爬「鼻子」路線的目標。他不求自由攀登，只想在二十四小時內完成。他在書中教大家的座右銘是「你要找對的人上車」。尼克說服柯林斯，我就是那個對的人。

我自然對柯林斯十分好奇。然而我是徹頭徹尾的攀岩者，不免反商。此外，柯林斯是智慧大師，我自慚形穢，覺得要和這樣的人相處壓力很大。

尼克說服我至少考慮一下。我和柯林斯通了電話，約好等我回到科羅拉多，在攀岩館碰個面。

我見到的柯林斯除了有白髮，年齡看起來絕不超過三十五歲。他走向我，露出溫暖的微笑，熱情地和我握手打招呼：「非常高興見到你。」我們開始攀岩，我立刻疑惑他哪裡需要我協助攀登「鼻子」路線。他簡直寶刀未老。

休息時，柯林斯拿出筆記本。當時他才四十八歲，還有很多時間可以準備五十歲生日的慶祝。他翻開其中一頁，指著上面的事項：在攀岩館進行三十個繩距訓練日、在埃爾多拉多峽谷進行幾次大型攀登、在優勝美地試爬幾次。柯林斯接著翻開筆記本另一頁，上頭有他分析百年來的氣候資料，判定二〇〇八年九月二十六日那天，有最高的機率會碰上乾燥的氣候，以及適合攀岩的氣溫與滿月。如果要在二十四小時內完攀，很多時候得靠頭燈，有月光的話會更好。柯林斯判定應該把那天設為我們預定攀爬的日期。

我目瞪口呆，說不出話。**這個人做好了他的功課**。

柯林斯興致勃勃，滔滔不絕說出自己對於攀岩的熱愛。他利用數據的方法令我深深著迷，他想登上「鼻子」，不只是為了在攀岩履歷多添一筆。他全心投入整個過程，想好好做，靠萬全的準備，擁有最高的成功機率。我們討論計畫細節，做了一點小小的修正，談好在預定攀爬「鼻子」的前十五天左右，一起開始準備。柯林斯的計畫對我的附帶好處，就是在蓋房子之餘，可以喘口氣去攀岩。

秋葉開始變色，白日變短，優勝美地絡繹不絕的遊客消失。我們蓋房子時，穿上厚重的法蘭絨衣與牛仔褲，日光照出拉長的身影。

我和貝絲夢想的未來，開始令人感到曠日廢時；我們的情緒也跟著浮動，不再想像孩子在露天平台上嬉戲的景象，腦子裡只繞著還有多少工程沒完成、擔心縮水的銀行帳戶等等打轉。

我也在擔心等房子完成後，攀岩的朋友會怎麼想。攀岩的精神是活出戶外體驗，抗拒主流物質主義的陷阱。我為自己出賣靈魂感到尷尬。

我不是唯一煩躁的人。貝絲擔心個沒完，不停地抱怨：「這間房子花了我們太多時間，贊助商會不耐煩、拋棄我們的。」攀岩不是主流運動，錢不多，專業攀岩者基本上都是自由工作者。

我試著引導貝絲正面思考。

「嘿，我們一直有進度啊。夢想需要花時間才能達成。」

我很固執，不向任何外來的消沉低頭，但我的壓力愈來愈沉重，很快地，開始出現下腹部不舒服的症狀。我當時沒有發現，但我漸漸對貝絲的掙扎感到不耐煩，進而內化了我的批評。

妳為什麼不能開心一點？為什麼不能回到從前的那個妳？

然而，要是貝絲的憂心真的有理呢？該不會我只是在用不可靠的樂觀主義，強行壓下現實中的不確定性？

秋天變成冬天，白雪飄落。每隔幾天或甚至是每一天，天上都會降下幾呎內華達山區那種厚重的濕雪，工程進度更落後了。我為了蓋房子，也為了自我療癒，通常一天剷兩小時的雪。

我和貝絲上次一起笑是什麼時候？她最後一次誇我帥是什麼時候？都是貝絲的錯。要不是她那麼負面，一切都會沒事。

我們想著只要房子蓋好，就可以休息了。我們每天過的日子變成十五小時的馬拉松，只有單調的重複勞動與睡覺。貝絲在體能方面不肯認輸，永遠逼自己再多做一點。我們回到暫時棲身、有蜘蛛出沒的公寓，但毛毯太薄不夠暖，只好拿出睡袋應急。

「要不要把睡袋接在一起？」

「不要弄東弄西，睡覺就好。」

貝絲甚至不想躺在我身旁？我只是她蓋房子的工具？只是她生孩子的精液提供者？她支持我的攀岩事業，是不是只為了讓我多賺一點錢，好讓她生活更有保障？

我腦筋一片混亂，哀傷起來。我想念自己的妻子，想念攀岩，每件事感覺都不對勁。我們兩人之間以及和外界，已經好幾個月沒有任何有意義的互動。肢體接觸上我感到疏離，不只是性的問題，而是缺乏親密感。我不希望我和貝絲只是事業夥伴。

春天來了，雪融化了，但我依舊感到寒冷。

和一個能用喜悅與愛擁抱生命的人結婚，不曉得是什麼感覺？貝絲以前是不是就像那樣？太久了，我記不清了。

和柯林斯一起去攀岩，感覺可以逃離一下。我們開始準備的頭幾天，就直接去了「鼻子」路線，柯林斯想實際感受一下現場氣氛。二〇〇七年早春，我們健行上了酋長岩。清新的微風吹過白雪覆蓋的內華達高山區，一路上陽光帶來了暖意。

我和柯林斯聊起自己的另一半。柯林斯告訴我太太喬安（Joanne）的事，喬安以前是鐵人三項冠軍，後來從拿下世界冠軍的運動員，成為抗癌鬥士。柯林斯提到妻子時，語氣柔和起來，充滿仰慕與憐惜。我深感驚奇，他們夫婦碰上艱辛的日子，柯林斯卻依然充滿柔情，人反而是因為日子不順利，才柔軟起來。夫妻倆的關係聽起來脆弱、充滿挑戰，卻能讓兩人成長。

「你知道嗎，湯米，我在某個時間點突然瞭解，讓她快樂不是我的義務。」他說：「這種事得靠她自己。」

我突然想飛奔回家，告訴貝絲我很抱歉，我不該給她那麼多壓力。這些年來，我想方設法要她快樂起來，但我的期望卻造成了反效果。如果由她來決定自己的快樂，或許她更能夠愛我。

我和柯林斯抵達酋長岩上方的高原時，仍然聊個不停。我從背包抽出兩條繩索，設好垂降設備。柯林斯愣了一下，懷疑地望著我，改變話題：「你想讓我們就這樣從這裡拉繩子垂降下去？會不會有點過於隨意。」

「柯林斯，別擔心，我已經這樣做過幾千幾萬次了。」

「你知道的，喬安說，要是我死了，她會從地獄把我抓回來殺掉我，然後殺掉你。」

我們垂降數次，安全抵達下方約六百呎處的突出岩台。柯林斯深呼吸，安撫自己緊張的情緒。我們準備爬回山頂時，我開了個玩笑，刻意表現出輕鬆自在的樣子。

看得出來，柯林斯逐漸放鬆下來。我們攀岩時繼續聊天。柯林斯告訴我一個美國戰俘的故事，講態度如何影響他們的存活率。以抱持希望的方式接受現實，勝過盲目的樂觀。柯林斯問了我在吉爾吉斯碰上的劫難，想知道我當時和後來是如何面對，他似乎對每一件事都充滿好奇。

柯林斯接著嚇了我一跳。他按照時間順序，一一說出我從「賽拉瑟岩壁」到「金門大橋」（Golden Gate），一路自由攀登過的酋長岩路線。他提到飛輪效應：最初的幾圈很耗力，但一旦累積了動能，飛輪就會自行順暢地轉動。我從前一直把事情想成標準的循序漸進，沒考慮效應之間會彼此影響。我把柯林斯的概念套用在自己攀登過的酋長岩路線，原本幾乎不可能完成的路線能夠完成，就說得通了。

那天我們出發攀岩時，理論上是我要指導柯林斯，但最後柯林斯成了我的導師，我是他的學生，後來幾乎天天如此。柯林斯頭腦清楚，把我甚至不曉得自己有的念頭，整理得井井有條，幫我把混亂的世界歸位。原本我最煩惱的事，就是我和貝絲之間逐漸疏離，但突然間我明白，我不必承擔她的憂傷也能愛她。和柯林斯聊完後，我感到自己有辦法收拾人生的碎片，重新好好整理，彷彿柯林斯握著我的手，協力讓我心中卡住的超重飛輪轉動起來。

二〇〇七年那個春天，天氣逐漸暖和起來，但距離房子完工還有很長的時間。蓋房子的興奮感已經消失，我和貝絲沒有蓋房子的天分，雙方父母提議幫忙找工人。我們滿懷感激地接受。

我和貝絲再度一起攀岩。在休息近一年後熱身一下，先從抱石開始。夏天變成早秋，我們經常碰到一群每個週末從舊金山開車到優勝美地的熱情攀岩者，他們充滿我想念的攀岩活力。很快地，我們和新朋友相約去攀岩。貝絲最初態度冷淡，但熟了之後，就喜歡有他們在。她從吉爾吉斯回來後，沒交過任何新朋友，我對她願意敞開心房，感到自豪。

貝絲重新找回攀岩手感後，想找一個具備挑戰性的計畫。依據優勝美地的傳說，在瀑布旁隱祕峽谷的森林中，藏著一條很壯觀、幾乎不可能攀爬單繩距裂隙的攀登路線。沒人知道確切位置究竟在哪裡，據說優勝美地的某位傳奇人物，在幾個世代前曾偶遇那條路線，只是不曾成功攀爬。

有一天，我們四處探索，爬過一個洞穴，奮力從一塊巨大圓石下方經過，進入一個與世隔絕的圓形露台。一條輕柔小瀑布流進一個天然池塘，一旁是一道花崗懸岩，中間有一道消失在一個突出處、有如用雷射切割出來的岩石裂縫。

「一定就是那裡！」貝絲跳上跳下指著岩面，好像她找到了彩虹盡頭的黃金罈。

太好了，這是我認識的貝絲。

我爬到上方設好頂繩，讓貝絲下午嘗試各種動作。那道岩壁是六十呎高的長條石壁，幾乎毫無孔隙。不曉得在哪個地質年代，岩石從中垂直一分為二，地層移動，左半部移位到右半部前方約一吋的地方，岩壁本身向前傾斜約十度。岩塊左右分裂處，留下一些幾乎不到指尖寬度的危險裂隙，其他地方則似乎密合起來。因此，要攀登的話，貝絲得用手捏緊那一吋的落差，並在同一時間伸直撐在岩壁上的雙腳，製造出相互推擠的力量。她看起來像在試圖爬一棵棕櫚樹，臀部突出，腳往下撐，只是手臂沒有樹幹可抱。她的手指必須像老虎鉗一樣，夾住那一吋的岩面落差。同一時間，腳和身體必須擺放在精確的位置，只要有些微的不平衡就會立刻摔下。

我看著貝絲做動作，明白這條路線對她來講再適合不過，也比她嘗試過的任何挑戰都難。她是我見過最擅長這種細緻攀岩風格的人。如果她成功了，這將是優勝美地最困難的單繩距裂隙攀登，甚至是全球最困難的路線。

有好幾天時間，我們把全部的精神投入貝絲的新計畫。我架好繩子，清除裂隙中的泥土碎石，和她一起爬，幫她加油打氣。貝絲休息時，我和灣區的新朋友一起去抱石。

我告訴自己，我和貝絲已經度過人生中最困難的關卡。事實上，我們兩人的感情遠遠稱不上完美。我們住在一起，但除了攀岩，沒什麼共通點。我感到我們之間隔著一道情緒的高牆，她不讓我進入。

這是因為她要專心在攀岩計畫上。她一旦完成這件心心念念的任務，就會再度把我當

成情人，而不只是攀岩夥伴。

貝絲在回家的路上，腦中複習著動作，加倍努力訓練自己，好像她一生的成敗都要看這條路線了。這一分鐘，她專心又正面。下一分鐘，又好像失敗的幽靈糾纏著她。我頭一次感受到一股無形的敵意，我的支持似乎只增加了她的壓力。

十二月時，大雪紛飛。每一次暴風雪過後，我都會去貝絲攀岩的地方，爬上覆著一層冰的小峽谷，剷掉上方積雪，讓路線保持乾燥。我還記得自己坐在與世隔絕的洞穴裡，想著要是換了另一個情境，這會是非常浪漫的約會地點。

或許貝絲只是壓力太大，需要轉移一下注意力？

有一天，我在背包裡準備了蠟燭和點心，想給貝絲一個驚喜。然而當天及隔天，貝絲非常專心攀岩，氣惱自己無法成功，我一直沒找到機會拿出驚喜。我試圖安慰她，但徒勞無功。她哭到傷心欲絕，我再次想起自己和柯林斯的對話。

我在某個時間點突然瞭解，讓她快樂不是我的義務。

我理智上懂柯林斯的話，但貝絲痛苦，我也痛苦，根本無法抽離。

貝絲絕口不提她對這條路線的執著，也因此嚇了我一跳，她居然邀請一對我們新認識、最近剛訂婚的灣區抱石朋友去看她攀岩。藍迪（Randy）和寇特妮（Courtney）在的時候，氣氛輕鬆，貝絲也得以放鬆。就好像她不能讓外人看見自己愁眉苦臉的樣子，因此憂鬱暫時躲藏，她可以自由地做更大膽的嘗試。某一天，貝絲差點成功，那是她目前為止的最佳成績。藍迪和寇特妮似乎印象極度深刻，表現得像看到明星一樣，尤其是藍迪。那天之後，貝絲甚至開始向他們兩人透露自己的攀岩焦慮，講出自己正在經歷的「崩潰」，並一時興起將那條路線命名為「崩潰」（Meltdown）。

這很好，貝絲在交朋友，冬天的與世隔絕不好。我們的壓力很快就會跟瀑布的霧氣一樣蒸散不見。

二○○八年情人節那天，大量湧出的瀑布水花折射陽光，有如百萬顆流星。貝絲繫好繩子，開始攀登，轟隆隆的水聲蓋住她出力時的嘶吼。她那天狀況極佳，只設置剛好可以保全的保護裝置，以百分之百精準的動作愈爬愈高。我心中同時高興並焦慮起來，最後貝絲一氣呵成完成終點幾個動作，宛如小菜一碟。

貝絲在路線最上方待了幾分鐘，接著我把她降到地面，給了她最大、最溫暖的擁抱。我珍惜那一刻，在她耳邊柔聲講著話。

「寶貝，我以妳為榮。妳這次好努力。」我雙手依舊環繞著她，深深看進她的雙眸，準備吻她，但貝絲不自在地動了動，改在我的臉頰上親了一下。

她正處於興奮狀態，成功帶來的腎上腺素正流過她全身，她只是筋疲力盡，現在沒這

個心情。不論原因是什麼，她不是因為我的緣故而不想吻我。

我和父親一樣，有辦法拋開不舒服的情緒；有時那麼做有用，有時沒用。然而事情開始令我心痛時，我強迫自己用大腦，不要用心。我的心告訴我「**不是因為我的緣故**」，就是問題所在。這麼多年都熬過去了，我卻再度變回貝絲的攀岩夥伴。我想當伴侶，想當最好的朋友，以夫妻、最好的知己身分在一起。我希望貝絲讓我完整地回到她的生活。這難道不是很明顯的願望嗎？這種事還需要開口嗎？

貝絲的腳又開始痛了，完成艱巨的「崩潰」路線時，又拉傷手指韌帶。由於她需要養傷，那年春天，我和朋友賈斯頓．史洪（Justen Sjong）組隊，嘗試酋長岩另一條自由攀登路線「神奇蘑菇」。我待在岩壁上時，貝絲多數時間都和藍迪、寇特妮在一起，週末則共同從事抱石攀岩活動。貝絲多數時候只是待在一旁，好讓手傷痊癒。某一週，她甚至到柏克萊拜訪他們。我很高興貝絲似乎很開心，不像過去只要我不在，她就開始焦慮。

我永不饜足，不斷用更困難的攀登挑戰自己。我對酋長岩的熟悉程度，開始像多數人對自己家的瞭解一樣，曉得每一個自己在小抽屜裡塞了東西的塵封角落。「神奇蘑菇」是岩壁上最陡峭的部分，有一連串向外開展、沒有握點的內角。先前世界級的德國好手胡伯兄弟（Huber brothers）曾經試圖自由攀登這條路線。他們已經自由攀登過酋長岩好幾條路線，但宣布「神奇蘑菇」的內角太陡峭、光滑又連續，不可能攀爬。然而我成功攀登「內角岩壁」路線後，便以全新的眼光看待類似的路線。那些外擴又光滑的內角藏著祕密。在肉眼幾乎看不見的岩面抓握點上，可以使出看似不可能的連續動作。此外，縫隙角落的微小移位，讓人一窺攀上去的可能性。把「神奇蘑菇」當成下一個攀岩目標，似乎順理成章。我和賈斯頓花了一個月研究動作，接著在五天內成功自由攀登。從某種角度來看，完成那條路線有點反高潮，幾乎可說是太過容易。我知道自己的能力不只如此。

我和賈斯頓完成「神奇蘑菇」後，把裝備放進巨大的攀岩吊掛包，搖搖晃晃，踏著步道走到谷底。我正準備上車回家時，意外碰見貝絲。她穿著公路單車服，熱情地向一輛黑色奧迪揮手說再見，車頂載著一輛看來要價不菲的單車。

我大喊：「嘿，寶貝，我在這！」貝絲嚇了一大跳，但面露微笑。

「你好嗎？」

「我們成功了！」

「我知道，賈斯頓寄了簡訊給我。」貝絲說（我待在岩壁上時，貝絲拿著我們共用的手機）。「噢，湯米，我真以你為榮！」

我把背包扔到地上，像剛下床的九十歲老人，緩緩轉著肩膀，伸展手臂，走過去擁抱貝絲，問：「剛才那是誰？」

「是藍迪，我們剛從圖奧勒米草原（Tuolumne Meadows）騎車回來。」

「哇，真棒，好玩嗎？」我問。

「風景好美，沒有車，好祥和。」

我不記得貝絲如此陽光的時候，我突然很在乎自己身上都是汗臭味。我們站在原地，手機響起簡訊提示聲。貝絲從口袋掏出手機，咯咯笑個不停，立刻打好回覆。接著，我們放好她的單車和我的吊掛包，開車回家。

那天晚上，我趁著貝絲洗澡，偷看她的手機。那封簡訊是藍迪傳的：「太神奇的一天，謝了。」

那封簡訊沒寫什麼。

我很高興我不在身邊時，貝絲也能享有快樂時光。這是八年來頭一次我回到家時，不必內疚自己讓她孤單一人。

接著，貝絲說出令我愣住的話。「這些日子以來，我感到活力充沛，好像連覺都不用睡。」她露出燦爛笑容，眼睛閃閃發亮。

我當年愛上她時，看起來就像那樣，心中的感受也是如此。

我不去想這次的偶遇與那封簡訊，繼續過日子，沒再提起那件事。我把心思放在攀岩上，想在一天內自由攀登「神奇蘑菇」，貝絲說她想陪我。

預定嘗試的前一天，我們開車穿越加州優勝美地谷，這時我們共用的手機響了。貝絲問：「嘿，親愛的，可以在路邊暫停一下嗎？」她跳下車，衝進林子，邊講電話邊踱步。我感到一頭霧水，十分鐘後關掉車子引擎，擔心地走向貝絲。

這是在幹什麼？

貝絲揮手要我走開，靠嘴型無聲講著：「再五分鐘就好。」

我回到車上，心神不寧地等著。

貝絲上車，我問：「發生什麼事了？」

「藍迪和寇特妮在重新考慮結婚的事，藍迪需要和人談一談。」

「真糟，」我說：「可是我不喜歡妳當他哭泣的肩膀。」

貝絲翻白眼，瞪了我一眼，「別擔心，寶貝，我們只是朋友。」

我很擔心，我不在乎你們是否只是朋友。妳關心藍迪幸不幸福的程度，似乎勝過關心我們的婚姻。

我們在隔天下午五點開始攀岩。我爬得很快，貝絲用上升器更快。我心中的恐懼消失無蹤，很開心貝絲在一旁支持我。她似乎很興奮能參與這件事。我們趁著天亮前，在夜間爬完「神奇蘑菇」的前一千八百呎。

我開始對這種風格的攀岩感到如魚得水。不過幾年前，這種難度和類型的攀岩令我斷聲喘氣。當時我和其他許多攀岩者一樣，認為這是異想天開；如今，不可能的任務卻像寒夜的營火，讓我暖和起來。從某方面來講，我感到自己變成岩壁的一部分，就像蜘蛛毫不費力地爬過蜘蛛網。我的手掌與腳掌精確地輕輕貼上陡峭、光滑、上升的內角，永不遲疑該做什麼動作。這個我花了超過十年精進的語言，終於能夠流利地說出來，令我感到不可思議。這條路線在非正式的記錄大全上，已經是最困難的大岩壁自由攀登，我現在居然能夠一天就完成。我想起柯林斯的飛輪理論，確定自己的飛輪速度已經快到要脫離車軸。然而，我們爬到更高處時，貝絲突然莫名其妙變了一個人，好像她不想待在那，或是不想待在我身旁。她不再替我加油打氣，確保時不講話，甚至不肯看我。

「怎麼了？」我問。

「我只是累了。」

貝絲不只是累了，她的活力消失無蹤。只是眼前是我們長久以來的努力高峰，她被譽為她這一代最優秀的女性攀岩家，而我也即將達成我確定會是生涯高峰的路線。我關掉腦中念頭，強迫自己什麼都不想，只專心想著接下來幾小時要做的動作，最後在出發二十二小時後完攀。我靜靜坐在山頂，眺望峽谷，看著各種尖頂、圓頂、森林，做著深呼吸，為自己感到自豪。

貝絲在幾分鐘後上來，立刻解開繩索，經過我身旁，甚至沒抬頭看我一眼，就跑下通往河谷的花崗岩石階。我追上去，問她發生什麼事，但她不肯看我。

「沒事，我需要一個人靜一靜。」她回答完就跑走了。

這是記憶中第一次我的心凌駕於理智之上。我癱在地上大吼。

隔天早上，我沖完澡，站上剛裝修好的浴室冰冷瓷磚，悲傷讓眼眶盈滿淚水。貝絲走了進來。

「我需要一點空間。」她說：「我需要把一些事情想清楚。」

她聽起來很憂傷，以我聽過最消沉的語氣說著話。

「我得回到原來的我，真正的我，我想活得開心。我們兩個在一起時，我辦不到。或許你該回科羅拉多住一段時間。」

我必須相信貝絲。每個人都有碰上這種小小的內心危機時刻，我只需要支持她，讓她走過這段路。

我好愛好愛貝絲，無法拒絕她這個請求，再說了，有時我也需要自己的空間。

「好，我收拾一下行李，馬上就走。」

我不喜歡這樣。我不想走。

我們變得太親密、太依賴彼此了嗎？

我一連開了二十三小時的車，抵達埃斯特斯，腦筋一片混亂，心亂如麻。休息一下後整頓自己，接下來兩個月獨自待在小木屋裡。這是八年來我和貝絲第一次真正分開。我和老朋友聯絡，一起到年輕時熟悉的峭壁攀岩。

這是必要的，婚姻伴侶要走過這一步，才能一起成長。暫時分開，貝絲的眼睛就會再度充滿愛意，我們就會婚姻美滿，過著幸福快樂的日子。

然而我們通電話時，貝絲語氣呆板，不帶感情。「你今天做了什麼？」

我想省略那些不著邊際的閒聊，讓我的愛意透過電話線傳進貝絲耳裡。然而我什麼都沒說。我知道貝絲會說她需要在沒有我的情況下找到自己，我講那些話只會擾亂她的心情。每次我們講電話，她都匆忙掛掉。我原本只計畫離家兩星期，但貝絲堅持自己需要更多的時間，於是幾週變成幾個月。我盡最大的努力，專注於讓我們重新發現自我的計畫。

我們很快就能重修舊好。

先前春天時，攀登「神奇蘑菇」的前夕，我們買了去南美的機票，準備參加晚夏的抱石之旅。

預定登機的前幾天，我開車回優勝美地，把車停在家門旁，深吸一口氣，走向前門。

我該按電鈴嗎？

不用吧，那太奇怪了。

我遲疑了整整一分鐘，才打開門。

「哈囉？」

貝絲從樓上的臥室大喊：「我馬上下去。」

我坐在廚房桌子旁等她，凝視著落地窗，想起當初自己教貝絲用釘槍，兩個人一起蓋好那面牆。我想起我們替未來的孩子蓋的育嬰室，看向高聳松樹，想著優勝美地是如何成為我人生中非常重要的一部分。

貝絲下樓，我頓時緊張起來，心中充滿渴望與愛。抵達優勝美地前，我停在路旁，跑進林子換上比較好看的便服，想讓貝絲想起我有多英俊。突然間，我感到尷尬。

貝絲走向我，給我一個客套的微笑，輕聲問：「路上還好嗎？」

「好，很好。」我試著表現出自然的樣子。「房子看起來真不錯，我們很會蓋，對吧？」

「對。」她望著地板。

「要出發了，興奮嗎？」我擠出笑容。

「應該吧。」她看向窗外。

我無法忽視心中隱約冒出來的痛。貝絲雙手交叉於胸前，不肯看我的眼睛。

「嘿，你今晚睡客房好嗎？我依舊需要一些思考的空間。」

血液衝上我的腦袋，我得坐下來才行。貝絲轉身走開。

我們搭機前往南美。抵達當地的租屋處之後，貝絲把兩張雙人床推到兩個角落。

那是楚河漢界。

我睡得不多，吃得不多，倒是和十位同租一棟樓的年輕抱石室友喝了太多酒。

貝絲不再和我們一起攀岩，開始待在鎮上網咖。我買花回來送她。

我們在南美待了兩週後，一天晚上，貝絲在我們的房間裡靜靜哭泣。我走過去坐在她身旁，問她怎麼了。接著終於聽見我一直害怕、也預期聽見的話。

「我想念藍迪。」

我腦筋一片空白，不曉得該如何回答。當憤怒與絕望闖入心中，我眼淚湧了出來。

「發生了什麼事？」我問。

「我不知道。」她啜泣。

「這就是妳所謂的找回獨立的自己？」我感到一陣天旋地轉，無法看著貝絲。

「我很抱歉。」

我站起來，這次是真的走開。

回家後，我獨自待在我們位於埃斯特斯公園的小木屋，每一個感官與身體裡的情緒都被放大，只有運動能讓我稍微分心。我跑步，跑到身體麻木，只感覺肺要燒掉了。日出時，我在山頂奔跑，看著林木線上浮起的破曉。太陽升起時，快樂、痛苦、愛、憤怒、幸福湧過全身。

我一週打一、兩次電話給貝絲。長時間的沉默使我們的對話變得太尷尬，最終她告訴我，她和藍迪決定暫時不再講話，直到她想清楚自己要什麼。我不知道接下來該怎麼做，只知道自己無法靜觀其變。

貝絲一直在看戴維斯的心理諮詢師。她希望我們兩個人一起過去，所以我開車回加州。

那位心理諮詢師是一位郊區媽媽，讓我想起貝絲的母親。貝絲已經在那裡做了一個月的諮詢，我好奇她們談些什麼。

我們坐下來寒暄了一下。治療師先開場，說我們夫妻應該開誠布公，打開一些傷口，接著請貝絲說出心裡的話。貝絲靠過來，把顫抖的手放在我腿上。

「我認為問題出在，我們的關係是從吉爾吉斯才真正開始。」貝絲停下來穩住情緒，「我非常愛你，只不過我不認為自己曾經愛上你，**就像**你愛上我一樣。」

「那過去八年呢？」我追問：「我們對彼此那麼好。我相信我們認識的每個人都同意，沒有夫婦像我們這樣互相憐惜。」

「聽著，我以超越自己想像的方式愛你。」貝絲捧住臉，淚流滿面。「但是我不快樂。」

她當然不快樂，她從沒快樂過。

或許我太痛了，我感受不到任何一絲自己口中提及的互相憐惜。

我轉頭看貝絲，「要不是藍迪的緣故，妳覺得我們今天會在這裡嗎？」

我不曉得該如何表達內心的無助與憤怒，我要貝絲坦承自己做錯了。貝絲瞪著自己的手。「我認為我們之間要是沒問題，我永遠不會對藍迪敞開心房。」

接下來的諮詢時間像收音機的雜音一樣，響起又消失。我呆呆坐著，一切都沒差了。我們談到我父親專制的性格，而我愛貝絲的方式令她窒息。每一個新主題都像在我心上再插一刀。我終於聽懂。貝絲來看治療師，不是為了修補兩人的關係。我們離開診療室，各開一部車回優勝美地，我真想開車去撞水泥牆。

我很痛苦，想要討個公道。我相信自己是貝絲愛上的男人，但或許她真正想要的不是我，而是想像中的「人體安全毯」。我依舊是她在前往吉爾吉斯的數週前提出分手的那個人。我們遇險後，我們之間或許出現某種像是愛的東西，但貝絲不曾真正感受到被真愛包圍。我從先前一直到現在都沒弄懂，救出公主的白馬王子與真愛未必是同一人。

我們回到優勝美地的房子後，貝絲哭成一團，哭著說：「我很愛你。」至少她現在肯跟我講話了。接著她又說自己想和藍迪約會，但不想離婚。

妳瘋了嗎？**天底下哪有那種事**？

我咬牙切齒，一句話也沒說。貝絲很清楚我在想什麼。我衝出家門，屋內迴盪著她的呼喚聲。

我一直認為獨攀是一種自私魯莽的愚蠢行為，每次自負的獨攀者談「心靈之旅」，或是「那不是在玩命，而是活著」，我都受不了。聽到什麼「獨攀時，我感到那是我人生中最能掌控命運的時刻」，我心裡會想，胡說八道。冒著能提升生命高度的險與毫無責任感，兩者之間是有區別的。那種攀岩者只是在耍帥，不顧自己可能傷到每個愛他們的人。

然而，如果我也讓自己自私一回呢？我熱愛那種命懸一線時感官高度增強的感覺，當我專心致志，其他一切的事都消失了。如果我拿掉繩子，那種體驗會強烈、真實許多。

我可以先從獨攀「講台」開始暖身，下一個目標是酋長岩。如果我能讓自己不綁繩子就上去那些岩壁，就會進入一種烏托邦，完全投入自己最熱愛的活動，整個人沉浸在沒有心碎的世界。萬一掉下去喪命，至少痛苦也會跟著消失。

我坐著凝視峽谷對面的森林，望著底下轟隆隆的瀑布與地平線上的岩壁。攀岩是我的生命，助我度過艱困的時刻。攀岩是貝絲以外我最親密的伴侶，然而把一樣東西當成工具和成癮是不一樣的。我想起母親的溫柔，她愛的人受傷時，她永遠感同身受。母親是否感應到我目前的掙扎？父親會希望我怎麼做？父親一生都正面看待逆境，也試圖從小灌輸我相同的觀念。

峽谷的另一頭是酋長岩，那道岩壁形塑了我的人生。

這個地方、攀岩、人，在我心底交織在一起。我上一次爬酋長岩不到兩個月前，那時我和柯林斯在一天內爬完「鼻子」。我們完成的是柯林斯的夢想，但我從他身上學到太多東西。柯林斯會對現在的我說什麼？他會給絕望中的我什麼樣的建議？

我想起爬「鼻子」的那一天，我們抵達離山頂一百呎的一個小歇腳處，柯林斯轉頭告訴我：「湯米，我這輩子最幸運的事，就是有機會和啟迪人心的優秀人士相處。」我知道柯林斯平日和全球最重要的領袖直接互動，其中有創業家，有名列財星五百的傳奇執行長，有四星將軍，甚至還有前總統。

我只是個攀岩的人，但柯林斯讓我相信，我註定要完成更多事。他是第一個讓我覺得自己聰明的人。他接下來說的話，讓我呆了一秒鐘才聽懂：「我認為你是那些一流人士中的一員。謝謝你和我一起參與這場旅程，這是我人生的高點。」

我開始換個角度檢視自己的遭遇。

如果不必再背負貝絲的焦慮重擔，人生會是什麼樣子？

我知道事情不會那麼簡單，心中的痛不會神奇地消失，不過我也知道，重度的體能勞動永遠是我最好的療傷方式。我可以像亡命之徒一樣死命攀岩，爬到腦筋什麼都不能想，只不過要綁上繩子。

我眺望峽谷，想起自己曾經無限樂觀。我偵察過酋長岩的某段岩面，所有人都認為那裡不可能自由攀登，不可能的任務令我著迷。那是酋長岩最大、最陡峭、最平滑的岩壁，比我過去考慮攀爬的任何地方還要困難千百倍。就連名字都暗示了那條路線的無限可能；長期以來，攀岩者稱之為「黎明之牆」，因為在每個嶄新的一天，日光都會讓那道岩壁幻化為仙境。

我心中冒出一個火花。我深吸一口氣，離開峭壁邊緣，連鞋子都懶得穿，便轉身走下步道，臉上淚痕未乾。

第三部

第11章 學習自在享受人生

我用舌頭舔了舔牙齒。嗯，終於清乾淨了，薄荷味取代微波爐墨西哥捲餅與咖啡的味道。過去一星期我沒刷牙，嘴裡都是那個味道。

二〇〇九年即將到來，我決定結束為期一個月的自我放逐。

我沒從地上的襯衫堆裡揀衣服穿，聞聞看哪件腋下的地方比較不臭，而是直接翻找了一下空蕩蕩的衣櫥。不曉得和我面如死灰的膚色比，這件紅色的蘇格蘭格子衫會不會太亮。我雙眼凹陷，眼袋突出，試穿了幾件上衣，最後決定穿比較低調的藍白綠格子衫。

我在衣櫃某層的後方，找到有點乾掉的髮膠。我不是那種會用美容產品打理自己的人，不過今晚情況特殊。我用髮膠和牙膏提醒自己，湯米現在不一樣了。

我轉身，側著頭從不同角度看鏡子裡的自己，眉毛揚起。

好了，看起來沒那麼愣頭愣腦了。

我心底湧出一股幾乎像是自信的東西，在鏡子前練習了一下舞步。好吧，看來還是離舞池遠一點比較好。

我感到自己一點都不酷，只好趁短暫的開車時間，給自己來點信心喊話。我要走進去和人們講講話。沒錯，我要開口說話。

抵達岩石山莊（Rock Inn）後，我走進洶湧的人潮，到處是法蘭絨衫和鬍子。精釀啤酒味、木頭煙味、濃厚的人體氣味，全部融在一起。燈光自拱狀木製天花板灑落，感覺上人群會震垮支撐的梁木。斑鳩琴樂師占據舞台，奮力演奏，牆上一顆巨大麋鹿頭凝視前方。壁爐與柴火爐互不相讓，爭相提高熱力。

我看了看四周，希望夏儂（Shannon）臨時決定不來，自己就能偷偷溜走，沒人會發現的。但過沒多久，就看見對面一個人向我招手。我奮力穿越人群，知道考驗決心的時刻到了。

§

我和貝絲猶豫不決，爭吵，和好。七個月內，我六度開車二十三小時往返科羅拉多與加州。我努力過單身生活，試著學習單身不代表就要孤獨。我攀岩時有自信，但出了攀岩的世界後，覺得自己無足輕重，手足無措。儘管如此，我漸漸愛上重新獲得的自由。

貝絲一度責怪都是我的父母讓我們婚姻失敗，尤其是我父親。貝絲一直覺得父親太過專橫，我的人生都在取悅父親，沒為妻子著想。貝絲鬱鬱寡歡，堅持我得完全脫離父親，我們才有可能真正幸福。如果真得做決定，我要當好丈夫，還是要當好兒子？我為了挽回貝絲，讓她知道我為了保住我們的婚姻，什麼都願意做，我做了最後一搏，痛苦地打了一封信給爸媽，內容基本上就是在把一切的錯怪罪到父親頭上。我半信半疑這種說法，覺得自己寫出來的東西太可怕。把信塞進信封，投進郵箱，知道自己永遠不可能當著爸媽的面大聲說出那些話。

那封信對我和貝絲的關係完全沒起作用，最終我們無法化解歧異，很快就開始討論分開後的事宜。如果說我對婚姻抱持過度樂觀的態度，貝絲則是把離婚想得更美好，提議兩人繼續維持攀岩的專業夥伴關係。**本人可沒興趣做那種事**。

很神奇的是，我們沒請律師就離完婚。我留著埃斯特斯的小木屋，貝絲買下我們在優勝美地的家。

結束了。

我把信寄給爸媽後的那個星期，母親打電話過來，說父親悲痛欲絕，覺得活著也沒意思了，因為他痛失兒子。一陣強烈的後悔立刻刺痛我的心；我想開車回爸媽家，告訴父親我很抱歉自己寫了那些東西。但是我太害怕、太軟弱、太孬種，根本不敢回家，只告訴自己時間會治癒一切。

二〇〇九年，日子一天天過去，我唯一愛過的女人不要我，我和父親的關係也毀了，前途茫茫。我一個人在小木屋隱居，每天就是跑步，跑步，跑步。我不知道自己還能做什麼，因此當晚秋的風開始掃過落磯山脈時，我回到酋長岩。在夜裡嘗試攀爬黎明之牆，希望找到一條出路。

我帶著一大綑繩子抵達酋長岩山頂，從不同地方垂降，尋找黎明之牆上段可能的路線。只要有一丁點可能性，就能慢慢拼湊出路線。解決大型自由攀登路線之謎，就是得靠這種方法。你想出一個動作，把幾個動作串在一起，再把幾串動作拼在一起，最後在一個合理的地點停下，定出一個繩距。攀岩的不成文規定是，一個繩距應該停在一個岩台或落腳點（以黎明之牆這樣的岩壁來講，定義十分寬鬆），或是一個攀登方式明顯改變的地方。找出一個繩距後，再找出下一個，最後把好幾個繩距連在一起，得出完整的路線。接著你得由下而上，以自由攀登的方式爬完整條路線。

從許多角度來看，我做的事很像是體操選手與教練或編舞者所做的事。每個技巧或動作本身都是完整的，例如一個雙空翻或一個阿拉貝斯（arabesque），但必須和其他的主要動作與過場動作串在一起。攀岩不一樣的地方，在於由岩面決定用上眾多動作中的哪一個。

我在上段的一千呎處，找到還算合理的裂隙級數，除了兩個岩面特別空白的地方，難度大都落在五．一一或五．一二。我掛在自我確保系統上，盡量從一個岩面晃到另一個岩面，趁中間騰空的那一、兩秒鐘，尋找岩面上的微小線索。我瞥見右方遠處有好幾個岩點，斜著身體晃過去看清楚。然而，那裡的岩面脆弱又容易剝落，支點多次脫落。我摔了下去，掛在四十呎的繩子上左右晃動。最後實在是不行了，不得不放棄，開始尋找下一個可能性。有太多其他岩段要研究了。

幾星期後，我在岩壁中段設置吊帳營地，一次在酋長岩上連待數日，再下山休息或補充補給。

我的營地掛在大量花崗岩中，帳篷歷經風吹日曬，逐漸發白。暴風雪過後，上方岩壁結著一塊塊厚冰，太陽照射後開始剝落，嗖嗖而下，有時會打中我的營地，發出高分貝的刺耳摩擦聲，在撞到岩壁後爆裂。每天早上，我拉上吊帳拉鍊，頭塞進睡袋，直到上方的恐怖噪音停止。我住在吊帳裡，靠牛肉乾、堅果、脫水食物果腹，感覺自己好像擱淺在荒島上。

從前爬酋長岩時，我總是感到與全世界連結，這次則與世隔絕。我日漸憔悴，情緒脆弱，難以擺脫獨自一人待在荒野的恐懼。努力、痛苦、危險，一切都是空。生平第一次，我感到攀岩是一種自以為是的活動，甚至沒有意義。在好多個夜裡，我待在吊帳裡哭泣。每一天，我醒來，綁上繩子，試圖拼湊肉眼幾乎看不見的困難支點。看似可能攀登的岩段與岩段之間，隔著一大片似乎絕無可能的地帶。我花無數天在繩子上盪來盪去，像在讀盲人點字一樣，用手掌搜尋岩面，解開一段又一段的動作，但最終總是徒勞無功，拼不起來。

有好幾次，我中途放棄，繼續研究下一個岩段，不久又回頭再試一遍。

有一天暴風雪過後，我垂降八百呎檢視岩壁中段。中段比上段還困難，那是一片廣闊的平滑迷宮，光滑的長條岩面上，點綴著最微小的岩點。我試了一遍又一遍，想把它們連起來，臀部東挪幾度，西移幾度，找出把腳趾塞進岩石的正確方法，扭轉身體，試著解開面前的3D謎團。我能在岩面上撐個幾秒鐘，但接著重力就把我拖下去。花崗岩太過冰冷，手指因為試著摳住幾乎不存在的圓形岩點整個麻掉。

我休息一下，望了望四周，血從指尖的膠布滲出。我塗上防滑粉，繼續爬下去。肚子嘰哩咕嚕亂叫，這才發現自己已經找了九小時岩點都沒休息。食物、飲水、溫暖衣物，都在上方幾百呎的吊帳裡。雲朵在下方翻滾，雲氣散開時，露出下方一千呎的白色河谷，雪花不停打在身上。

我在岩壁上待了一個月之後，開始看出能把單獨的點接成線的方法。在最困難的十個繩距，依舊有許多空白的岩段，要連起來還差得遠。碰上那些地方，就連做單獨的動作都很難。不過從最基本的層面來講，的確有可以拼湊的拼圖，一定得有，我用念力要求一定得有。日復一日，我獨自一人待在岩壁上，尋找可以抓住的東西。

最後，我感到自由攀登黎明之牆的可能性，但也知道以自己目前的技術來講，不會有那麼一天。

到了十一月尾聲，天候完全進入冬日狀態。我無處可去，只得回科羅拉多。我已經四個月沒和家人聯絡，我隱約想知道他們過得如何，但沒追問。

一個冬日早晨，在埃斯特斯公園一間咖啡廳，我碰到中學老友夏儂・班頓（Shannon Benton）。夏儂身材矮壯，像一個迷你冰箱，是個重訓迷，前臂布滿青筋。我們這些年來偶爾會聯絡，他甚至見過貝絲幾次。

我一定看起來一副剛離婚的頹廢相。夏儂看到我的時候，給了我一個大大的溫暖微笑，握手後緊緊抱住我，害我差點喘不過氣。

「湯米・考德威爾！真高興見到你。哇，我們好久沒見面！」

我很想轉身逃跑，但夏儂沒和其他人一樣問起貝絲。我想他看我一副失魂落魄的樣子，大概就知道出事了。

「嘿，老朋友，我得先走了。你明天晚上要不要過來岩石山莊？有一個還不錯的樂團會來表演。」每週五晚上，即便是在埃斯特斯公園大風大雪的冬日，岩石山莊永遠擠滿參加派對的地方居民。

我實在不感興趣，但習慣性地回答：「好啊。」我因為很久沒說話，聲音嘶啞。

「太好了，九點在那裡見。」夏儂和我拳碰拳，匆忙離去。

一天半之後，我走進擠滿本地人的岩石山莊。夏儂立刻靠過來，在音樂與人群歡笑聲中扯著喉嚨大喊，當起稱職的主人。

「嘿，還記得十年級的重訓課嗎？你教我如何用單手的一根手指，在吊環上做引體向上?!」

「記得，我不敢相信你真的做到了。要是你當初決定認真攀岩，絕對會變成最厲害的高手！」

「很難講，我不確定自己有沒有攀岩天分。但你還記得嗎，上自然課的時候，你不怕燙，直接用手拿起本生燈上的燒杯，因為你手指上都是攀岩起的繭？我一直覺得女孩子會愛死你！」

「可惜沒那回事，是吧？」

「很難講，要是你願意多看女生兩眼，或許你會變成萬人迷。但你永遠一副靦腆、不在乎的樣子，而且永遠在攀岩，沒來學校上課，讓人覺得你很神祕。」

「真的假的？」我想起自己念書時，大部分時候都感到很不自在，畏畏縮縮。「我只記得自己以前頭髮亂七八糟，永遠看起來像剛起床，每個人都知道我是還在穿白色三角褲的乖乖牌。」

夏儂把我帶到一張桌子旁，向我介紹一群朋友。「這位是消防員羅伯（Rob）。那位是佛羅里達的妮可（Nicole）。這位是戴安娜（Dianne）。」夏儂靠過來，神祕兮兮地告訴我：「你要小心她，她是肉食女，永遠在尋找獵物。」

我出乎自己的意料，輕輕鬆鬆就和眼前的陌生人攀談起來。或許是音樂太大聲帶來了干擾，沒人會注意到接不上話的尷尬時刻。每個人都輕鬆愉快，笑聲連連，無憂無慮，好像大家在進門時，已經把煩惱寄放在櫃台。那天晚上，我亂聊一通，大笑的次數比過去五年還多。

大約三杯啤酒下肚後，我決定要在岩石山莊重返社交圈，和夏儂一樣放鬆心情，當個自由自在的快樂瘋子。我大概會丟臉丟到家，但也真的成功了。

隔週，酒吧替夏儂舉辦以「白人垃圾」為主題的生日派對。我找到最誇張的馬蓋先假髮，又在二手商店挖到剪成破布的小短褲，還有一件有污漬的T恤，上頭的圖案是美國禿鷹與美國國旗。我把上衣剪成中空背心。走進岩石山莊時，有人對我大喊：「好萊塢巨星來了！」另一個人拍拍我的背，把一杯啤酒塞到我手上。我朝舞池走去，當天晚上接下來的事，我記不太清了，只記得自己贏了變裝比賽，獎品是一顆長蟲的半腐爛鹿頭。接下來一個月，岩石山莊裡每個人都叫我「好萊塢巨星」。

沒人問我攀岩、貝絲或吉爾吉斯的事。我每個星期五晚上都到岩石山莊聽現場表演，客人不多的晚上則和新朋友下棋。我和夏儂形影不離，很快就一起舉辦晚餐派對，每次邀請三到五位女性參加，這在山區小鎮來講是在釋放訊息。我如魚得水，好像我從生活了一輩子的石頭底下爬出來，發現一個全新的世界。這群瘋子歡迎我，教我如何活得輕鬆自在，也鼓勵我和他們一樣快樂。

我向來認為，一個負責任的丈夫不該從事大型的高山攀登，危險性過高。不過我再也不必顧慮這種事了，計畫跟著綽號是「安全第五」（Safety Fifth）的喬許．華頓（Josh Wharton）重返巴塔哥尼亞。華頓的外號來自他喜歡攀爬不容失誤的艱巨路線，而且不帶急救包與露宿裝備。他在全球各地創下各種速度飛快的首攀記錄。華頓和另一位朋友「草率凱利」（Sketchy Kelly），曾在巴基斯坦的喀喇崑崙山不小心遺失大量裝備，在沒水沒食物的情況下，接下來兩天，在兩萬呎高的地方繼續攀登。兩人把這種登山法命名為「災難風」（Disaster Style）。雖然那是一種不顧一切攀登大山的黑色幽默，但人生其實也一樣。對當時的我來講，人生一無所有是好事：當你沒東西可失去，就再也不是災難。

在外界眼中，高山攀登相當冒險。從華頓他們得到的綽號，即可看出有多危險，不過華頓技藝高超，體格強健，而且沒錯，他超級大膽。

我們打算盡量不帶任何東西，爬上高四千呎、太空針塔狀的大岩壁「托雷峰」（Cerro Torre）。不帶睡袋、不帶衛星電話、沒有「以防萬一」的安全裝備。爬這樣的岩壁時，

父親是健美選手：一九八〇年的「美中先生」。

三歲時，第一次和父親邁克一起進行技術繩索攀岩。爸媽說我將成為攀岩者。

我三歲時就會模仿父親所做的一切，包括舉重。

母親泰芮、我、姊姊姍蒂和父親到落磯山國家公園健行。

我人生中最早攻頂的一萬四千呎山峰之一：薛曼山（Mt. Sherman），年齡四歲。

左圖：六歲在魔鬼塔，也是電影
《第三類接觸》著名的拍攝場景。

我在十二歲成為落磯山國家公園
朗斯峰鑽石嶺最年輕的攀登者。

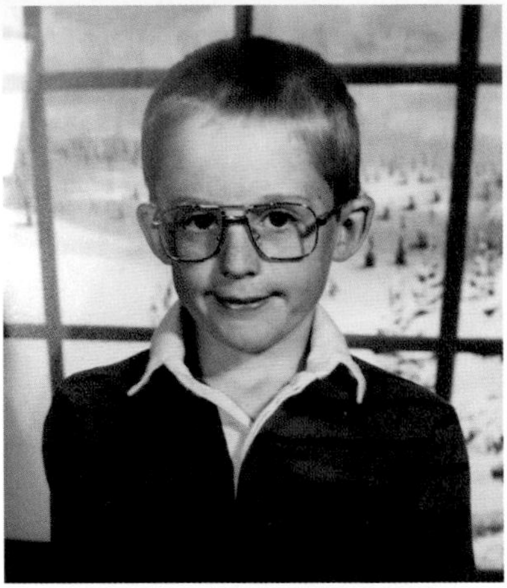

我的三年級同學永遠想不到，
有一天我會成為職業運動員。

我（中）第一次參加猶他州雪鳥攀
岩賽；出乎所有人的意料奪下冠軍。

克里斯・夏瑪（十五歲）和我（十七歲）第一次進行我們的全球運動攀岩之旅。

我的運動攀岩時期教我如何在岩石上移動，也教我強化手指的力量。

一九九八年，我第一次嘗試自由
攀登賽拉瑟岩壁。

我自由攀登的第二條酋長岩路線「危機四伏」，是與貝絲・羅登一起完成的。

二〇〇〇年，貝絲·羅登、約翰·狄基、傑森·史密斯（勝家）、我，
在吉爾吉斯攀岩時被挾持六天。

我因為鋸床失去左手食指後，醫生告訴我，我得重新思考攀岩的生涯規畫。

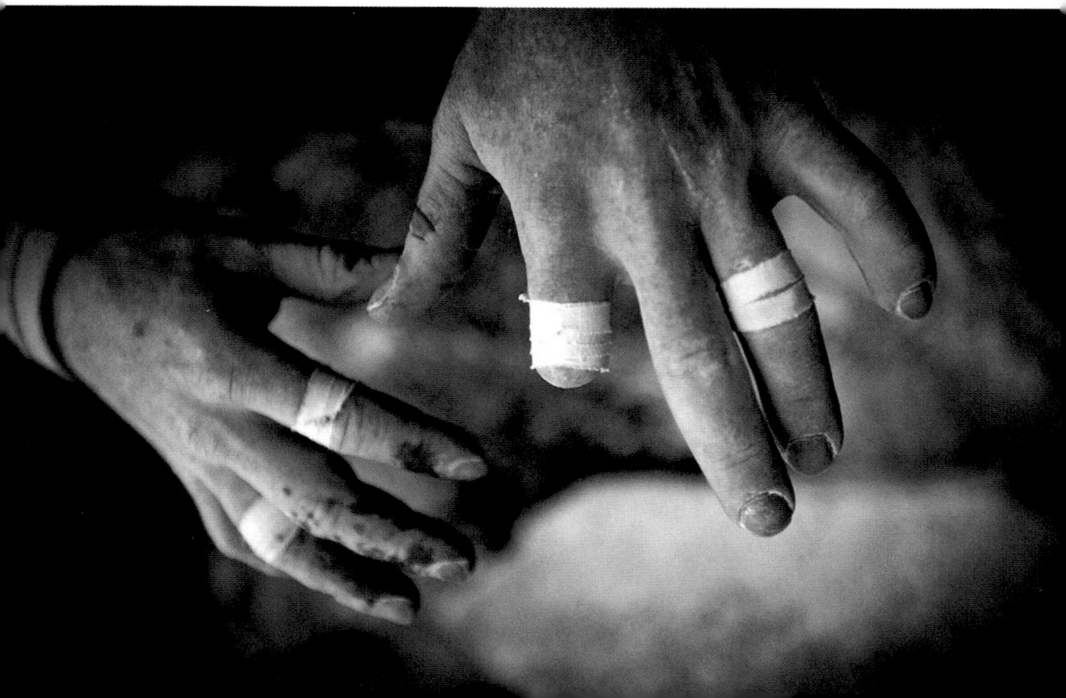

我第一場重要的高山攀登之旅，第一次自
由攀登巴塔哥尼亞托雷峰的五千呎路線。

在酋長岩的內角岩壁上。

黎明之牆的路線。

我和貝卡在黎明之牆。我們在二〇一二年結婚。

我與艾力克斯・哈諾在巴塔哥尼亞經典的費茲縱走。

左圖：黎明之牆是世界上最陡峭、
最光滑的大岩壁。

凱文・喬格森，我爬黎明之牆的攀岩夥伴。

離地一千兩百呎，在吊帳的第十九天，我們即將完成黎明之牆。

黎明之牆中段，全程最困難的岩段。

全程最壯觀的繩距。

架在黎明之牆中段的營地。

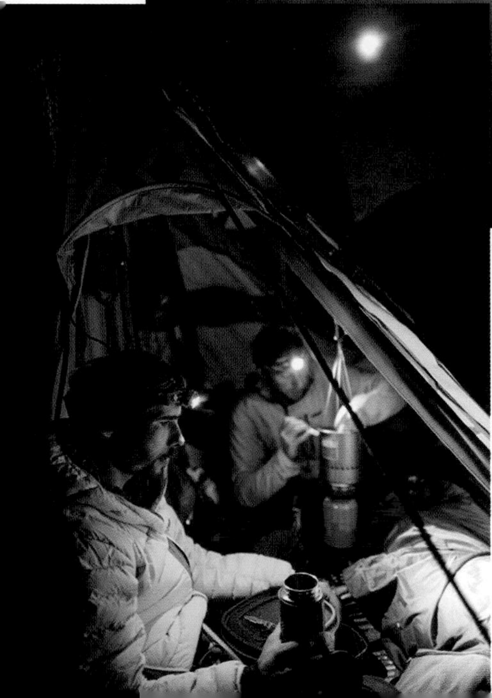

凌晨一點左右，在我們的營地煮東西。

上圖：我們終於在
黎明之牆登頂，超
現實的一刻。

我們完攀時，
谷底一景。

我、貝卡、我們的孩
子費茲與英格莉。

幾盎司的重量會變得像是幾磅重，沒多久你就會體力不支，無法好好攀登，或是無法快速前進，反而更危險。在巴塔哥尼亞這樣的地方，經常發生突如其來的致命風暴，攀登速度快**才能**保平安。這個概念和攀岩者面對的矛盾情境一樣，你得在「風險」與「追求有意義的體驗」之間取得平衡。

我和華頓帶著過人的野心進入托雷峰，走過狹長藍色冰河，兩側尖塔高聳入雲，有如奇幻世界的景象。托雷峰山群上方是濕氣凝結成的蕈狀「霧凇」，半雪半冰，硬度有如結凍的棉花糖。西邊僅三十哩外的太平洋，海上的水分子先是過冷（supercooled，譯註：液體冷卻到凝固點以下，但尚未結冰），接著被巴塔哥尼亞的疾風帶著穿越大片冰帽，撞進第一個碰上的物體，也就是托雷山群。水分子被凍住，結在一起，往外延伸，有時體積大如辦公大樓，垂掛在四面八方的下方岩壁。山頂的蘑菇狀霧凇通常體積最大，讓托雷峰看起來像一支巨大的冰淇淋甜筒，甜筒的部分是岩壁。光是岩壁本身就難以攀爬，更別提天氣一暖，讓大塊霧凇崩落，一路轟隆隆撞下山壁，帶走岩壁上的一切。

我們走向托雷峰，聽見霧凇因太陽午間的熱度脫落的巨響。

「你覺得需要擔心嗎？」我猶豫起來。我們的背包只裝了超輕型攀岩設備，我感到自己好像聖經裡站在咆哮巨人歌利亞腳下的大衛。

「不用擔心，人們老是誇大危險。」從綽號「安全第五」的人嘴裡聽見這句話，可真叫人心安。「霧凇裡都是空氣，會直接從你身上滾過去。再說了，如果我們帶的裝備夠輕，就有辦法一下子從蘑菇底下爬出來。」嗯，可是我至少認識一個因為雪崩在這個岩壁下喪命的人。

難道我們就不能既享受冒險，又把安全的重要性提高到……我不知道……提高到第三順位？

托雷峰路線永遠不會有狀況好的時候，岩面永遠是濕的，上頭附著霜，因此我們幾乎是一路跑上附近需要技術攀岩的史坦哈山（Cerro Standhardt）。簡直像兩隻爬上大象皮膚的小螞蟻，努力從一個皺褶抵達下一個皺褶，衝上兩千呎高、內傾的灰色花崗岩拱壁。華頓在荒野的危險群山中如魚得水，一點也不覺得有什麼，我發現自己也擁有類似的能力。我們每隔五十呎就放置一個器材，盡量加快速度，在中午時登頂。我喜愛眼前的分裂景象：西邊是一路延伸至海洋的南巴塔哥尼亞冰帽；東邊是高低起伏的乾燥大草原，一個被時光遺忘的地方。

四周的美景令我們心花怒放，加上還有一陣子才會天黑，我們決定放手一搏，繼續橫渡山脈。由於是臨時起意，沒多帶食物或露宿裝備。我們朝下一個山峰前進，霧凇蘑菇開始融化成濕嗒嗒的一團。我們攀爬潮濕的岩石，努力找出路線，但我們需要冷一點的溫度，例如大清早的寒意。天色開始昏暗，華頓左看看、右看看，清掉霜，搬開石頭，挖出一個大約可坐一半屁股的台子，可真是太美好的歇腳處。我們綁好繩子坐下，縮在一起，偶爾站起來做一做柔軟操，讓身體暖起來，但多數時候抖個不停。天亮了，壞天氣正在成形，我們放棄攀登一座四千呎高、沒開發過下降路線的岩壁，靠著套在岩石上跟所謂「岩塞」（nut）的小型金屬岩楔的繩套，垂降而下。我們嵌進裂隙的岩塞，有的只有 Tic Tac 薄荷糖那麼大。

我記得當時心想：**管他的，擔心什麼？這輩子如果想嘗試「災難風」攀岩，現在正是千載難逢的好時機**。

我喜歡災難風攀岩的性感魅力，感到很奔放、很自由，整個人活了起來。就算我找的理由，和我平日批評的獨攀者如出一轍，那又怎樣？

人們以為我之所以對風險抱持謹慎的態度，主要是害怕死亡。其實不是。我說不清原因，但我唯一害怕死亡的時刻，只有想到愛我的人會傷心時。我不做危險的事，原因永遠和責任感及榮譽感有關，而不是貪生怕死。當我離最後一個保護點很遠，或是大冰塊從頭頂嗖嗖而過時，我的直覺反應只有想辦法回應眼前的狀況。我熱愛面對未知的結果。

有時我把這種性格視為禮物，有時則視為詛咒。只有事後回想時，才會想到萬一自己死了怎麼辦，當下那麼興奮，真是傻子的行為。一想到掉下去的後果（只要稍微腳一滑，一個支點斷了），便令人忐忑不安，內心深處知道自己應該小心為上。

不過，暫時沒人等著我當負責任的好先生、好兒子了。

我從一個極端盪到另一個極端。從巴塔哥尼亞回來後，我在埃斯特斯的房子待上幾週，接著跑去度這輩子第一個真正的假期，完全不攀岩。我、夏儂和其他三名女性友人，到哥斯大黎加衝浪，大多數時間都穿著泳衣，太多時間喝著雞尾酒。起初很開心，後來事情有點複雜起來。我開始和其中一位女性友人約會，但最後三個女生我都喜歡。誰能料到。

不久，好友喬許·羅威爾（Josh Lowell）打電話過來。他和弟弟是電影公司「大上製作」（Big Up Productions）的老闆，想知道我有沒有興趣協助拍攝一段影片。

和自己信任又才華洋溢的朋友一起合作影片及照片拍攝計畫，一向令我躍躍欲試。我喜歡大家一起發揮創意想出新方法，捕捉絕世美景，然後和很少能親身體驗人間仙境的人們分享。喬許的團隊正在製作新影片《進步》（*Progression*），內容講的就是攀岩創舉背後的故事。

喬許在電話上問我：「你覺得有可能攀登黎明之牆嗎？」

「不曉得，感覺不太可能。」我告訴他：「理論上，我找到一連串支點，但太困難了，或許得等下一個世代來完成。」

「有沒有機會讓你上去拍一段影片，指出有這樣一個地方就好？」喬許問。

外人可能很難懂這種心態，不過對攀岩界來講，大談自己還沒爬過的地方很丟臉。我看過很多攀岩者講完大話後，不曾付諸行動。我個人一向很不喜歡這種事，而是謹遵「先完攀，再宣傳」（Send first, spray later）的信條。

我和喬許很快討論起未來的世代。這可以是一支不一樣的影片。我不會宣稱自己能夠成功攀爬黎明之牆，甚至不會講有這個可能性。不過我的確想過這件事，也曾花工夫尋找路線。喬許提議，讓後起之秀看到這個可能性，可以是給未來的一個禮物。有朝一日，或許會有優秀的年輕人讓我看見這件事辦得到，那將是相當奇妙的體驗。

由於我抱持「先完攀再說」的哲學，我思考拍這樣的一部影片會不會很虛偽，還是賺錢謀生就是這麼一回事？**或許我該做點事維持住名氣，畢竟我已經一年多沒創下任何新的成功記錄**。我腦海裡響起父親會怎麼評論這樣的事，但我不確定自己的感受是什麼。

攝影團隊裡有幾位成員是我的好友。要是我參加的話，我們可藉此在優勝美地好好待上一週。

「你就答應嘛。」喬許說：「會很好玩的。」

二〇〇九年一個溫暖的四月天，我打著赤腳站在酋長岩的草原上，綠茵在微風中輕輕搖曳。

我身旁是一塊藍色防水布，上頭堆著食物和攀岩設備。我仔細確認裝備清單，科瑞．里奇（Corey Rich）走了過來，給了我一個溫暖的擁抱。

科瑞是公認傑出的戶外冒險攝影師，這次大上製作特別請他操刀。他身高一六二．五公分，身材結實，大學是體操跳馬冠軍，講話則是太浩湖（Lake Tahoe）那種拖長尾音的口音。他跟我一樣是工作狂。有工作的時候，每天四點就起床，迎接第一道曙光，天黑才休息。他頭腦靈活，似乎永遠知道人生該怎麼辦。先前他也經歷過一次痛苦的離婚，經常當我吐苦水的對象。我很期待和科瑞一起共度吊帳時光。

「興奮嗎？」我問。

「天啊，離上次來已經有好一陣子了，我等不及要回到酋長岩上。」他說：「這條路線怎麼走？」

儘管要把每個岩段拼起來的關鍵步驟，還存在許多問號，但我對黎明之牆的路線已經有大致的概念。「看見那個不明顯的內角嗎？你先爬上去。看到再上去的白色小點嗎？我的吊帳在那裡，我們會在那裡紮營。」

我們指著岩壁討論起來，然後攝影團隊的其他成員也抵達了。不久後，我們背起八十磅重（約三十六公斤）的吊掛包，四個人從酋長岩後方辛苦走四小時上山，瘋狂的氣氛讓我興奮起來。大家不停講著黃色笑話，笑個不停。當時我尚未公開我和貝絲分手了，談這件事令我尷尬。除非必要，我不主動向任何人提起。我不曉得其實科瑞事先打過電話給其他成員，告知我最近的傷心事，叫大家負責炒熱氣氛。

我們一行人一路走著，我笑到肚子痛，想起和上次自己一個人來黎明之牆有多麼不同。也不過才幾個月前，我腦中充滿疑慮、沮喪、黑暗，心境的確會影響一個人的感受。如果你做事嚴肅，感覺也很嚴肅，那麼體驗就會變得嚴肅。如果你認定這次的攀岩會很嚇人，那麼這就會成為自我應驗的預言。我開始想，在過去幾個月，我不只是社交性格變了，整個人生也改觀了。

攀上岩壁後，就連路線都感覺和先前不同。這下子有其他人在，我更起勁，開始把大岩段連接起來，爬起來感覺更容易，甚至連視覺都變得敏銳。有一天，我注意到最棘手的岩段有一條不明顯的一連串支點。定睛一看，有如奇蹟出現，我找到一連串稜角，有的只有一公釐那麼厚，一路延伸兩百呎。隔天，我幾乎能撐過一個瘋狂的八呎跳躍；基本上就是在一大片空白岩面上，騰空一躍，從一個支點跳到另一個支點。對大路線來講，這是鮮少使用的技巧，真的就像電影《巔峰戰士》（*Cliffhanger*）裡演的那種畫面。我明白自己終於找到通過迷宮的路，或至少出現可能性，不過以規模和難度來說，這個計畫仍然比我想像的要龐大。在我們掛在繩子上的第三天尾聲，我又叫又笑，興奮地搥著岩壁。

當天晚上，暴風雨襲來，大家蹲坐在吊帳裡，吃墨西哥捲餅，喝威士忌，講著過去的冒險故事。很快地，我們談起人生。科瑞認為恢復單身是很好的機會：「你知道有多少女人將追著你不放？」

我一笑置之，不過依然很享受朋友的陪伴。我通常什麼事都放在心裡。但是這一次，我決定稍微透露一點內心世界，大略講了一下自己離婚回到埃斯特斯後的愛情生活。

她的名字是貝卡（Becca）。幾個月前的跨年夜那天，我在岩石山莊認識她。我一開始會注意到貝卡，是因為她隨著藍草鄉村音樂忘情起舞，臉上掛著頑皮自信的笑容，好像自己天生是舞者一樣。

貝卡有一雙長腿、美麗的藍灰色眸子、淺金色秀髮，穿著打扮看起來像城市女孩。**那種女生來埃斯特斯公園做什麼**？

一首歌結束時，貝卡居然直直朝我走來，我又驚又喜。「我剛開始攀岩，你可以教我怎麼訓練嗎？聽說你可能懂這方面的事。」

「很難講，要看我們兩個人處不處得來。」我裝出一副有自信的樣子。當晚，我們在舞池裡大搖大擺地跳舞。我向來放不開，但是貝卡有一股魔力，讓我拋開龜毛的個性。

看貝卡跳舞，就像讀到一本書的封面介紹後，不看那本書不行。她一下跳著埃及肚皮舞，一下變成一九七〇年代的迪斯可女王，接著又做起嬰兒推車舞步，和麥可．傑克森

（Michael Jackson）一樣月球漫步。又好笑，又荒謬，又有趣，無意間散發性感的魅力。這樣的女生居然願意和我共舞，我一輩子沒覺得自己這麼酷。

貝卡顯然不屬於我的世界，因此相處起來沒什麼顧忌。我很確定她下一秒鐘就會失去興趣，去找比較帥、比較酷的那種人。然而她沒走開，當晚離開時，我拿到她的電話號碼。

我試著裝酷，依據戀愛法則，兩天後才打去，但私底下已經確認一百次自己沒弄丟電話號碼。我們和另一位朋友相約一起練習。在攀岩館，貝卡無法忍受常聽到的指甲刮過夾板人造岩壁的聲音，每次一出現那個聲音，身體都縮一下。我覺得太可愛了，一直走到攀岩牆，把指甲貼上去，假裝要刮，故意逗她。

「你最好別幹那種事。」貝卡假裝生氣，眼裡有笑意。

「來阻止我啊。」我笑著挑釁她。

她跑過來，把我撲倒在沾著防滑粉的墊子上。我這輩子從來沒這麼高興自己被攻擊。

幾天後，我們前往埃爾多拉多峽谷，健行三十分鐘後，抵達晴朗山坡上一面有著紅黑色條紋的岩壁。當時是科羅拉多的暖冬，地上有積雪，但穿T恤就足夠。

我拿出背包裡的東西，才發現自己不小心帶成兩隻都是左腳的攀岩鞋。我告訴貝卡這件事。她翻了個白眼，調侃我：「你這個大笨蛋。」

「別擔心，我可以一腳穿網球鞋，一腳穿攀岩鞋。」

「可是聽起來不太安全，或許我們今天健行就好？」

「沒關係，我覺得ＯＫ。」

「你以前試過穿網球鞋攀岩嗎？聽起來很難爬。」

我想了一下。「那天晚上在岩石山莊，妳是怎麼知道我會攀岩？」

「我跟我朋友說我在學攀岩，想變得更厲害一點。他們就說可以問你。」

就那樣而已？我知道自己不是麥可．喬丹那種運動明星，但埃斯特斯是個超迷你的小鎮，尤其是冬天的岩石山莊。

我塗上防滑粉，大搖大擺爬上第一個繩距。貝卡試著跟上，但手忙腳亂，好幾次摔下繩子，我擔心自己選錯路線了。貝卡抵達確保點時，尷尬到滿臉通紅。「好吧，你很會爬。」

我原本以為，酒吧裡最美麗的女人會紆尊跟我說話，唯一的可能是我小有「名氣」。然而，貝卡對我的攀岩資歷根本一無所知。

我們愈爬愈高，貝卡開始在確保點靠過來。她以前不曾爬過這麼高的開放式峭壁，需要我給她信心。我盡量講笑話，表現出輕鬆自在的樣子。

我們登頂後，貝卡的秀髮在風中飛揚，我想像自己在此時此刻吻她。在談戀愛這方面，我和十三歲女孩沒兩樣。和貝卡相處時，感覺像是吃下整桶美味的班傑利布朗尼餅乾冰淇淋（Ben & Jerry's Half Baked）。然而，現在理應是我理清頭緒、獨自找出自己究竟是誰的時候，愛上貝卡會是最荒謬的事。此外，我比她大八歲，又剛離婚。據我所知，貝卡也沒在找男朋友。

當天晚上回家時，貝卡告訴我她是基督徒，只想和基督徒約會。我心中有一部分鬆了口氣。我們兩個人相處愉快，我告訴自己先當朋友就好。

沒多久，我邀貝卡一起到印第安溪來一段小旅行。當地是上猶他沙漠的裂隙攀登天堂，峽谷地（Canyonlands）上方聳立著壯觀的紅橘色沙岩峭壁。我在貝卡的餐廳工作下班後載她過去。她把包包丟進後車廂，跳進乘客座，腿上擺好一大包自製爆米花。我們一邊開車，一邊聊天，氣氛愈來愈輕鬆。接著她搖下窗戶，用最高亢的聲音唱起歌，然後看我一眼：「你最好跟著一起唱！」我愈出糗，車裡似乎愈是灌滿笑氣。

上一秒鐘，我們還握拳，跟著車裡播放的傻氣饒舌歌哼唱。下一秒鐘，我們又深入交談，聊起人生、愛情與自己的過往。貝卡還很年輕，儘管有過幾次痛苦的經歷，依舊充滿理想主義。不過她並不天真，看事情很清楚。她談到自己喜歡語言，而且同理心很強。貝卡不需要靠評論他人獲得自信；她人長得漂亮，但完全不把自己當公主。

貝卡在中西部農場小鎮長大，暑假會跟家人來埃斯特斯公園。貝卡過了青少年一定會有的叛逆期後，去念了護校。接著回到埃斯特斯，她覺得自己可以住在山裡，一邊在餐廳兼差，一邊找護理工作。聽貝卡談語言很有趣，但她沒提起自己去過美國以外的地方。

「妳出過國嗎？」我問。

「兩年前的冬天，我到巴黎旅遊兩週。講起來很丟臉，但我之前甚至不曉得橄欖油是什麼。」

貝卡一點也不世故，我覺得很有趣，但也感到困惑。我所知道的一切都來自四處飄蕩旅行。貝卡在鄉下長大，幾乎什麼地方都沒去過，為什麼她可以如此風趣、時髦，口才又好？

「妳幾歲？」

「二十二。」她回答：「你呢？」

「三十。」

我幾乎可以聽見貝卡在心算我們的年齡差距。

「你覺得你和前妻出了什麼問題？」

「妳真的想聊這件事？」

「有何不想？」她回答。

我有點遲疑要不要深入談論這件事。先前和貝卡相處很開心，我們一直避免把事情搞得太複雜。

「簡單來講，她有外遇。」我說：「不過妳也知道，這種事很複雜。如果家裡一切幸福美滿，人通常不會向外發展。婚姻諮詢師說我們兩人有共依存症的問題。我們兩人的關係的確是在極複雜的情境中展開的。」

我告訴貝卡，貝絲是我第一個真正的女友，也講了吉爾吉斯的事之後，我們兩個是如何把彼此緊緊綁在一起，有好幾年，我根本無法離開貝絲身邊。我可能太愛貝絲，我希望她快樂，反而帶給她壓力，把自己的快樂過度和她的快樂綁在一起。或許我令她窒息。或許我們過度依存彼此。我們的確是。我不明白自己不可能真正讓別人快樂，我努力讓貝絲快樂，反而讓我們兩人都過得更不好。我們不是一起組成繩子的兩股線，而是一下子就磨損的單一繩芯。

貝卡聚精會神聽我講這段往事，似乎很感興趣，所以我繼續講下去。

「我一直無法接受貝絲說的一句話。她說自己不曾像我愛上她一樣愛我。或許她不是一下子就愛上我，但我真的感覺有愛。我認為她只是在找藉口。」

我內心有一部分依舊感到苦澀，無法承認每段感情都有兩面，結果不小心又再度責怪貝絲。

貝卡似乎對於打開我的心房感到興奮，沒急著吐自己的苦水。她用自嘲的方式偶爾加上幾句幽默評論，沒把氣氛搞得太嚴肅，好像她是我可以信任的朋友。接著我們才談起她的人生。

「以前我覺得談戀愛似乎是全世界最重要的事。」貝卡說：「別人傷我的心，我傷別人的心。後來我決定再也不要在乎任何人，我要為自己而活，隨心所欲。我一直約會，但是很自我中心。那樣是行不通的。」

貝卡談到她談過的幾次戀愛。由於我們兩個人「只是朋友」，前男女朋友不是什麼禁忌話題，因此比較能敞開心房談。或許我見過比較多世面，但社交上沒什麼經驗，貝卡正好相反。

我們一路開車到凌晨，四周變得如夢似幻。車頭燈照亮狂風暴雨，感覺我們好像乘著「企業號」（Enterprise）星艦以曲速前進。我晃了晃頭，要自己別睡著，接著我們的話題改變了方向。

「兩年前，我剛分手，」貝卡說：「我感到空虛沮喪，知道自己需要找到另一種方式，想變成更好的人，但一直失敗。」她停下。

「是什麼改變了妳？」

「我開始大量寫日記，和一些朋友聊。某個朋友建議我上教堂。」貝卡再次停下，似乎等著我叫她別講信教的事。

「我以前認為很多基督徒都高高在上，自以為是，缺乏愛心，但我覺得自己可以接受上帝，所以我去了。那裡的牧師很酷，是個有智慧的人。他說：『你們這些隔著籬笆偷窺基督教的人，你們要親自站在蓮蓬頭下，才有辦法真正洗滌自己。你們要直接跳進去。』我痛哭流涕，某種東西打中了我，所以我決定這是我要追尋的道路。漸漸地，我開始釐清思緒，讀書，和人們講話，繼續上教堂。有一本書說，在一段關係中，事事以配偶為中心會造成太多壓力，而以自我為中心則意味你成了自己的上帝，兩者都行不通。你得以上帝為重。」

貝卡說的以配偶為中心有幾分真實，以自我為中心則讓我想起攀岩。我無言以對。

「所以說妳信得很虔誠啊。」

「該怎麼說，我感到自己豁然開朗。」貝卡回答。

我不曉得該如何回應這個突然冒出來的話題。對多數攀岩者來講，信上帝就如同相信世上有聖誕老人一樣。我自己碰過某些很重大的時刻，感到冥冥之中的確有某種力量，至少是超越我能理解的力量。在極度痛苦或振奮的時候，我發現自己會對著某個我稱為「上帝」的對象說話。我不能說我感覺自己認識祂，而祂的確從來沒回應我，也不曾給予我想找到祂存在的證據。不過我相信宇宙太寬廣，我們人類腦袋瓜太小，無法理解。從許多方面來講，能夠真心相信的人士，他們握有單純的力量。只不過從另一個角度看，也可能因此產生盲點。

貝卡突然搖下所有車窗，雪片飛進來，在車內形成一場微暴風雪，打斷我所有的思緒。

貝卡用盡全力大喊：「凍死你！」接著把車窗搖回去，把CD推進播放器，轉大音量。

貝卡真是一個瘋狂的矛盾組合。她信教，但不評斷人。她喜歡參加派對，但不一定要喝醉。最重要的是，她似乎真心熱愛生命。雖然我對宗教的事半信半疑，但我依舊欽佩信仰帶給她的力量。她告訴我，打從自己「頓悟」後，心中充滿愛與關懷。我感到貝卡全身洋溢著喜悅。

回到酋長岩岩壁上，我把簡略版的「湯米與貝卡」故事跟朋友講完。「噢，對了，那次的攀岩之旅很棒，印第安溪永遠很棒，貝卡超級興奮。」

吊帳裡每一個人都在微笑，我顯然喜歡上貝卡，但對於我這樣的攀岩者來講，她太漂亮、太有自信、太聰明、太完整。

「該死，她聽起來有夠完美，你需要擬定攻略。」其中一人脫口而出，「你知道嗎，我剛好要幫人看家一星期，地點是北舊金山一棟很漂亮的房子。你們兩個人應該到那裡過夜，然後我們一起去納帕（Napa）來個雙人約會。我認識一位酒莊老闆，那裡超夢幻的。」

我想起貝卡說有一天想到優勝美地來找我。她沒來過這裡，而我也計畫在這裡待一陣子。朋友們花了點時間說服我。我們完成拍攝計畫回到地面後，我寫了一封電子郵件給貝卡。我不禁吐露情意，邀她到優勝美地碰頭。我煎熬地等待，幾天後才收到回信。我當時不曉得貝卡遲遲沒回信，其實是在和幾個好友商量。她後來告訴我，朋友大都態度保留。不過其中一人也會攀岩，聽貝卡講完心事後，告訴她：「我覺得該給他一個機會。」

我在貝卡生日那天，到加州沙加緬度（Sacramento）機場接她，接下來幾天一起在納帕谷（Napa Valley）享受美酒，在北方空無一人的沙灘散步，在舊金山街頭漫遊。然後，在滿月的夜晚開車前往優勝美地谷。我直接帶她到新娘面紗瀑布（Bridalveil Falls）下方，站在腳踝深度、像裙子一樣延伸出去的扇形泉水裡。貝卡凝視百萬加侖的瀑布自由落體，頭頂是億萬顆星星，露出驚嘆的笑容。在那個瞬間，我忍不住想，我心中的那股悸動，是否是上帝以祂的方式對我講話，讓我知道雖然我無法理解祂的眾多行事法則，但我絕對會深深感恩。

第12章 找到新夥伴，以及人生伴侶

我駛進老家車道，看見風吹日曬對仿木外牆造成的傷害。母親不得不反覆修補乾裂的褪色牆壁。目前已經完成一半的磨光並重新上色——板子的表層被刨除，赤裸如白骨。距離我上次見到這棟房子，已經有六個月。我不是很確定自己想從父親那兒得到什麼：原諒？理解？第二次機會？新的相處模式？我只確定一件事：如果母親沒打電話告訴我，我寄的那封信如何深深傷害了他們，我現在人也不會在這兒。母親說，父親感到活下去也沒意思了。即便是幾個月前她第一次傳達父親狀況不太對勁時，我都還未完全理解自己造成的傷害。

「他拆下攀岩牆，」母親的聲音有些顫抖。「看到那面牆太痛苦，他會想起你。」

我心亂如麻，夜不成眠，知道自己得和父親好好談一談，翻來覆去想著該說什麼才能彌補裂痕。

我站在門前，準備伸手按電鈴，長久以來第一次再度注意到自己失去的手指。

我沒聽見屋內傳來任何聲音，但前門突然打了開來，父親就站在眼前。我縮了一下。

父親看起來像變了一個人，比記憶中還疲憊。他點了個頭，乾裂的嘴唇動了動。父親沒說一個字，退到一旁，作勢讓我進屋。

我坐在沙發上，父親坐在自己專屬的藍色躺椅，看著交握的雙手。我掃視屋內，《埃斯特斯公園步道週報》（*Estes Park Trail Gazette*）那則當年我們父子攀登鑽石嶺的裱框報導還在。父親的椅子旁擺放著成堆的雜誌，報導我的那幾頁或是我投稿的文章，被摺起一角或插進書籤。海報、照片、錄影帶、DVD，屋內是一座專門收藏我的影像與文字的博物館。至少那些東西還在，父親沒想拆掉或扔掉。

「爸，可以談談嗎？」我希望自己能多說點什麼，好讓父親瞭解我的想法。「我們的確應該談談。」父親的聲音虛弱到幾乎聽不見。

我的眼神飄至他身旁的苔岩壁爐，漏斗狀的黑煙污漬一路延伸至天花板。

「爸，先前我過得很不順，我很抱歉。」

「我以為我失去你了，失去我的兒子。我以為一切都結束了，我的人生，我們的父子關係。」

「我從沒想過要斷絕父子關係。」

我們終於提起勇氣看著對方。父親眼中都是淚水，我也一樣。

我們繼續談話，修補破碎關係中的裂痕。感覺還是很尷尬，可是兩人都需要逼自己說出心底的話。

我不曉得我們談了多久，只瞄到母親在廚房裡微笑地看著我們，待了一會兒就走開。外頭的風製造出砰砰聲響，日光悄悄在地板上移動，我和父親淚乾了，又濕了，一片片陽光逐漸化為影子。

我和父親坐著聊了很久，進入兩人都不熟悉的領域，沒有地圖可以引導我們。在光陰、風、雨水、陽光的侵蝕下，我們的模樣都變了。

§

二〇〇一年春天，我看向落地窗外加州太浩湖附近的北星（Northstar）滑雪坡，身旁是一群登山嚮導與專業攀岩者，大家坐在沙發和木椅上，腿上擺著筆記本。我當時的贊助商土撥鼠（Marmot）戶外用品公司租下一間木屋，把大家集合起來。有三天的時間，我們討論戶外服飾的方向與演變。在場每個人都擁有某個特殊領域的攀岩或滑雪知識，負責提供關鍵的專家級意見。

一個孩子坐在離大家很遠的地方，身上穿著工作褲與寬大T恤，皮膚稚嫩光滑，滑板龐克髮型的一大片頭髮蓋住眼睛。我注意到他擺在椅子旁的手指彎曲起來。**我自己以前中學時上課也會那樣，希望自己不是坐在教室裡，而是在攀岩。**

我旁邊是土撥鼠的運動指導員，我靠過去低聲問：「那孩子是誰啊？」

「凱文・約格森（Kevin Jorgeson）。我們剛邀請他加入團隊。我在總部附近的攀岩館看到他。」運動指導員說：「他只有十六歲，是相當了不起的新星。你真該看看他爬的都是什麼鬼地方，太強了。」

我想起來了。我在吉爾吉斯事件過後，住在貝絲家。當時我為了提振精神，舒緩一下快陷入瘋狂的情緒，便參加車程一小時外的一場小型系列賽。我記得當時心想：**這是一場很小的賽事，不會有什麼競爭對手**。結果我被一個留著呆呆西瓜皮髮型的小孩打敗。那個小孩就是凱文。

凱文十歲時第一次踏入攀岩館，接著展露了驚人天賦。土撥鼠召集大家時，凱文已經是全美他那個年齡組最頂尖的攀岩選手。攀岩館是人為控制的環境，可以把動作練到純熟為止。雖然學不到父親教我的傳統技巧，那些東西後來再學也一樣。

就在凱文打敗我之後不久，朋友尼克・賽格和我聊到他替自己新研發的攀岩指導課程做了研究。他測試好幾位攀岩者，請他們做一系列的運動力量與耐力練習。尼克告訴我，凱文的測試分數爆表。「他再也做不下去時，純粹是因為體能的緣故，他似乎沒有任何心理障礙。」尼克的評論令我印象非常深刻。

連開兩天會之後，大家休息一下。外頭下了幾呎厚的雪，幾乎每個人都跑去滑雪了。

我想做點別的，只有凱文一個人響應我。

我們開車到路旁一塊獨立岩塊，辛苦穿越臀部那麼深的雪，找到一條花崗岩走廊，上頭是厚厚一層新降下的白雪。岩壁高一百呎，較為陡峭的岩面幾乎都垂掛著巨大冰柱。每一樣東西看起來都濕濕的，不過我們正打算放棄時，瞥到一個半乾的四十呎懸岩。我們踏著冰雪走過去，看見數個岩片與錨栓，難度看起來頗高，我瞄了凱文一眼。他已經在研究路線，比手畫腳想著動作。

「凱文，你覺得如何？」

「看起來很嚇人，酷斃了。」他回答。我想了想岩壁上的積雪密度與深度。凱文放下抱石墊，坐在上頭，擰乾自己的襪子。

我自願先上去。由於直接摔在雪上，大概不會比摔在墊子上疼，我們把墊子挪近岩壁墊腳。我開始爬，上去十五呎後，為了測試岩面，我推了一下懸岩岩壁，盪過空中，像一支插進乾草堆的箭插進雪裡。我笑著穿越雪堆，回到墊上。凱文開始爬。他比我多爬了一點，接著從二十呎左右的地方跳下。

我們輪流愈爬愈高，有點像在玩「看誰是膽小鬼」的遊戲。我們很快就接近峭壁最高處，兩個人因為體內充滿腎上腺素，快樂到暈頭轉向，像在庭院裡玩耍的孩子。

「我要登頂。」凱文瞪大眼睛說著。

我替他加油，但心中偷偷希望他會放棄。

凱文用撲了粉的手掌弄乾鞋子，站上岩壁，開始攀爬。我注意到他攀登時動作準確，不慌不忙，經過精心計算，但又充滿動力美。凱文快速完成困難的動作，利用一股力道經過控制的動能，一鼓作氣通過好幾個迷你支點，就好像他是一顆長著手的彈力球。大約在三十呎高的地方，他停在一個大支點，輪流一手撐著岩壁，一手輕輕甩動休息。他深呼吸，彷彿進入比先前還更專注的世界，毫不遲疑，做了決定就完美執行。

凱文爬上峭壁最高處，轉身對著地面上的我說：「噢，沒錯，真的太棒了！」

該死的，我心想，**看來這下子我也得上去**。

後來我再見到凱文，已經是八年後。當時他已小有名氣，先是在室內攀岩競賽出鋒頭，後來成為高抱石（highball）的好手。抱石是指在靠近地面的岩塊，做出困難的連續攀登動作，有確保者，也有防撞墊。「高抱石」則是在離地很高的地方進行抱石攀登，高度通常在二十呎以上，沒有獨攀那麼玩命，但絕對危險。你不會粉身，但可能碎骨。在朋友拍攝我檢視黎明之牆的攀岩紀錄片《進步》中，有一段是凱文首攀加州一塊四十五呎高的雞蛋狀巨石。這個點可謂全球最困難的高抱石難關；凱文那次攀登行動，模糊了「高抱石」與「獨攀」之間的界線。凱文用上了絕對的心理掌控度，以及完全精準的肢體動作。

我在《進步》影片的結語號召大家：

「這個新世代的攀岩者，正在從事我想都想不到的抱石和運動攀登。如果他們能將這樣的才華用在大岩壁，就有辦法以自由攀登的方式完成這個計畫。就算我自己辦不到，我也希望能播下種子，未來有一天能有人出來帶領大家。」

我和凱文在二〇〇九年的夏天，再度有了交集。他提到我錄的那段黎明之牆影片，覺得那條路線看起來非常酷，問我是否會行動。

我有點把黎明之牆當成不可能的任務，因為對我來說太難了。我的確想回去，不過這個龐大計畫萬事皆不備。首先，我找不到攀岩夥伴。我許多朋友都是攀岩高手，但黎明之牆不同於我爬過的其他酋長岩路線，有著大量的困難岩段，需要不尋常的專注力與大量的練習，必須花數年準備，而且就算耗上多年心血，也不見得就能達成。黎明之牆絕對比酋長岩上的任何路線都困難，有誰能把人生那麼多的時間都花在上頭？更重要的是，誰有足夠的衝勁、專注力與攀岩能力？

我幾乎是出於禮貌，告訴凱文自己考慮那年秋天回去。我不記得自己曾開口邀請他一道前往，但我顯然是講了很類似的話。不久，我接到一封電子郵件：

嗨，湯米：

能遇見你真好。十月、十一月、十二月的時候，我很榮幸也很興奮能和你組隊。我會盡我所能地學習，努力投身這個計畫，讓計畫進入下一階段。除了其中幾天，我可以二十四小時待在優勝美地谷。

我參加定了，我興奮到睡不著覺!!

凱文．約格森

最初，我覺得這根本是異想天開。凱文從沒爬過酋長岩，不可能從零，一下子跳到全球最困難的大岩壁自由攀登路線；這種事得循序漸進。然而，那究竟是我的理智在講話，還是我的自尊？

我想了想後回信，要凱文在十月十日那天，帶著裝備到酋長岩和我會合。

乾冷的微風帶來一絲秋意。凱文坐在隨風搖曳的野草上一張綠色摺疊椅，跟觀光客一樣，頭往後仰，目瞪口呆盯著岩壁看。凱文二十五歲了，不再穿工作褲，深黑色頭髮剪得整整齊齊。他臉上永遠掛著微笑，彬彬有禮，看起來很有自信，舉手投足像一名友善的生意人。

我們打了招呼。凱文臉上的表情很好笑，半是興奮、半是焦慮。我曉得那種感覺。

「美呆了，對吧？」我說。

「對，太瘋狂了。那條路線會通往哪裡？」

我指著好幾段岩面。

「頭六百呎，沿著那條對角線裂隙系統，抵達一個小岩台。那是最初一千八百呎唯一的岩台。接著你繼續往上、往右，抵達中間那個水平大岩牆。那裡之後，有一道看起來很短的線，但其實是兩百呎的橫渡攀登，我想那會是最困難的部分。結束的地方，就是你在影片中看到的那個大跳躍（dyno）。你的抱石技巧和爆發力絕對可以在那裡派上用場。」

我花十五分鐘簡單講解路線，接著分配工作。

「我多年來的心得是，研究這條路線最簡單的方法，就是由上而下。不過今天我們先從底部爬幾個繩距，讓你體驗一下大致的感覺。明天我們健行，把所有東西帶到山頂。我還沒仔細檢視過最後的三百呎，因此明天早上我們就從那裡開始，接著一路往下。我想我們可以在酒塔（Wino Tower）設立吊帳營地，就是大約在三分之二高的那個柱狀地形，然後在那裡過夜。」

「所以我們從現在起的兩個晚上，都要睡在岩壁上？」凱文瞪大了眼。

我打開車廂，把裝備丟到地上，包括成堆的繩子和機械塞、吊帳、幾盒食物、吊掛包。

凱文走來走去，用手機四處拍照，臉上掛著一抹傻笑，問需不需要幫忙。

「你從剪出十六吋的扁帶開始好了。用這個打火機燒好頭尾，用反手返穿結綁在鳥嘴岩釘的孔眼。結的後頭大約留三吋繩子，一定要綁緊。」

「OK……反手返穿結要怎麼綁？繩結我不太熟。別忘了，我是小石頭摔角者（pebble wrestler）。」「小石頭摔角者」是抱石攀岩者的自謙之詞。我暗自偷笑。這一切太荒謬了，凱文沒有任何攀爬大岩壁的經驗，但他野心很大。就試一試吧，反正也沒差，頂多就是我當確保者一、兩週，等他自行放棄。

我們準備好當天的裝備，走到路線底部。短短一段路，凱文絆了好幾次，顯然聳立眼前的岩壁令他分心。走近酋長岩，原本遠遠看混在一起的岩貌，開始一清二楚。在訓練有素的攀岩者眼中，開始變成或許可攀爬的岩點。只是黎明之牆就算只距離十呎，依舊看起來一片空白，沒有任何可以抓握的地方。一直要到眼睛離岩面僅幾吋，才會開始看清岩石的質地與小地方，找到蛛絲馬跡。

「天啊，那看起來簡直是光滑的瓷器。」凱文說。

「沒錯，那就是為什麼這條路線超酷。看起來是不可能的任務。」

我想看看凱文有沒有辦法應付需要高超技巧的酋長岩，所以我們試攀前三個繩距。我嚇了一跳，凱文看起來立刻上手，有條不紊地利用鞋子上的橡膠，測試光滑花崗岩的摩擦力。他平衡感絕佳，爬的時候很放鬆。碰上困難的岩段，不會浪費體力盪來盪去。他會停下來，掛在繩子上，研究支點，沾一點粉臨時標記關鍵岩點，想出連續動作。接著用手指按捏岩面，讓皮膚感受上頭的每個晶體，找出需要施多少力。凱文一一檢視每個動作，就像在做科學實驗，搜集資料，分析數據，提出理論，接著測試。萬一行不通，就再嘗試另一種方法。一旦找到解決辦法，就行雲流水地爬過去。

我得承認我印象深刻。平常人可能得花數個月，才能適應不同類型的攀岩，我自己當初就花了好幾個月，然而凱文似乎憑直覺就知道如何攀爬眼前這面光滑的花崗岩。他就像那些天才，第一次坐在鋼琴前，敲幾個琴鍵，然後就靠音感彈了起來。我幾乎是一開始爬就立刻慢下。或許是考量到凱文沒經驗，我從不同角度看事情，從比較分析的角度看這次的攀登。我不只是在研究支點，我的手指像感應器一樣，把岩石紋理的質地資料傳進大腦，想像手指要如何和岩面結合，就如同我的大腦在建構岩貌的３Ｄ模型，從不同的角度翻轉並檢視那個模型。

凱文確保時會發問。我看得出他在觀察、分析我是如何扣上裝備、用什麼技巧拖包。他似乎瞬間就理解多數攀岩者得花上數年才能精通的系統，而且很謙虛。凱文很有攀岩天分，但感到沒必要在人前炫耀。

我們一路爬到天黑。隔天早上，我從車裡拖出兩個重八十磅（約三十六公斤）的吊掛包，沉重的背包像死豬一樣，砰一聲掉在地上。凱文試著背起其中一個，還沒扛到肩上就扔回地面。

「哇，有夠重！」他說：「到山頂有多遠？」

「我有一次沒背東西，花了一小時二十分鐘。如果要背這麼重的背包，可能要四小時？」我使勁把一個吊掛包靠在車門上，蹲下，讓背包帶子滑到肩上，咕噥一聲站起來，身體往前傾斜二十度。

凱文並不曉得，但我那時其實是在測試他。我知道他有攀岩技巧，也知道他很大膽，但不確定他有多大的耐力，以及願意努力到什麼程度。

十分鐘內，我們就腰痠背痛。我習慣了，知道起初的半小時最難熬。兩小時後，凱文不再說話，但沒停止前進，而是維持緩慢但穩定的腳步。儘管他脹紅著一張臉，雙腳搖搖晃晃，他的身體適應後，前進的速度似乎加快了。

我們抵達山頂時，他扔下背包，伸展手臂。

「感覺真爽。」他說。

幾天前我們試攀路線底部時，凱文感受過一下子暴露在半空的暈眩感，但這下子情形不同了。除了離地三千呎，你的勇氣、才能、韌性、敬業精神需要合而為一，一次用上。奮力攀爬抱石或短路線，就像上拳擊有氧課表現完美，但是現在我們要上場和重量級拳王麥克・泰森（Mike Tyson）決鬥了。

凱文站在岩壁邊低頭往下看。我給他一把金屬刷子，簡單講解我預想的路線，要他在我準備隔天的裝備時研究一下。凱文扣好確保裝置的繩子，往後躺，毫不遲疑地往下探勘。

我等了約二十分鐘，扣好另一條繩子，頭探到岩壁邊緣。凱文不斷把自己推離岩壁，用腳盡量彈，提供動力，試著查看左邊岩面突出的地方。接著，他沿著垂直岩壁不斷來回，想辦法看清楚岩貌，擺盪的弧度愈來愈大，四十呎、五十呎、八十呎，不斷增加。

這孩子完全處變不驚，我找到未來的攀岩夥伴了。

隨著時間過去，我和凱文的個性與各自的優缺點開始互補。我有夢想，性格樂觀，有願景和大方向。凱文則是科學家與技術人員，記下每一道動作的每一個細節。

如果說冒險的定義是擁抱未知，我和凱文的冒險渴望絕對獲得了滿足。岩壁上的高空暴露感很強烈，氣候有時很惡劣，不過攀爬起來還算安全。許多保護點並非萬無一失，但岩壁是垂直的，就算摔落很長的距離，也不會撞到東西。很嚇人，沒錯，但所有的固定點都相當安全，我們使用的現代繩索也很牢靠，只有電影裡的攀岩繩才會斷掉。最重要的是，我們是在探索自我、自己的可能性，以及不屈不撓的程度。

我們在酒塔設置營地。凱文凝望群星，這是他這輩子第一次晚上睡在吊帳裡。

為了抵達我們探勘的各個繩距，我們接起好幾條固定繩，同時靠著繩索垂降與機械上升器，有效率地四處移動。繩子就像是人力接駁系統，讓我們在幾小時內，從岩壁上任何一個點抵達另一個點。

幾天、幾週過去，我們建立了固定的作息：健行到山頂，垂降到吊帳營地，攀岩三到五天，接著回地面休息幾天。多數時候，感覺像在做單繩距攀登，只不過是在幾千呎的高空上，努力完成此生所見過最令人屏息的繩距。傍晚時，岩壁反射陽光，我們籠罩在超現實的白熾光中。

我們不斷學習，不斷進步。我對人生心滿意足，只差一件事。

過去幾個月，我和貝卡感情愈來愈濃，關係逐漸有進展。從最初不時穿插了遲疑的好感，演變成某種類似愛情與體諒的感情。我們看向未來時，兩人都無法想像沒有彼此的生活。貝卡開始在埃斯特斯公園一間診所當護士，下班後定期拜訪一位幾乎全盲的九十歲老太太。老太太十分喜歡有貝卡在身旁，而且恰巧是麥克．唐納修的母親。此外，貝卡在閒暇之餘，還展現超級熱愛社交的性格。我的朋友圈向來很小，都是攀岩的人，但認識貝卡後，我的社交圈無限放大，發現自己喜歡交新朋友，想瞭解別人的生活，也展露一點自己的生活。

貝卡獨立自主的性格吸引著我。她珍惜獨處時間，支持我進行攀岩之旅。我少了壓力，多了自由感，也可以在優勝美地待上幾個月，知道貝卡沒有我也可以過得很好。

儘管如此，我渴望貝卡的陪伴，需要感染她的活力，邀請她到優勝美地一週。她一抵達，我就教她用上升器，好讓她和我及凱文一起待在黎明之牆上。

我們三人並排坐在吊帳裡，腳盪在外頭，對眼前的美景驚嘆不已，同時享用一包什錦堅果，像在看電影一樣。遠方，一場初雪在內華達高山區撒上糖粉。花崗岩反射著午間陽光，儘管周圍的溫度只有攝氏十五點多，我們額頭卻冒出汗珠。我和凱文一如往常脫下上衣，曬著加州日光浴。

貝卡也學我們，脫到只剩運動胸罩。

「這裡真是太不可思議。」她的秀髮隨風飄揚，不小心打到凱文的臉。

我望見凱文臉紅了。貝卡只是表現出自然的一面，但無意間流露出性感魅力。

「沒錯，美呆了。」我說：「妳難道不會有點怕嗎？這……」我意識到自己要講的話帶有黃色雙關，但太遲了，「……尺寸這麼大？」我傻笑。

「一點都不覺得。」貝卡回答。

「嗯，我是不是該先下去？」凱文打斷我們。

「不用了，我們還有『大』事要幹。」我回答，試著不笑出來。

接下來，我們輪流試爬吊帳上方的繩距。貝卡不停講笑話、問問題、拍照。我不曉得凱文會不會不高興我帶貝卡上來，不過他什麼話也沒說。

不久後，我決定離開黎明之牆一星期，爭取時間和貝卡相處。

「凱文，我不在的時候你應該上去。」我說：「你需要多花一點時間待在岩壁上。」

「不了，我也想回家一趟。你知道的，得洗一下衣服。」

我帶著貝卡造訪優勝美地較短的經典攀登路線，某天還在岩壁上度過特別刺激的一晚。黃昏時分，距離預定的終點還有一個繩距，沒帶頭燈的我們被困住了，但貝卡保持鎮定，依舊歡樂。那個星期一天天過去，我回想我們認識的這五個月。我和女性打交道的經驗不多，但是貝卡人好到不像真的。

如果戀愛有指南，指南會告訴我這一切發生得太快。失敗的婚姻留下的傷疤需要時間癒合，然而我和貝卡之間的互動，似乎完全不同於我經歷過的任何人際關係，我不曾感到傷疤被揭開，只感到失去的那部分自我回來了。我先前甚至不曉得自己有那一面，就好像在地上撿到一個被風吹雨淋、光澤黯淡的銅板，翻過來一看，另一面是嶄新的，閃閃發亮。

有一件事要解決。貝卡講得很清楚，她要嫁的人一定得是基督徒。她愛我，但更愛上帝。她問過我，我是不是基督徒，我不曉得該如何回答。我小時候上過教堂，在主日學請耶穌進入我的心。嬰兒時受洗過，特別悲傷或振奮時會禱告。

如今我剛離婚，還百般詛咒人生。在我最不信神的那幾年，儘管我同樣認為自己又蠢又天真，但我認為基督徒是一群愚蠢的頑固分子，用天真的眼光看這個世界。我從未確切感受到上帝的存在，也知道為了貝卡而去愛上帝，跟真正的信仰差遠了。我是真心想理解信仰，但如同我在吉爾吉斯見到的事，我深知盲目信仰很危險。不管怎麼說，貝卡的信念挑戰我去探索自身的信仰，問自己問題，我喜歡那樣。和貝卡相處的那一週結束時，我載她到機場，深深感覺想永遠和她在一起。

我和貝卡吻別，心中感到不安，不曉得等我一個月後回埃斯特斯，她還在不在。我們顯然愛著彼此，但我知道就算她不在身旁，自己也能快樂，而且我不想當一個日後讓她失望的男人。

貝卡離開後，我和凱文繼續一步一步克服難關。我們的手指長起厚繭，不再感受到高空暴露感，帶著自信攀爬，就像僅離地幾呎而已。努力的過程充滿挑戰又沉悶，不過能待在全球最美的岩壁上，凱文和我都想不出還有什麼比這更美好。

這場攀登是一場耐力賽，我們必須記下數千個動作，每一個都得執行到完美。我們在晚上花無數個小時討論每一個細節，在腦海裡複習每一段動作。碰上難題時，我們分析動作，討論要從哪個角度抓支點，身體要怎麼擺放。什麼時候鞋子上的橡膠會脫落，怎麼樣以不同的方式推岩石才能避免這種狀況？為了這次的攀登需求，La Sportiva 戶外運動鞋公司讓我特別設計一款新鞋。

光是研究各個繩距，就需要動用我們過去累積的所有經驗。為了因應這些挑戰，我們只好帶上我們專用的「黎明之牆信念眼罩」（Dawn Wall belief blinders），採取正面得荒謬的態度。一段繩距太潮濕時，我們拋下疑慮，爬就對了。指尖脫皮，就用膠布貼住繼續爬。我感到熱血沸騰。我對這片美景的熱愛，讓我生出攀爬的欲望。這片岩壁就像畫布一樣，你的願景、能力、創意可以讓它化為路線。對於不曾全神貫注於某種狂熱、單一嗜好的人，根本無法解釋那樣的衝勁。這條路線、這面岩壁進入我的夢裡；我臨睡前試著解決問題，醒來時冒出潛意識湧現的可能解答。

我的內心生出一股純粹的動力，原因除了這個計畫具備完成的潛力，以及找到像凱文這樣的可靠夥伴，也是因為貝卡在我身邊。我回到家，貝卡還在，令我精力值提升，開始進行攀岩以外的密集訓練。就算戶外溫度計顯示負十二度，我仍穿上跑步鞋，走出前門，迎向時速五十哩的疾風。我對抗寒風的唯一方法，就是低下頭開始跑步。我知道自由攀登黎明之牆，除了靠體力，還得靠堅強的意志，意志力可能還更重要。我必須增強心理韌性，強化欲望。結束每天的訓練後，一股力量帶著我到十七坪小木屋內積著灰塵的儲藏室，在指力板上多做幾套指尖引體向上，然後是仰臥起坐與伏地挺身，直到肌肉疲憊顫抖。

我和貝卡開始一起上教堂。我坦承自己對信仰的事不是很有信心，但我正在尋覓，想向上帝完全敞開心房，希望上帝進入自己的內心。我開始一週和牧師見一次面，學習教義。

我告訴牧師自己的疑慮。牧師諒解我，未強迫我接受信仰。我們的會眾人數不多，大約兩百人，我進入一個溫暖的大家庭。他們不同於美國文化慣有的嘲諷與批評，正面擁抱人生，十分振奮人心。

在一個天寒地凍的冬夜，我和貝卡在圓石市約會完，開車回埃斯特斯公園。從空中落下的濕氣似乎已經凝結，天空無雲，感覺伸手就能觸摸到星星。蜿蜒山路旁剛積成的雪堆，在車頭燈的照射下，閃閃發亮。開上峽谷時，我故意放掉離合器，讓引擎熄火。

「糟了，」我說：「車子發不動了！」我打開引擎蓋，下車踏進嘎吱作響的雪地與刺骨寒意。「親愛的，我需要妳幫忙，可以幫我拿後車廂的手電筒嗎？」

貝卡是個不太會抱怨的人。她咕噥一聲，就穿著高跟鞋和洋裝踏進雪堆。我的手電筒是手搖式的，得轉動手柄才會亮。貝卡一邊發抖，一邊把手電筒對準引擎蓋下方，開始轉動手柄。我在手柄上綁了一枚訂婚戒指，每轉一下，都會匡啷一聲。

「那是什麼？」貝卡低頭察看，接著笑個不停。「你這個瘋子……你這個大瘋子！」

第13章 初次挑戰黎明之牆

我轉頭看凱文。發光的手機螢幕照亮他的臉，他在打簡訊或更新近況。我有點好奇他是如何在社群媒體上描述我們今天發生的事。他讓讀者知道我們進度不順嗎？凱文抬頭抹了抹臉，像在斟酌該用哪個字。

凱文的迷你喇叭傳出吉他的重複樂句，打破夜晚的寧靜。我幾乎能聽見彈片碰觸吉他弦的聲音。幾秒鐘後，另一把吉他、一把貝斯、隱約的鼓聲，加入重複的樂句，構成強力的和弦。凱文轉頭看我，對空揮拳。我遲疑半晌，凱文揮得更用力了。我加入他，下一分鐘一起被節奏帶著走。

凱文準確無誤地跟著唱出第一句歌詞：「起來吧，回到街頭。」拳擊電影《洛基》（Rocky）的畫面閃過腦中。我笑了出來，但也跟著唱，進入〈虎之眼〉（Eye of the Tiger）的副歌時，兩個人更是唱到聲嘶力竭。

歌曲結束，我們打開頭燈，綁好鞋帶。

今夜尚未結束。

洛基萬歲。

§

彈珠大的水珠從岩壁上落下，因上升氣流而滯留半空，彷彿在思考自己在天地間的位置，在日光下飄浮著，閃閃發亮。水珠有時像是一群巨型螢火蟲，在我們面前盤旋，靜止不動幾秒，接著加速消失。每天中午過後，開始出現這個自然景象，太陽融化酋長岩山頂的積雪，水珠墜下岩壁。同一時間，被太陽加熱的岩塊製造出強烈的上升氣流，水流蒸散至大氣中。唯一不便的是，風向轉變時，我、凱文跟岩石都被澆得濕答答的。

二〇一〇年三月底，內華達山脈的寒冬終於鬆開魔爪。山谷寂靜壯闊，散發春天的氣息。原先每週都降下厚重濕雪的暴風，被晴朗天氣打斷，好像四季在做內部的爭論。氣溫通常在晚上驟降，涓涓細流冰凍在牆上。隔天早上太陽一照，冰片便大量脫落，有時一下子裂開，像冰塊一樣劈里啪啦掉下來，有時則如嗡嗡作響的電鋸刀鋒迴旋而過。最大塊的冰通常最後才落下，我們稱之為「寡婦製造機」。我和凱文心驚膽戰爬著岩壁，等著轟隆隆降下的炸彈攻擊。

我在休息日坐在岩壁底部分析攀岩條件，試著得出結論。「好，我懂了，一切和大約在七千呎的岩壁頂端夜間降溫有關。天氣晴朗、溫度又在負一度以下時，所有的冰會在早上八點脫落，但岩面要到十一點才會被弄濕，因此我們有三小時的空檔可爬。天氣維持在負一度以上時，比較不會結冰，只會掉下一點冰塊，因此只要我們戴著頭盔，那樣的日子就能爬整個早上。」

凱文像在看瘋子一樣看著我，「這位大哥，你可真樂觀。」

這種時候，我會聳肩告訴他，「我知道感覺上很恐怖，但我們被大冰塊擊中的機率非常低。」

凱文皺起眉頭，「完全不值得為這種事喪命。」

凱文居然講這種話！他可是建立了全球最困難的高抱石問題，都是離地三、四十呎的超難攀登路線。不過凱文最後決定一切看他自己。如果他爬得好，就不會摔下去。由他掌控結果。

濕答答的岩面與從天而降的冰塊，不是很能提振士氣，但除此之外，我和凱文之間的互動，有一件事我也不太理解。攀岩時，我們兩人就像親兄弟，一起大笑，彼此加油打氣，激勵著彼此。然而每當碰上待在吊帳裡的漫漫長夜，那些等著滴水結束的時間，我問他問題，試著多瞭解他一點時，感覺他不太想答理，只回答一、兩個字，全心在 iPhone 上打字。

下岩壁後，我邀他到我的露營車上聚一聚，一起煮晚餐，但他會拒絕，待在自己的車裡。我一直認為攀岩夥伴因為必須合作無間，雙方會產生日常世界中非常罕見的親密感。

我成為先前每一位夥伴的一部分，他們也成為我的一部分。

不過話又說回來，我其他的大型攀登夥伴在出發前，已經是朋友。我和凱文之間則有不一樣的開頭；凱文想學自由攀登酋長岩的方法，我則想要一個攀岩夥伴。我們兩個人攀岩時搭配得很好，我也很喜歡他，或許我們只需要多一點培養友誼的時間。

每當我們真能好好講上話，凱文喜歡深聊一個主題：事業。他想成立一個叫「國際專業攀岩者」（Professional Climbers International）的機構，替專業攀岩者創造更多發展事業的機會與收入，畢竟攀岩實在很難稱得上賺錢的行業。攀岩一向無利可圖，贊助商會提供裝備（攀岩器材相當昂貴，不無小補），或許還會幫忙付幾趟旅費（前提是你要帶回他們能用的高品質照片），很幸運的少數幾個人（例如我）還會拿到一點錢。但是攀岩能拿到的贊助不算多，完全比不上主流運動員的巨額代言費。

有拿錢，就要替贊助商的品牌增加價值。你出現在照片、廣告、報導、新聞裡，報告你的成績（理論上要是重大成就），努力讓品牌具備正面形象。那就是為什麼性格火爆的攀岩者不論怎麼努力，也很少獲得贊助。現實生活中會自稱為「職業攀岩者」，完全只靠攀岩賺錢（不必寫攀岩文章或攝影、當嚮導、當銷售代表等等），就能養家活口的人（例如賺到跟工友一樣的薪水），在美國屈指可數。攀岩真的沒什麼錢。不過時代在變，攀岩人口日益成長，機會正在增加，像凱文這樣有才華又討喜的攀岩者，尤其可能出頭。

每次我們談到事業，我覺得凱文就變了一個人，好像我們人在董事會一樣。他會用上「經濟可行性」這種詞彙，講什麼「為了提升專業攀岩者的商業利益……」。情感上我很不能接受，因為這樣的思考邏輯，讓我感覺破壞了攀岩長久以來的社會理念。廠商提供贊助是讓我們多花一點時間攀岩的機制，跟我們攀岩的初衷毫無關聯，不該為了金錢破壞攀岩的純淨度。

「攀岩是一種對抗世俗價值的運動。」我告訴凱文：「我不確定把攀岩變成一種商業活動，攀岩者會怎麼想。」我從沒想過要成為專業攀岩者；在我小的時候，根本沒有這種職業。後來贊助商逐漸找上我，但不曾要求我出賣靈魂換取他們的贊助，因此我能夠抱著虔誠心態，高枕無憂地膜拜攀岩這項運動。

聊著聊著，我開始深思自己的動機與意圖。我已經在黎明之牆上斷斷續續努力了三年，黎明之牆成為我的試金石與表達自我的機會。這趟旅程最初開始的方式（獨自一人），讓我得以追求個人的獨立。我感到可以發揮創意，就好像我在執行一個獨特的願景。我沒把黎明之牆想成一個發展事業的機會。我把凱文當成執行黎明之牆計畫的徒弟。他一邊學習攀登大岩壁的方法，順道協助我完成目標。

有一天，凱文講了一句話，讓我很不舒服：「如果我爬的第一條酋長岩路線就是黎明之牆，那不是酷斃了嗎？」我突然開始懷疑他是否真心想學習，還是只是想利用黎明之牆獲得名氣，增加他身為職業運動員的價值。

我和貝絲離婚時，心中感到苦澀，認為她會對我感興趣，不是因為真心喜歡我，而是認為我對她的職業生涯有利。凱文是不是也在用同樣的方式利用我？還是我自己婚姻失敗留下陰影，害他被無辜波及？畢竟從某個角度來看，我同樣也在利用他。

我看著凱文，眼中只見到一個生意人，一個高度興奮、想解開動作的攀岩者，不過合作兩季之後，我知道凱文還有另一面。他還年輕，努力想趕上，而且極度不願意透露自己的感受。凱文非常有天分，但他也有自己的不安全感。我拚了命想完成這場攀登，大概只讓事情雪上加霜。我不安地想起自己和有時太過霸道的父親之間的關係。我從來無法和父親深入談心。我愛他，和他在一起的時光很快樂，但他非常強勢，我只能把感受藏在心裡。我向來認為父親不是一個很會自省的人，或許他那個年代的男性就是那樣，只會任勞任怨地工作。萬一事情比我想的複雜怎麼辦？萬一凱文也把我當成一個強勢的父親呢？

不過從某個角度來講，凱文和我父親也很像。父親向來清楚我的機遇有多罕見，竟然有辦法靠做自己喜歡的事謀生。不過有時候，父親似乎比較願意（或有能力）和我談我的事業，反而不太去碰觸我的內心世界。例如在吉爾吉斯事件過後，我感到他關心我以後還能不能攀岩的程度，至少跟關心我本人好不好差不多。

話又說回來，很多事情都有灰色地帶，我八成需要方向，或是有人推我一把。金錢無法激勵我，我也不認為父親的動機是錢，但我要有辦法賺錢，才能一直做讓自己最快樂的事。如果能夠選擇，我相信父親當年也很願意成為全職攀岩者。

父親大概和凱文一樣，比我更懂理想主義必須建立在世俗的現實之上，像是房租與房貸、水電費、車子保養費。或許，如果我改從父親或凱文的角度看事情，就能更加理解他們雙管齊下的好處：攀岩也可以發展成事業。

我慢慢說服凱文，只要抓對時間，就能控制風險，攀爬黎明之牆可以很安全。我們開始把鬧鐘設在凌晨三點，從日出一直爬到早上十一點。接著回到吊帳，等待滴滴答答的流水過去，直到午夜。我們睡一下，三點再度起床，又一次嘗試解開最困難的繩距體操動作之謎。

在我們的休息時間，疾風不停攻擊吊帳，有時我們會探頭看下方草原坐在草坪椅上的遊客。他們一定很好奇，我們到底在上頭幹什麼。待在岩壁上的感覺就跟卡通一樣，不管你走到哪，下著雨的烏雲就跟到哪，永遠在你頭上。除了身體會累，無聊是我們最主要的挑戰。

凱文的鬥志過沒多久就開始消退。我感到內疚，因為我一直逼他，要他做超過舒適圈的事。每次待完該待在岩壁上的時間，剩下的幾天我會留在山谷裡，計畫馬上到來的下一次攀登。凱文回家的次數愈來愈多，回家後就分心去做別的事情，比預定的時間晚好幾天才又回到優勝美地，害我沒有攀岩夥伴。我們那個五月離開時，我不確定他還會不會回來。

度過如此難熬的一季，我原本會灰心，但是和貝卡一起共度家庭生活後，我的活力回來了。我們每天和親朋好友相聚，或是到戶外活動，享受在埃斯特斯的簡單生活。在我們的小木屋門外，就有無數的美景寶藏，野花盛開，山上有尚未褪去的皚皚白雪。

在一個美麗的六月天，晴空萬里，我和貝卡站在開闊草原上，身旁是七十位親朋好友，遠方是落磯山國家公園突破天際的山頂。我們握著手，由我先致辭，我努力避免聽起來太生硬，接著換貝卡。貝卡口才非常好，以充滿愛意的口吻，用攀岩比喻我們之間的關係——出現預期與非預期的挑戰時，我們攜手合作，共度喜悅與困難的時光；我們一起努力成為最好的自己時，依舊是獨立的個人，但心也連結在一起。負責主持儀式的牧師也是我們的朋友，我和貝卡凝視彼此的眼眸，說出：「我願意。」

我從來不知道愛可以帶來這麼多喜悅。自從認識貝卡，我的人生就從痛苦緩慢前進的上坡路段，變成在雲端跳躍。貝卡樂天知命的性格撫平了我過往的傷痛。她熱愛世人，對所有不熟悉的新事物充滿無窮的好奇心，讓我的生命充滿喜悅。她的觸碰令我像觸電一般，她的笑容讓我意亂神迷。我們婚後頭幾個月，我經常搖晃自己的頭，等著被打醒，回到現實。

過去幾年，攀岩讓我平均一年離家九個月。我和貝卡希望維持各自獨立，但也不想分開那麼久。我們最後決定她應該辭去護理工作，至少偶爾跟著我一起旅行。貝卡開始展現攝影方面的天賦，如果她投入一點時間拍照，對家用來講不無小補。

我的父母能理解也支持我們的決定，不會干涉我們的生活。貝卡的母親則需要一點時間接受。貝卡來自明尼蘇達州，就連在美國西部山區，專業攀岩都是很罕見的職業，貝卡的爸媽實在弄不清楚這個女婿是做什麼的。他們顯然疼愛自己的女兒，希望女兒幸福，生活無虞。我可以理解他們的擔憂。在他們眼中，我們過的這種生活朝不保夕，不過他們信任貝卡，最終還是決定支持她。

一切都要歸功於貝卡；我感覺只要有她在身旁，萬事皆有可能。我的注意力很快就回到黎明之牆。那條路線開始在我心中變換形象，我原本靠攀爬黎明之牆治療心痛，如今則成為測試自我極限的探險機會。

這一季我不只要更努力，還要多用頭腦分析。我決定檢視先前出了什麼問題，找出未來可以改善的方法。

我為二〇一〇年秋季準備的第一步，就是把自己練壯一點。黎明之牆困難的地方，在於某幾個單獨的動作。我先前已經花了數十年培養耐力，學習攀爬酋長岩的特定技巧。我缺乏的是一股純粹的強大動能。如果想強化攀岩所需的力量，最好的方法就是做困難的抱石訓練，因此我訓練時，大都待在落磯山國家公園一個冰河切割的谷地——「渾沌峽谷」（Chaos Canyon）。

每天我先在步道上跑步約一小時，峽谷標高一萬至一萬一千呎，大約寬半哩、長兩哩的地帶，到處是房子那麼大的巨石。我父親十年前在附近一座湖泊釣魚時，率先注意到這一帶的潛力。這裡後來成為全球抱石攀岩者的勝地，有無數的壯觀經典路線。

朝著峽谷前進時，你會行經潺潺小溪，如詩如畫的亞高山湖泊布滿睡蓮，虹鱒優游其中。在峽谷低處，生長受阻的西黃松小樹林，看起來像是站在深褐與灰色巨石旁的綠精靈。峽谷上段全是岩塊，有的長著錯綜複雜的鮮黃色苔蘚，有的表面有如大理石紋，布滿內突的黑色與黃褐色漩渦。夏季特有的午後雷陣雨，每日帶來滂沱的水量，我躲進洞穴迷宮的通道深處，四處穿梭。在大雨如注、雷聲大作之中，尋找由陡峭岩石與大量岩點構成的完美組合。

我會進行抱石攀岩四到五小時，然後跑步下山，把上半身肌肉鍛鍊到發抖，一路開車回爸媽的車庫，再多做兩小時的運動，強化攀岩所需的力量，避免肌肉受傷。有時做完訓練，還追加半小時的混合健身。

前述訓練的分量與強度，經常超過我的體能負荷，每天晚上都累到發抖，但心底有一股深層的滿足感。我的目標不只是要訓練身體，也是在培養心理韌性，打造堅不可摧的思維模式。

我有辦法逼自己努力，從過往經驗中學習，讓身體超越想像中的極限，利用大腦提醒尖叫的肌肉可以撐住，或是再多做一組運動，縮小「表現」與「真正的潛能」之間的差距。

本季的第二個訓練步驟是重新思考岩壁的狀況。經過前一年的戰役後，我判定不停滲出的融雪讓路線的上半部無法攀爬，也因此黎明之牆只有一個季節適合攀登：秋天。夏天過熱，冬天雪太多。以難度最高的路線來講，周遭的攀爬條件相差一點點，就會差很多。接下來的春季，我會移師到其他地方訓練。

第三步是重新思考隊員。凱文尚未正式宣布退出，但整個夏天都很少和我聯絡。萬一他要放棄，我得調整計畫。我過去大都和能夠專心投入的單一夥伴組隊，但說不定黎明之牆比較適合廣邀眾人一起當確保者。

貝卡在那一季來到優勝美地，她願意幫我確保，但我不希望給兩人的關係帶來潛在的壓力。我希望她享受優勝美地，因此我組織親友團，在秋天輪流上岩壁。出乎我的意料，大家踴躍報名，願意以小小的確保責任，交換在吊帳過夜。岩壁上的新奇環境增強了每一個人的體驗，食物吃起來更美味，笑話更讓人捧腹大笑，用紙袋上大號變成再有趣不過的一件事。二〇一〇年十月黎明之牆的攀登季開始時，我的團隊幾乎過於龐大。

接著，凱文如期抵達。他興致高昂，準備就緒，我們的「垂直露營確保親友團」讓他有機會分享自己新學到的大岩壁知識，自信因此提升。天氣非常適合攀岩，我們開始固定上岩壁三天（通常會有第三名團隊成員一起），接著下岩壁休息幾天。凱文還是會分心，突然回家休息，但沒關係，我和其他人一起上岩壁就好，他準備好了再加入。

我的親友團成員之一是長得像泰迪熊的庫柏・布萊克赫斯特（Cooper Blackhurst）。他身高一九三公分，體重一〇四公斤，從前是史丹佛的美式足球線衛。我們兩人在美國山岳協會（American Alpine Club）社團的攀岩活動認識。庫柏在攀登黎明之牆前，不曾離地超過兩百呎。

「我可以幫你拿大袋子。」庫柏自願幫忙。我交給他一個要拖上酋長岩的巨大吊掛包，結果他隨手就背到背上，好像那只是一個男用皮包。

庫柏讓我想起超級英雄卡通《超人特工隊》裡面的超能先生（Mr. Incredible），金色鬈髮，大塊肌肉，臉上一抹調皮的微笑。他可以隨意變換嗓音，同一句話的聲音可以從十二歲男孩，變成以沙啞音色出名的爵士音樂家路易・阿姆斯壯（Louis Armstrong）。他有如劈啪作響的鞭炮，永遠在捧腹大笑。

我們徒步上酋長岩山頂，一路講著黃色笑話，精力過剩。庫柏每隔幾分鐘就停下腳步，轉身看我們背後的景色。「噢，我的天啊，媽啊，**太棒了！**」接著柔聲加上一句：「我不敢相信我們人在這裡。」庫柏不斷自言自語，讚嘆大自然美景；他是如此真心實意，我都覺得轉身就會看到他在哭泣。

「嘿，湯米，你聽過『門廊鞦韆』（porch swing）嗎？」

「聽過。怎樣？」

「你覺得我們上去後，可不可以也玩一下？」

「唔，我不知道。」門廊鞦韆的概念最初由瘋狂的攀岩者史考提・伯克（Scotty Burke）提出。十年前，他為了自由攀登「鼻子」，在酋長岩山頂待了三百天。他雖是自由攀登者，但有點像是從一九七〇年代晚期穿越過來的人物，當時酋長岩是硬性藥物與挑戰死亡的聖地。史考提可說是小眾文化的傳奇人物，跟他有關的故事半真半假。據說他每天在酋長岩山頂吸一管古柯鹼提神，接著綁好繩子，從岩壁頂端跳下去。

不管那則故事是真是假，門廊鞦韆可不是鞦韆，比較像是兩百呎的自由落體，類似高空彈跳，只不過得靠自己用攀岩繩架好場地，而且離地三千呎。門廊鞦韆不同於多數的高空彈跳，盪下去時，離垂直的岩面僅幾呎，因此除了速度帶來的緊張感，還會因為害怕撞上岩壁，產生全身動彈不得的恐懼。我幾度想嘗試，但隨即打消念頭，我平日冒的生命危險已經夠多了。掉下山谷是攀岩的副產品，不是目標。為了「好玩」而跳？沒必要。

「湯米，我們一定要玩！」庫柏抗議，一雙大手打在我肩上，用力搖晃我。或許在山頂做兩百呎的自由落體，將是不錯的黎明之牆心理訓練，畢竟我們經常一摔就是六十呎。

我用繩子綁好場地，試著壓下心中恐懼。我把確保裝備扣上短繩後，雙手發抖。

門廊鞦韆的玩法是把兩百呎長的動力繩一頭，固定在稱作「跳台」（Diving Board）的突出岩石上，另一頭綁在自己身上，人站在酋長岩邊緣水平距離五十呎的地方。後方是一棵樹，那棵樹上另外綁上一條三十呎的繩子。接著，故意讓自己碰上每一位攀岩者的噩夢，許多疲憊的攀岩者就是那樣意外身亡的：用三十呎的那條繩子垂降至最下方，接著鬆開繩子。

攀岩的重點是控制，門廊鞦韆的重點是放手讓它去。

我緩緩垂降到短繩最下方，繩子尾端離我的制動手只剩幾吋，下方就是酋長岩最陡峭的三千呎。我看著繩子離開我的吊帶，往下垂降一百呎，另一條繩索以一個大迴圈連回跳台。庫柏在固定點拍下整個過程。

「庫柏，固定點看起來牢不牢靠？」我破音了。

「好像夠，我也不知道，是你綁的。」庫柏咯咯笑了起來。「我的天啊，你會摔得好遠好遠。」

「我知道。」我深呼吸。「等我一下。」

「沒問題，你準備好了再開始。」

「我不確定我會不會有準備好的一天。」我嗚咽。

「管他的。」我放開繩子，讓繩子尾端滑過手指。

繩子咻一聲穿過確保裝置，我的肚子癢癢的，感覺失去重力。我低空飛過岩壁，立刻感受到重力加速度的威力。當風咻咻吹過耳邊時，甚至感覺比那還快。我和岩壁擦肩而過，相隔僅幾呎，只見到一抹灰白色的影子，我張大了嘴無聲尖叫。大概過了一萬年，繩子終於拉直，擠出我肺部最後一絲空氣。我在岩壁間像鐘擺一樣以巨大幅度擺盪，心中的恐懼化成腎上腺素帶來的狂喜，整整兩分鐘掛在繩尾晃動，感謝上帝自己還活著。接著再靠上升器回到山頂。

「那是我看過最酷的事！」庫柏笑到歇斯底里。「換我了。」

我們再度檢查確保系統，庫柏繫好裝備，下降至短繩尾端，從頭到尾幾乎毫不遲疑。我感到不可思議。庫柏先前很少離開地面，但是他面不改色，從酋長岩山頂做兩百呎的自由落體。

當晚，我和庫柏垂降至位於岩壁中段的吊帳營地，凱文在隔天早上加入我們。接下來三天，我們從半空中的小小尼龍島開始攀岩，庫柏負責確保與開源源不絕的黃腔。有庫柏在，凱文似乎活了過來，甚至開起兩種保護裝置的玩笑。那兩種裝置剛好都和人體某些部位同名：「突然有東西不對勁，岩鉤（pecker，老二）在岩塞（nut，睪丸）之下！」我開始看見凱文瘋狂與享受樂趣的一面。只有我們兩人在的時候，他那一面通常被壓抑。

我們回到地面後，庫柏告訴我，他願意拿美式足球生涯中最棒的日子，交換這趟「黎明之牆」的旅程。

我們精力大振之後，一下子就有進度，成功自由攀登所有最困難的個別動作，將它們連成不同的長度，接著拼湊起整個繩距。我們尚未從頭到尾成功接起最困難的繩距，但朝完攀目標又多前進了幾步。身體似乎適應了岩壁上的生活，得以發揮最佳水準。

酋長岩擁有優勝美地最強的手機訊號。我待在岩壁上的每一晚，都會打電話和地面上的貝卡報平安，得到加油打氣後，更是等不及明天的到來。我和貝卡開始談到孩子與未來。她告訴我，我在岩壁上時她有多想念我，但也談到她和朋友在一起有多開心。貝卡開始跑步，也和其他人去攀岩，甚至開始寫部落格「考德威爾家的生活」（Life with the Caldwells），內容是冒險、烹飪與攝影。

我不曉得是我必須學著克服天生的性格，或是人際互動中神祕的化學變化，還是兩者都有；在我前一段婚姻，我經常害怕別人怎麼想我。那不是誰的錯，那是我的問題，也或許根本不是任何人的錯，但我和貝絲在一起時，我只是個幼稚的男孩。如今每一件事感覺都不同。和貝卡在一起，我感到有自信。她的活力與內心的平靜傳到我身上，讓我朝更高的標準邁進。我感覺到自己在改變、在成長，成為一個更好的人。

那年的十一月初，花了前面五週研究路線之後，我和凱文決定嘗試第一次從底部自由攀登黎明之牆。我們會從最下方開始，一路爬到頂端；三十二個繩距都爬，中途不離開岩壁。我已經花了三年時間準備這次攀登，遠超過人生中爬過的其他路線。我在黎明之牆的路線上，總計待了超過九十天，下岩壁後更是花了無數小時訓練。一切的一切都只是練習而已，上場一搏才是真正的重點。如果要被視為有效的自由攀登記錄，我和凱文必須各自完整自由攀登每個繩距（中途不能把身體重心壓在裝備或繩子上），不論是領攀或跟攀都一樣。每個繩距想嘗試多少次都可以，只要人一直待在岩壁上。

我們在十一月十九日早上出發，已經事先在岩壁九百呎高的地方，準備好營地及兩星期的補給。喬許．羅威爾和弟弟布萊特（Brett）飛來優勝美地，拍下我們這次的嘗試。親朋好友彼此通知，我不想讓任何人失望。我很緊張，看得出凱文也很緊張。

我和凱文才爬到級數五．一三a的第二個繩距，腳就開始打滑，身體抖動，手忙腳亂想抓住支點；那一段和上方岩壁相比只算暖身運動。我們各自摔下幾次，不得不重來。到了第一天的尾聲，我們完成了六個繩距，感覺像打了一場仗一樣。指關節染血，指尖貼著膠布，士氣飽受打擊。我知道問題出在哪裡，但於事無補。這次的嘗試，就像開賽第一天與第七場總冠軍決賽加在一起。我們練習與計畫了好久，這一刻變得太重要。旁人沒給我們太大壓力，是我們自己的心在慌亂，有一種「這一切真的發生了嗎」的斷裂感。心亂，結果就是我不信任自己的腳，過度仰賴手。我一下子消耗太多力氣，心中清楚無法一直維持那種攀登強度。而且太早就卯足了勁衝刺，油箱沒多久就沒油了。

第二天碰上極度高溫，我們不可能在大太陽底下攀爬如此危險的繩距，得等到傍晚變涼再說，於是趁機好好休息。

說來奇怪，要是清楚自己該朝哪裡爬，夜間攀岩有時比白天來得容易。涼爽的空氣可以減少岩壁的滑溜程度，而且頭燈光線直接接觸光滑的岩面，照亮邊緣與結晶，帶來讓腳點看起來較大的影子，令人信心大增。

第二天晚上十點半，我們替「繩距七」做準備，那是第一個級數五・一四的繩距。我們尚未自由攀登過這些繩距，因此是依據經驗與先前的嘗試來評估難度。繩距七是一個往外突出、長一百呎的錯位裂縫，由好幾個狀似鳥嘴的金屬岩楔確保。我們上個月把那些岩楔敲進細如髮絲的裂縫中幾公分深的地方。我們知道這些確保點可能不足以支撐大岩壁攀登，但心想就算所有的裝置全數脫落，我們其中一人長距離下墜，也沒關係，因為岩壁十分垂直，不會撞到任何東西，有點像在玩鬥廊鞦韆的意思。

我領攀，大約在四分之三的地方，高強度的動作讓我身體開始顫抖。我的技巧、我的膽量，全都離我而去。我抓住一個危險確保點的繩環，盡量輕巧地將身體重心移到上方，接著凱文把我降回確保點。

「我太緊張了。」我說：「你要試試嗎？」

我看著凱文頭燈的黃色光束穩穩往上移動，中間伴隨著吃力的呼吸，以及鉤環開口的嗒嗒聲。凱文爬到超過我先前高度的地方，但腳滑了一下，忍不住叫出來，他的頭燈光線照向我。我聽見保護裝置自裂隙中脫落的劈啪聲，準備好承受撞擊。不過凱文突然停住。

「幹得好，凱文！」我在一片漆黑之中大喊：「做得很好，加油。看來保護支點撐得住。」

我們輪流上去，每一次都多獲得一點信心，也比上次爬得更高一些。第三次嘗試時，已經抵達繩距尾聲，只剩一個動作就能完成，卻又重重摔下。我回到確保點，興奮地脫口而出：「太棒了，這是真正的攀岩！」

「講真的，這強度很高。」凱文回答。

突然間，我看到藍光。凱文從口袋掏出手機，開始打字。

「你在幹嘛？」我問。

「更新推特。」

「每試爬一遍就要更新？」我心中疑惑：**為什麼**？

「對。」他說：「超馬選手比賽時就是這樣，讓大家即時追蹤進度。我想我們攀岩時，也可以試試看這個方法。」

我腦中瞬間閃過的念頭是：**拜託你，專心爬好不好，這種時候不要想著你的事業**。你知道的，就……就我們四個人在這裡好好爬，不是很好嗎？我話尚未說出口，就意識到自己這種想法有多虛偽。團隊裡另外兩人是我的朋友，他們主要是來這裡拍攝攀爬過程。我已經建立自己的事業，凱文才在起步。如果這是現代的科技潮流，我不該當個守舊派。

凱文發完推特，收起手機，穿好岩鞋，順利完成這個繩距。我們大聲歡呼，就好像他觸地得分一樣。那股活力會傳染，是一種攀岩者稱為「完攀列車」（send train）的氣氛。接著我也順利爬完。

我們一直爬到凌晨一點，完成另一個五．一三d的繩距。大約中午時，我們起床，在酷熱的下午隨意打發時間，準備迎接涼爽的傍晚。幾天後，我忘了山下的世界。有喬許和布萊特兩個好兄弟在，我們活在遠離塵囂的世界。

前幾季，有攀岩者透過喬許的紀錄片、一些網路影片，還有我替攀岩雜誌寫的幾篇文章，偶爾追蹤我們的「黎明之牆」挑戰，但我不是很清楚原來凱文的推特在網路上爆紅。突然間，我們在岩壁上感受到的緊張與興奮情緒，優勝美地以外的人都能得知，甚至即時追蹤。我們中午休息時會拿出手機，看網路上的評論。那種感覺很怪，我的感受十分矛盾，但又抗拒不了查看的誘惑。我們幾乎是孤身在岩壁上，但網路虛擬體育場上觀眾的加油，似乎燃起了凱文的鬥志。他拿出我從未看過的精湛技巧，更準確、更有自信，也更有力。

第四天晚上十一點半，我們來到「繩距十」，我們判斷級數為五．一四a。一開始是一條延綿不絕、細如髮絲的接縫，我們得用後躺法，經過八十呎長、足以扭傷肌腱的岩釘痕跡，接著靠雙腳往反方向推的方式，通過一段岩隙滲出泥水的地帶。一邊站在十分錢寬的邊緣，一邊試著弄乾鞋子與雙手，接著嘗試通過重頭戲。最難的那一段，必須靠手指壓著上方的小屋簷地形，以鐵人般的身體張力，舉步維艱地用抹腳法往上收腿，直到腳離手六吋，再把身體重量晃到腳點上，高高伸出一隻手，抓住一個傾斜的岩釘痕跡。整個過程十分耗力，需要動用從腳趾一直到手指的每一塊肌肉。凱文將那個動作命名為「從嬰兒身上抬起一輛車」。

我們兩個人數度嘗試都失敗了。我們想像《洛基》的電影畫面，增加動力，打開頭燈，綁好鞋帶，把車子從嬰兒身上抬起。接著又一鼓作氣完成下一個繩距。

我們休息一天，接著烏雲密布，酋長岩的山頂消失。少了炙熱的陽光攪局，我在白天就爬完目前為止難度最高、五．一四b的「繩距十二」，進入路線的心臟地帶。凱文一直在看氣象預報，得知接下來會大風大雨。我記得當時我抬頭望著天空，用不切實際的樂觀精神說：「我覺得這次的風暴會繞過我們。」

氣象報告說得沒錯，雨水開始落下，我們收拾所有東西，放棄攀登。接下來是連續五天的疾風，而且下起厚厚的白雪，岩壁上方積了四呎厚的雪。就第一次真正試圖攀登黎明之牆來講，這是反高潮的結局。我們花了十天，只完成三分之一，不過奇怪的是我們感到振奮。

我們投入大量心血，但簡單來講，「想太多」是我們的敵人。接下來得花更多時間做更多練習，累積更多經驗，以更直覺的方式攀爬。我們會學到更多。首度嘗試的壓力從我們肩上消失，希望下一次會更好。

我以前經歷過無數次失敗，知道失敗無可避免。經驗與生命中的導師教過我，只要方法對了，失敗會帶來成長。

第14章 四年的準備之後

我獨自一人躺著，凝視上方在微風中輕輕晃動的固定繩，彷彿繩子具有催眠的力量。

我大聲自言自語，沉思，想像著成功的畫面。

「你可以的，你以前就做過，你已經花了這麼長的時間。」

接著我祈禱。

親愛的上帝，請賜予我力量，讓我的皮膚癒合。

我閉上眼睛搖頭。太可笑了，難道我真的覺得上帝會在乎某人想成功攀爬黎明之牆的事？我也太自大了，憑什麼認為上帝會聽見我，答應我這個荒謬的請求？

然而，這件事對我來講意義重大，四年的努力會不會是一場空？

我瞪著自己的指尖，上頭是好幾層乾掉的血跡，皮膚脫落，像是撕爛的面紙。我輕輕用大拇指按壓每個指尖，手臂立刻一陣劇痛。我在手上塗上厚厚的藥膏，用膠布貼起。明知道手指在兩天內癒合的機率不高，還能怎樣？要是不爬黎明之牆，我的人生該怎麼辦？我該何去何從？我會變成什麼樣的人？

幾小時後，我注意到有人在拉扯從營地垂降至地面的繩子。我小心把頭探到岩壁邊緣往下看，父親熟悉的身影映入眼簾，他用上升器登上岩壁。我急著見到父親，希望有他在身旁，自己會精神大振，但我注意到父親上來時忽快忽慢，跌跌撞撞。他離得更近後，我發現他滿臉通紅，每上升幾呎，就癱坐在吊帶上。隔著一段距離，都聽得見他氣喘吁吁的聲音。

最後，父親終於接近營地。他手忙腳亂爬進吊帳，發出一陣呻吟。

「爸，謝謝你過來，能見到你真好！」

父親坐到我身旁點點頭，肩膀隨著沉重的呼吸起伏，手一直搭在我肩上。他依舊傲人的二頭肌多了鬆垮的贅肉，臉上布滿黑斑和皺紋。從前的無敵氣場似乎消失無蹤。我頭一次發現父親老了。在那個瞬間，爬黎明之牆變得沒那麼重要了。我想要放棄，但是貝卡、父親，還有其他好多人都花了力氣投入。我得繼續，這是我欠他們的。我擠出一個微笑，把自己隱隱作痛的手疊在父親手上。我想感謝父親，告訴他很抱歉，我不該讓他為了我的黎明之牆執念這麼辛苦。

「能見到你真好。」我又講一遍，好奇自己繼承了父親多少的人生。

§

我們失敗了。我開了二十小時的車回科羅拉多，一路沒睡，甚至沒打開收音機。我的腦筋轉個不停，想著我們做錯的地方和我們學到什麼，下一次該換哪種方式。我還是青少年的時候，失敗令我窒息。盡了最大的努力卻功虧一簣，讓人在心理上、情緒上都很疲憊。不過每經歷一次失敗，都可以重新再來，讓下一次變得更好，習慣就行。最近幾年，失敗反而讓我深深好奇自己尚未解開的謎題。

我想著我們開頭衝太快，第一天就在大太陽底下攀爬，造成我們緊張兮兮，還磨損寶貴的皮膚。我們太晚決定改在晚上攀岩。下一季，我們要變成夜行性動物，就像蝙蝠一樣，躲在掛起來的睡袋下休息，晚上再出來攀岩。即便是夜晚，有時氣溫依舊太暖，或許需要把攀爬的時間點往後延到冬天。

然而，冬天的風暴會帶來墜落的冰塊。我們大概會在風雪間歇時攀爬，那種時候，岩面會是乾的。只是在晴朗日子的某幾個小時，結凍又解凍的循環會帶來有如砲火攻擊的冰雹。我一邊開車，突然靈機一動，何不做一個遮冰板！我連忙把車停在路旁，深呼吸，閉上眼睛，開始在腦中計算。如果我們能夠做出呈四十五度角撐在岩壁上的堅固板子，就可以有效擋掉寡婦製造機。點子在我腦中成形，我興奮到發抖，傳簡訊給凱文：「三個字：**遮冰板**！」我興奮極了，繼續開車，手掌拍打方向盤，大喊：「**我知道了，我知道了！**」

除了談戀愛，黎明之牆是我人生中最正面、最投入的經驗。我看到親朋好友動員起來幫忙，發現自己不是唯一從中獲得力量的人。黎明之牆在我心中幾乎成為一則神話，不只是一場體育活動而已。我對於自己產生這樣的念頭感到有點瘋狂，但瘋就瘋吧。大家的關懷與支持令我感到可以做下去。如此執著、如此想達成一個任務，其實沒那麼神經病。

接下來八個月，我都在為下一個攀岩季做準備。不過這一次我會休息，想辦法過得平衡一點。我以前很容易做事衝過頭，陷入偏執。

巴塔哥尼亞永遠給我一股安心感，此外我也想讓貝卡見到我熱愛的地方。從優勝美地回家後不到五週，我們就打包前往南美，在巴塔哥尼亞待了四週。整整四星期，高山區都籠罩在暴風雪之中，因此我們讓自己享受悠閒的阿根廷文化，到查爾騰鎮附近從事抱石攀岩活動。

我喜歡我們的巴塔哥尼亞遁世之旅。埃斯特斯公園與西優勝美地是我這輩子住過最長時間的兩個地方，都不是什麼大城市，但都是通往主要國家公園的門戶，旅遊業是鎮上的經濟命脈。優勝美地國家公園本身，尤其是峽谷一帶，自成一個城市，有雜貨店、旅館和餐廳。旺季時有點像迷你曼哈頓，道路壅塞，到處大排長龍，人潮擁擠。

查爾騰鎮雖然位於冰川國家公園（Los Glaciares National Park），卻是個貨真價實的邊疆城鎮，一九八五年才出現。從最近的埃爾卡拉法特（El Calafate）機場再走一百三十哩，就會抵達阿根廷人跡罕至的荒涼南部區域。現在雖具有一些生活機能，但很長一段時間都缺乏日常生活中不可或缺的基礎設施。我喜歡這種沒網路也沒手機服務的生活。

某個風特別大的日子，山艾樹在疾風中盤旋，我獨自一人跑去抱石，在大石後方找到一個遮蔽處，坐下來擦掉風吹進眼裡的髒東西。一個不到兩歲的小女孩，出現在附近一個小圓丘上，臉頰圓圓的，上唇有乾掉的鼻涕，黑色長髮隨風飄曳，身上是一件覆著風沙的紫色羽絨衣。風勢實在太強，小女孩不斷想辦法站直身體，和身旁的狂風形成強烈對比，但她看起來很熟悉這種環境。我心中突然感到一陣柔軟，對著她微笑。她靜靜站著，想判斷眼前的叔叔是好人還是壞人，接著就跑走了。有一瞬間，我懷疑自己是否看到鬼魂。

我走到小女孩剛才站的地方，望見她跑下山丘。有一個人拿著登山杖大步走在她身旁，我猜那是她爸爸。

晚上，我告訴貝卡這件事。

「噢，你八成是看到托曼提娜（Tormentina）。」貝卡說：「我有一天碰見她和她爸爸詹姆士（James）。那家人好厲害，從紐西蘭出發，一路開船到這裡，去年還在巴塔哥尼亞四處騎單車，那時托曼提娜還不到一歲。他們現在又有了一個新的小寶貝。他們一家人好像賣掉了所有財產，領出存款，買了一艘帆船。現在以船為家，環遊世界。」

用那樣的方式度過童年，多不可思議啊。托曼提娜的模樣，漸漸在我心中變換成薩滿巫師召喚的幻覺。那是一閃而過的渴望，以及對未來的希望，我一直都知道自己有一天想要孩子。

在那之後，我和貝卡偶爾會認真談到生兒育女的事。貝卡從少女時代就知道自己想要孩子，但她才剛開始四處旅遊，還有好多想看的事物，而我也擔心生孩子會影響自己成功攀登黎明之牆的機率。貝卡說：「那你就得在我們有孩子之前快點成功。」儘管貝卡全心全意支持我，我感到她心中有一部分覺得黎明之牆是我的小老婆。她沒說出口，但確實是這麼想的；畢竟我們商量兩人的關係時，都是繞著攀登黎明之牆打轉。我並未感受到來自貝卡的壓力，但我逼自己要完成這場攀登。我其他的酋長岩計畫都花了一季就完成，而我已經耗了三年在黎明之牆上。如果不快點成功，大概永遠不會有那麼一天。再說了，我們夫妻希望每年秋天還能去優勝美地以外的地方。我在高聳的費茲洛伊峰和其他巴塔哥尼亞山脈腳下，決定二〇一一年將是我待在黎明之牆的最後一季。該是長大的時候了，不再只替自己想，也要想想別的事。

回到埃斯特斯公園後，冬日離去，春天百花盛開，貝卡有一個提議。「我需要一個目標。」她說：「你覺得我生日去爬賽拉瑟岩壁好不好？」

「真的嗎？」我問：「妳想爬酋長岩來慶祝生日？」

「對，而且我不想用上升器，想真的用爬的上去。我知道我不可能自由攀登，但或許可以領攀幾個繩距。」

我其實有點慶幸貝卡沒深入攀岩。一段關係中有一個投入的攀岩者，大概就很容易讓感情生變。不過，我心中也有一部分覺得這個生日點子是最大的恭維，因此我計畫把這次的攀岩變成一場溫馨、幾乎是度假的體驗。賽拉瑟岩壁大約在中段的地方。有一根叫「酋長尖」的岩柱，柱頂一片平坦，離主岩壁有幾呎遠，形成一個懸在半空、刺激感十足的台子，是舉辦私人浪漫生日派對的絕佳地點。二〇一一年五月，我們在第一天爬上那根岩柱，那是貝卡目前為止最大型的攀岩日。雖然她表現得很精彩，不管是誰，在酋長岩上爬二十個繩距都會弄得一身狼狽，尤其是在潮濕的春天氣候。我準備了真正的帳篷，原本打算在景色壯麗的「酋長尖」上過夜，結果最後只能在下方一百呎的一個山凹處紮營，好躲避綿綿細雨。人們經常誤以為某個露宿地點的地面完全平坦，躺下後才發現自己開始滾下山坡；我們浪漫的生日露宿點恰巧就是這樣。我們在帳篷裡進行了不是那麼完美的身心交融，隨時意識到再過去幾吋，就會從一千六百呎高的地方摔下去。隔天午後準備設備時，我們開玩笑說應該在這次攀岩之前，拿掉避孕裝置。我們該為孩子取什麼名字？「賽拉瑟」？「酋長岩」？「酋長」？

兩天後，我們登頂。我自豪到熱淚盈眶，貝卡卻忙著自拍，比出夏威夷「輕鬆一下」（shaka-brah）的手勢。「快點過來，跟我合照！」

我乖乖過去照相，心中好奇貝卡的成功是不是一個好兆頭。

二〇一〇年十一月我們在黎明之牆的十天挺進，其中令人興奮的元素讓凱文大受鼓舞。例如有可能將整個岩壁上的困難繩距連接起來，而每段繩距的連續動作，都和他在抱石與小型攀岩單獨做的動作一樣困難。凱文似乎開始瞭解這場攀登需要付出的東西，以及它所帶來的回饋。

整個夏天與早秋，我待在埃斯特斯家中夜不成眠，想著補給策略，接著從日出一直到日落進行強化自己的訓練，準備迎接黎明之牆的嚴苛考驗。我睡不著，想著成千上萬的小細節。如果要拿出最佳表現，那些細節全部得謹記在心，例如每個岩點的形狀與大小，手指要怎麼擺放，如何以正確方式把手嵌進岩石結晶。我想著把重心往右移一吋到正確位置的準確時機，好讓腳的角度稍微改變。光是差個一、兩度就能決定成敗，一切得記在腦子裡才行。

我先訓練大腦，接著訓練身體，在渾沌峽谷尋找抱石問題，看看有沒有和黎明之牆最困難的繩距相似的連續動作，把動作的連接方式深深刻印在腦中。有時攀岩動作會突然自行在我腦中播放。我關不掉，整個人瘋瘋癲癲。到最後，一閉上眼睛，心中就會冒出頭二十個繩距的每個動作。

如果要順利應付岩面帶來的挑戰，大腦必須像一個井然有序的工作坊，不能雜亂，正確的工具要擺放在適當位置。最成功的攀岩者，理想的性格組合是既有專注於細節的A型人格，也有能減輕壓力的從容心態。

我的大腦成為自己的訓練場。在我的想像裡，我的身體呈現攀爬岩壁所需的姿勢，身體和岩石合作無間，而不是靠身體去對抗岩石。真正的戰役在我們自己心中，主流文化的「人類對抗岩石」講法，讓每個真正的攀岩者感到無言的尷尬。如果要讓攀岩者知道你不懂，也不可能懂，最好的方法就是在他們面前大談「征服」岩石或一座山。

我和凱文在二〇一一年十月重返優勝美地，起初十分順利。我們還未能自由攀登中段最困難的繩距，因此決定專心練習「繩距十六」的動態飛躍動作。黎明之牆多數的攀登動作和準確度有關，差之毫釐，失之千里，就和芭蕾或大腦手術一樣。每一個動作都得協調，控制住準確度與時機。那個大跳躍則是例外，比較像是丟一塊鐵砧到天花板。有一次，我們為了提振精神，早上喝多了咖啡，渾身是勁。凱文跳躍的時候，手抓到了最後的支點，但身體用力過猛，左腳撞上一個小岩石的內角，立刻掛在繩子上。

「嘿，」他若無其事說著：「我剛才動到腳踝了。」我把凱文垂降回吊帳，後來他又多嘗試了幾次相同的跳躍動作，最後一次還抓到支點，但腳踝開始腫脹，苦不堪言。「我最好趁腳完全無法動之前下山。」他說。

「OK，好，你先下去吧。我把東西收拾收拾帶下去。」

凱文靠繩子一下垂降一千四百呎。我還沒來得及收完東西，就收到他捎來的簡訊：

「我覺得我最好回家，找醫師看一下腳踝。」

凱文就那樣離開了。接下來幾天，貝卡用上升器上來岩壁幫我確保，我們等著診斷結果出爐。凱文的腳沒斷，但傷到骨頭，拉傷幾條韌帶。他這個攀岩季報銷了。

我很想和凱文變成朋友，也希望兩人培養出傳說中「繩友的革命情感」，但看來我勢必得拋下他。過去兩年間，我們兩人共度了三個攀岩季（凱文加入時，我進行黎明之牆計畫已經一年），我心中有一部分依舊感覺他配不上黎明之牆。凱文的確很有天分，在岩壁上也很帶勁，但他待在酋長岩的時間，大約只有我的百分之五。他出現的時候，真的表現相當優秀，這一季的鬥志也比較高昂，但在我內心深處，我還是感到黎明之牆是屬於我一個人的計畫。

凱文極有風度地接受我少了他也要繼續的決定，也表達了遺憾之情，說自己很想待在岩壁上，還無私地支持我。我開始明白凱文不只攀岩技巧出色，心胸也比我寬大。我在這一季剩下的時間帶著歉疚感攀爬。

凱文退出的消息一傳開，所有人都說願意幫我確保。親朋好友不用說，貝卡、父親、科瑞、庫柏全都報名參加，還有一大群我不認識的人也說願意過來，甚至連貝絲都伸出援手。我感到驚奇，更加欽佩我們這個社群。

然而，我想和自己最親的人一起共度這趟旅程，尤其是我準備好由下而上一次自由攀登完整條路線的時候。研究繩距是一回事，可以大家一起來沒關係。然而今年是我第四年待在黎明之牆上，我已經決定這將是最後一年，今年就要完成計畫。朝完攀前進很困難，也令人百感交集，那是我一生的努力集大成。

我想讓誰和我一起上去？答案很明顯：貝卡和父親。

我們決定由貝卡在頭十天支援我。然後她從固定繩下去，換父親上來。我在二〇一一年十一月十六日展開攀岩。

我知道貝卡很能吃苦，也想在岩壁上幫我，但我完全低估自己讓她忍受了多少事。真正的戰役從「繩距三」開始，我好幾次摔得很慘。我和貝卡的體重差異不小，每次我一摔，她就彈起來，吃足了苦頭。

第四天，天寒地凍起來，貝卡穿著兩件羽絨衣躲在睡袋裡幫我確保。晚上十一點，我即將攀登「繩距十」。月光灑落岩壁，照出一股奇異的光輝，帶來強烈的半空暴露感。我們是酋長岩上唯一的兩個人，那個當下可能還是全優勝美地唯一的攀岩者。疾風不斷打著吊帳，詭異的長嚎從岩壁凹凸處傳出來。

「親愛的，妳還好嗎？」我在風中大喊。我希望貝卡說她很害怕，我們應該回到存糧豐富的舒適吊帳。我用頭燈照著她的外套帽子，微光足以看清她臉上的表情：層層羽絨下是一個錯不了的笑容。

「我沒問題的，去吧！」貝卡捏了我屁股一下。貝卡的堅強讓我訝異，不想讓她失望的我，深吸一口氣，開始在上方做下一套動作。

突然間，我聽到一聲尖叫，低頭剛好看到大風掀翻吊帳，貝卡飛到繩子最尾端。雖然她身上牢牢綁著保護繩，我的心仍跳了一下，連忙塞進一個微機械塞（micro cam），抓著岩塞，心驚膽戰地呼喚她。貝卡將吊帳擺正，爬了回去，大喊：「我沒事！」

不久，接近午夜時，我在咆哮颶風中繼續靠頭燈攀爬。水從岩隙中滲出，害我不斷打滑。前一年，我和凱文完成了這個繩距，然而挑戰黎明之牆不是在玩井字遊戲，不能跳來跳去，必須按照順序，努力完成每個繩距的自由攀登。我垂頭喪氣掛在繩子底端，注意到有車頭燈緩緩穿越酋長岩草原，心想該不會是爸媽的車吧。他們跟工作的地方請了事假，特地來優勝美地支持我。我想起先前耗費的心血，腦中浮現替我加油打氣的眾人。然而經過多年的努力，黎明之牆似乎依舊遙不可及。

在第七個早晨，我們醒來時，吊帳上結著冰，我拉開帳篷拉鍊，探出頭去。

「哇，親愛的，妳得看看外頭。」一夜之間下了一呎的雪，風停住了，空氣完全靜止，冰晶緩緩在我們身旁飄浮，有如閃閃發亮的迷你鑽石。

「就跟納尼亞傳奇（Narnia）一樣。」貝卡咯咯笑了起來，「但是更棒，因為我們在岩壁上，有最好的視野。」

三十分鐘內，陽光發威，過去一夜凍在岩壁上的冰開始脫落。一開始先是小冰塊在吊帳上彈跳，像風鈴一樣叮噹作響。接著是迴旋而過的冰片，有如嗡嗡作響的鋸子刀刃。再來是壘球那麼大的冰雹，從岩壁上呼嘯而過；幾百呎外就聽得到。

我大喊：「盡量貼近岩壁！」我努力讓語氣輕鬆，但心中其實很慌。接下來幾小時，我們坐以待斃，無處可逃。大冰塊砸中吊帳的金屬架，整個吊帳移位。我痛罵自己沒做出遮冰板。貝卡出乎意料像個沒事人一樣。她怎麼有辦法這麼自在，信念堅強，輕鬆就接受周遭的一切。她的力量源自哪裡？

和貝卡待在一起的那十天很超現實。她閃躲每天的冰雹雨，安然度過狂風，還接住我幾次的長距離摔落，從頭到尾以正面的心態支持我，甚至感到驚奇有趣。忍受狂風暴雨已經不容易，冷天氣又讓岩面分外脆弱黏膩。儘管這次攀岩條件改善，我體能也有所提升，依舊爬得很辛苦，力不從心的感覺比去年還容易出現。我愈來愈沮喪，感到再努力也沒用。

最終我爬到二〇一〇年的最高點，完成「繩距十二」，但已經精疲力竭。手指抽痛，皮膚裂開，情緒上也累壞了。我知道自己得挖掘內心深處，試著召喚出信念。我得想辦法拿出這輩子最好的攀岩表現。一天晚上，貝卡問起和去年的嘗試比起來，今年有什麼地方不同。我想了一分鐘後回答。

「我很難開口承認這點，但我想不同的地方是凱文。親愛的，不要誤解我的意思。」我解釋：「妳給了我最不可思議的支持，但我和凱文之間的合作與競爭張力真的很不錯。」

貝卡點頭，沒說什麼。

「我不必分心擔憂凱文，而且凱文在的時候，我得表現出樂觀勇敢的樣子。」我說：「在妳身邊時，我可以表現出自己脆弱的一面。我太愛妳，造成我在岩壁上太柔軟。妳覺得這樣好不好，讓我有幾天時間獨處，看看皮膚能不能癒合，順便調整一下心態，然後妳讓父親上來？」

「好，」貝卡柔聲說：「你認為該怎麼做，我們就怎麼做。」

貝卡重重親了我很久，熱淚盈眶，「親愛的，你辦得到，我相信你。」接著就扣好繩子，一路垂降而下，消失在視線中。

父親幫我確保了兩天。我很快就發現，岩壁上的生活對父親來講太吃力。他感到膽怯，不再是我記憶中天不怕地不怕的父親。我睡不好。在「繩距十四」同一個地方一再摔落，手指的情況更加糟糕，血都染到衣服上。當時的天候很適合耗力的攀岩，但我一點進展也沒有。

我發現父親老態龍鍾，也知道自己生孩子的時間到了。事情正如許多運動員前輩所言，沒人能打敗時間。我知道自己已經過了體能高峰，但比起二十歲到二十五歲那段期間，我現在遠遠更有經驗。或許我無法再像從前一樣，透過密集的健身訓練增強體力，但現在我可以用更聰明的方式攀岩、訓練自己，並且注意更多細節，來克服不可避免的體能衰退。

父親不忍心看我爬得那麼辛苦，屢戰屢敗。他試著保持正面的精神，但我看得出他眼裡有痛苦。在兩次的攀爬嘗試之間，以及夜裡在吊帳時，他滿懷愛意提起了母親。他們才兩天沒見面，但我明白父親有多思念母親。我提議他下去，換凱利上來，我知道對父親與對我來說，這樣最好。凱利是我在埃斯特斯公園最好的朋友，他剛好也在優勝美地。我感謝父親來幫我。他祝我好運，然後就下了岩壁。我們兩人都鬆了一口氣，但也感到難過。我試著不去想父親的離去，專注於即將發生的事。

先前我離婚時，凱利一直借我肩膀哭泣。他是一個謙虛的不可知論者，也是死忠的高山攀登者，要我別把自己看得太重。凱利在進入攀岩的世界前是拳擊選手，我知道他懂那種內心的奮戰：如果我要成功，力量得來自我的心。

過去兩天，我一次又一次失敗。凱利盡了最大努力激勵我，但我的鬥志已經消失。我已經十六天沒踏上平坦地面，身心俱疲。我因為沒有平地可走，多數時間都在睡覺，一晚睡十四到十五小時。這麼長的時間都躺著，只會讓我更委靡不振，也更難提起勁繼續攀岩。

雪上加霜的是，我的手指一直好不了。我把手傷列入我的待解決清單。

人們從遠方支持我，傳來正面的訊息。我甚至模仿凱文，在臉書上更新攀岩進度。但是到後來，大家的鼓勵感覺比較像在替我惋惜。

此外，我後悔公開讓大家知道我這麼脆弱。我耗費四年訓練，無情地鞭策自己，最後還是沒完攀黎明之牆，連一半都沒完成。失敗可以帶來成長，但也必須懂得適可而止。**我還不夠好，永遠都不會有夠好的那一天**。我的心，我的身體，感覺空蕩蕩的。我浪費了人生四年的精華時間，該是時候向前走了。

第15章　挫折與新生

我幸福到暈頭轉向，掀開上衣，讓小寶貝躺在自己光溜溜的肚皮上。他的心跳和我的心跳連在一起，令我心跳加速。

我睡眠不足，抱著費茲搖著椅子，心中同時湧出害怕與想保護孩子的直覺衝動。時間靜止，我看著費茲的小小手指甲與腳趾，摸摸他的頭。他雙眼澄亮，我在他眼中看見無限的可能。

怎樣才能當個好父親？

我人生的難關都源自「想要」與「需要」。

我需要父親愛我這個兒子，而不是愛我的成就。

我需要貝絲愛我這個人，而不是利用我來增加安全感。

我需要黎明之牆是我專屬的療癒方式。

然而，我真正需要的東西是什麼？

渴望與需求。渴望包含熱情與活力，不受壓力與期待的重擔拖累。需求則太常吸乾熱情與活力，最簡單的事也變得困難，壓得人喘不過氣。

我看向貝卡。她在微笑，我心頭的疑問都消失了，化為另一種渴望：我想變得更像貝卡；我想不受批判的影響；我想因為讓別人臉上露出微笑，自己也快樂；我想擁抱對人生與人群無止境的愛。我想努力和貝卡一樣，仁慈待人，不求回報，永遠接受有缺點的人性，懂得寬恕他人，寬恕自己。貝卡相信唯有上帝是完美的，她告訴我上帝可以是我們所有力量的泉源。

我想要兒子和貝卡一樣擁有堅定的信念，相信我們，相信愛，相信自己。

§

雖說勝敗乃兵家常事，失敗依舊令人痛苦。我在家不停講著這次的黎明之牆攀登。

「要是我能想辦法讓皮膚撐久一點就好了。」

「要是我多休息一點就好了。」

我因為過度投入黎明之牆，人生失衡。有這樣一個可以全心投入的計畫，令我精力充沛，但也開始占據我人生的許多面向。有時我希望自己不要那麼執著，不想「需要」任何事。我告訴自己：**這不過是愚蠢的攀岩，放手吧**。然而我對自己說出那種話，也感到內心有一部分死去。

從許多方面來講，我和貝卡為了黎明之牆計畫，暫停了我們的人生。我們想前進，想到世界其他地方旅行，想生孩子。就連父親都建議我放手。他擔心我在這個年紀，可能錯過了人生其他機會，畢竟孤注一擲很危險。我需要給自己一點空間，就算沒有黎明之牆，人生也能過下去。

黎明之牆計畫帶來的最大問題是，我光是想到要放棄，就覺得自己是失敗者，幾乎整個冬天都在猶豫不決。理智告訴我該放棄，情感上則感到該回去。貝卡表現得很有耐心，她懂我的兩難，放手讓我自己決定。

二〇一二年春天，我人在義大利做巡迴演講。出國一週後，我打電話回家報平安。貝卡說：「有一件事我不曉得該怎麼告訴你，我今天去醫生那兒做年度健康檢查，一時興起拿掉避孕環。我走進醫院時，甚至沒打算這麼做，但醫生問我何時想生孩子，所以我有點算是做了決定。你覺得呢？」

我啞口無言。**我們的確討論過生孩子的事，也說一年內要開始認真嘗試。時間過那麼快嗎**？**我真的準備好放棄黎明之牆了嗎**？我額頭冒汗。

「哈哈，」我說：「妳開玩笑的對吧，還真的被妳嚇到了。」

「不，我很認真在跟你討論這件事。」

電話兩端是長長的沉默。

「噢，這樣啊。」

「我說了，我不是在開玩笑。」

我坐了下來。

「你覺得怎麼樣？」她問：「你感到興奮嗎？」

「應該吧。妳突然丟下一顆震撼彈。」

「反正醫院永遠可以把避孕環放回去，但我想了想，他們說一般平均要一年才會懷孕。這又不會改變我們的生活方式，我認為讓孩子們在旅遊與攀岩中長大，是很好的育兒方法。」

「哇，等等，孩子『們』？老婆，慢點，慢點。那黎明之牆怎麼辦？」我脫口而出，完全忘了先前我想過孩子和旅行的事，忘了我想過生孩子跟自己的計畫並不衝突。

「我會開心帶孩子去峽谷玩，反正我們一年只會在那邊待兩個月左右。」

帶我們的孩子去優勝美地，帶他們環遊世界？我立刻想到不必讓黎明之牆操控我們的生活。我們在巴塔哥尼亞碰到小女孩托曼提娜時，已經談過那件事，但真的事到臨頭了，我得做決定。除非我開口拒絕，不然一到家，我和貝卡就會正式嘗試生小孩。我回想自己的童年，想起在麥斯德河順流而下，我目瞪口呆看著壯觀的瀑布。如果能和自己的孩子一起創造相同的童年回憶，那該有多美好。

在那個瞬間，黎明之牆在我心中的重要性下降了，不過是人生眾多的大事之一。我幾乎也立刻決定今年秋天要回到優勝美地，不一定要完攀黎明之牆，而是單純享受待在那裡的時光，看看能不能完成最困難的岩段。我快三十三歲了，得稍稍放手，讓人生某些部分自然發展。

在此同時，我也開始思考其他攀岩計畫。或許黎明之牆對我來說太難了，許多繩距的難度都逼近今日攀岩標準的上限，而且是整條路線從頭到尾都那麼困難，沒有一刻可以喘口氣。黎明之牆不像超馬，比較像接連不斷的短跑賽。

或許答案會是更專注在超耐力的攀岩上。我向來熱愛那種類型的挑戰。例如我第一次去巴塔哥尼亞，或是一天內自由連攀酋長岩的兩條路線，甚至吉爾吉斯那次也算。對我來講，那種風格的攀岩顯得再自然不過了。

先前二〇〇八年時，一個高高瘦瘦的孩子從天而降，讓攀岩世界受到全球矚目。艾力克斯・哈諾（Alex Honnold）接連獨攀了猶他州錫安（Zion）的「月光拱壁」（Moonlight Buttress）與半圓丘的「西北壁」（Northwest Face），不論是高度、難度、需要耗費的精神，都是史上最高。艾力克斯攀爬這兩座岩壁的成績，以及接下來幾年創下的眾多記錄，帶來高風險獨攀運動的典範轉移。

艾力克斯在加州沙加緬度郊區長大，在攀岩館學會攀岩；十九歲時父親過世，母親是法文老師。艾力克斯開始在戶外攀岩時，由於個性害羞彆扭，找不到同伴，經常獨自一人。結果有一天，他突然從郊區男孩，搖身一變成為全球最大膽、酷炫的攀岩者。CBS的《六十分鐘》（*60 Minutes*）節目播放他冷靜攀登優勝美地離地一千呎、難度五・一二的岩段，身上沒綁繩子。觀眾看著那種畫面時，不可能不冒出一身冷汗，但艾力克斯本人滿不在乎地攀爬，跟攝影師聊天。如果說獨攀的精神是超然於一切，艾力克斯的確是如此。他不倚賴任何事，只靠自身能力帶來的力量，攻無不克，二十六歲就取得多項這個年代最重大的攀岩成績。

我把艾力克斯視為真正的傑出攀岩者。雖然我們不曾一起攀岩，他卻永遠讚美我。我也表達對他的讚賞時，他會回答：「你為什麼不獨攀大岩壁？對你來說太簡單了。」

對艾力克斯來講，獨攀順理成章。攀岩圈給他的暱稱是「沒什麼艾力克斯」（No Big Deal Alex），因為他老是說自己的攀岩成就「沒什麼」，「隨便爬爬」。他把我當成少數幾個夠冷靜、經驗豐富、也有能力以相當安全的方式獨攀大岩壁的人。艾力克斯覺得我不獨攀，彷彿擁有一輛優秀跑車，卻只開到限速以下。其實對我來講，我不怕超速，但我怕撞車身陷火海。

艾力克斯在二〇一一年，首度邀請我嘗試在一天之內自由攀登優勝美地的三大地標：

沃特金斯山（Mount Watkins）、酋長岩、半圓丘。我告訴他，自己年紀有點大了，體能上可能沒辦法，但其實我也擔心他不把風險當回事的態度。一天內要完成最高五．一三級、共七千呎的自由攀登，難度絕對有如一場攀登超馬。要成功的話，我們得用上相當冒險的「同時攀登」（simul-climbing）技巧。「同時攀登」比獨攀安全，因為有綁繩子，繩子兩端的兩個人（同一時間）一起攀岩，但只由先鋒者偶爾放置保護支點，沒有扎實的確保；重點是兩人速度要一致，安全系統才不會過分鬆弛。有人摔下去會很慘，但繩子與保護支點還是會拉住你。「同時攀登」能夠讓人快速攀登，但理論上，我們只會在確認不會摔落的地點進行。

我這輩子一直在重新定義何謂風險。除了高空暴露感、天候、岩況、保護點不足等明顯的因素，也要考量自尊、動機、心理健康，以及不可避免的同儕壓力（儘管每個人都試圖否認，人際壓力的確存在）。我似乎自然就能代謝恐懼，熱愛吃苦（當然是非強迫性的受苦），也有絕佳耐力，但我認為因為從事危險攀岩而摔斷脖子是一種自私行為，沒考量到自己受傷或丟掉性命，可能影響到親友。為了博得不知是好是壞的名聲，去做自己感到不恰當的事，我認為不妥。

我和艾力克斯在二〇一二年五月再次碰面，地點是加州優勝美地谷的上松營地。艾力克斯再次提起連攀的事，主張對我們兩人來說，那種事沒那麼危險。「兄弟，爬那些路線對我們來講是小菜一碟，你知道你不會摔下去的。」他說：「我不覺得那是什麼大事。」他聳了個肩，身體倚在一棵巨大雪松的樹幹上。人類大都受情緒驅使，有東西吸引時，我們靠過去；感到恐懼時，我們逃跑。艾力克斯對待自己情緒的方式，卻像車上音響的音量控制鈕。萬一音樂太吵，他就轉小聲，繼續開車。

我回他：「我這一生至少有十次在完全意想不到的時候摔下。」我望著半圓丘，試圖想像自己和艾力克斯先前一樣，不綁繩子就攀登西北壁，一片花崗岩海遠在腳下。我打開自己的車門，坐進車內。光禿禿的三夾板牆壁上，釘著家人的照片，其中一張是我跪在貝卡後面，雙手緊緊抱著她，臉靠在她肩上。

可是萬一艾力克斯說得沒錯呢？過去幾年，競速攀登的技巧與技術已經進化。輕型裝備讓繩子往前滑過保護點時就止住，不會往後退，減少了跟攀者摔落、把領攀者一起拖下去的巨大風險。要是善加運用這類裝置，再加上熟悉系統，同時攀登的安全度會提升很多。

在科技的年代，艾力克斯的衝勁讓我想起一種人類已經消失的直覺。他就像輕鬆版的戰士無所畏懼往前衝的古老神話，我好奇他是怎麼辦到的。我一輩子都在評估風險，而艾力克斯對於風險的定義和我十分不同。

五月十八日下午四點四十五分，我們在沃特金斯山南側的山腳繫好繩子，艾力克斯的手指以百分之百的精準度，在裂隙中鑽進鑽出，很少停下來設置保護裝備，每一段的繩長只放幾個。從某方面來講，他大膽的精神、那種認為不會摔下去的自信，具有感染力。一個又一個的繩距，不費吹灰之力就完成。我們抵達自由攀登最困難的繩距時，停下來確保；其他時候則同時攀登。不停止動作的攀法感覺很像是獨攀，不過風險小很多。

我們只花幾小時就完攀沃特金斯山，跑到最近的馬路上，貝卡接我們上車，開到谷底，帶我們到酋長岩。我們開始爬搭便車路線時，已經天黑。

凌晨三點時，我們在岩壁一個內角停下，開始確保。我因為疲憊感到噁心，而艾力克斯依舊活力充沛。在一個較難的岩段，上方出現一個光滑陡峭的內角。我們討論了一下動作，艾力克斯想起自己先前把那個內角，當成拳擊賽的一個回合，靠幾次猛力的側拉，咬牙撐過。我知道自己當下已經沒力氣做那樣的動作，便採取不一樣的作法，靠著十年的酋長岩自由攀登經驗，打開雙腳，撐住看不見的腳點，手腳分別撐在兩側岩壁上，一點一點慢慢往上。艾力克斯通常不會激動地讚美他人，但這次他訝異的聲音劃破寂靜的夜空：「哇，我從沒想過可以那樣爬。」

又爬了幾個繩距後，我一手塞進頭頂的裂隙，另一手把頭燈轉亮一點。近三千呎的花崗岩在月光下閃閃發亮，萬籟俱寂，只有山谷對面新娘面紗瀑布隱約傳來隆隆水聲。處於繩子上段的艾力克斯，已經同時攀登到超出我視力與聽力範圍的地方。繩子成弧狀掛在我上方的黑色大裂隙，沒扣在任何地方。我疲憊的雙臂微微顫抖，脫水讓頭痛了起來。我向上帝祈禱艾力克斯在上方放置了一些保護裝置，深吸一口氣，側拉十呎，通過一塊凸岩，腿深深塞進裂隙。

二十分鐘後，我們在地平線上露出第一道曙光時登頂。我們跑向露營車，貝卡和朋友準備好早餐在等我們。我們狼吞虎嚥吃下墨西哥捲餅，跳上車前往半圓丘。我的頭一沾到車廂床墊上的枕頭就睡著了。在我打呼時，艾力克斯躺著盯視車頂，和孩子一樣興高采烈，臉上掛著大大的笑容，自言自語：「這太酷了！這太酷了！」我們快速抵達半圓丘山腳，再度同時攀登。下午我們抵達「西北壁常規路線」（Regular Northwest Face）最上方。我們在二十一小時內自由攀登了近八十個繩距。

我原本還以為，這種三連攀會是人類意志力與耐力最極端的考驗。我一直想舊地重遊，提醒自己人類擁有近乎無限的能力，我們的世界依舊潛藏未知的奧祕。不過艾力克斯太強大了，三座大岩壁感覺縮到只有一半大小，最後只是一天特別累的攀岩日而已，一次風景優美的垂直遠足。我突然想到，這是多年來，我頭一次從他人身上獲得能量。艾力克斯振奮人心，跟他一起攀岩很有趣。我們各自的力量與風格配合得天衣無縫。有艾力克斯在，我好像突然坐進一輛藍寶堅尼，超速是一定要的。

貝卡屏住呼吸，等著看我的反應。她懷孕了。我腦海裡全是幾個月前一位攀岩爸爸告訴我的話：「孩子出生頭一年，我只攀岩二十天。第二年，五天。」但我不能在貝卡面前失態。我的第一個反應是，有了孩子，對我本人、我的攀岩事業會造成什麼影響。我知道自己自私又虛偽，但如果我不能攀岩了，我將不再是我。

我壓住心中的尖叫，呆呆說出：「什麼？」那有點像是開始爬一座令人心驚膽戰的大山。你想爬，那也是為什麼你站在山腳，但你很害怕。不過你也只能開始爬，隨機應變。貝卡跑來跑去，靜不了三秒鐘，像攝入太多咖啡因的小朋友。她每天整晚不睡覺，討論孩子要取什麼名字、需要準備哪些嬰兒用品，還有育兒理論。我們按照習俗，懷孕初期沒敢公布。一滿三個月，貝卡立刻打電話給所有朋友。接著，電話的另一頭有如警報器刺耳地響個不停，傳來不像人類發出的高八度驚呼。我心裡其實有點希望和數據顯示的一樣，嘗試懷孕一年才成功。

我告訴貝卡：「答應我，我們會繼續旅行。」她同意了。

接下來幾個月，我們到歐洲旅遊，也前往美國各地，邊工作邊度假。回到家時，我盡量把時間花在山裡。我漸漸接受自己要養孩子之後，感到出乎意料地鎮定與心滿意足。

我仍然想爬黎明之牆，不過不再覺得非做不可。按照原定計畫，二〇一二年秋天我們還是會回去，只是行程排得比較鬆。不過一開始，我沒有攀岩夥伴，凱文決定要去大峽谷從事水上漂流活動。很多人問，那一年我怎麼不邀請艾力克斯上黎明之牆，答案很簡單：如果我覺得他願意的話，當然會邀他。然而艾力克斯太喜歡四處跑，無法老是待在同一個地方攀岩。他的風格是嘗試自己有一定把握的事，接著完美達成。獨攀少不了絕對的自信；攀登黎明之牆則是任何事都很難講。我腦中響起艾力克斯風格的回答：「本人不幹這種事，聽起來有點討厭。太煩人了。」

我打電話給朋友強納森．席格里司特（Jonathan Siegrist）。我以前在科羅拉多時，偶爾會和他一起訓練；他是我認識、最努力也最有天分的運動攀岩者。強納森願意試試看，於是我們十月一起待在岩壁上。強納森擁有發條玩具般的旺盛活力。我們在岩壁上暢聊人生，開心極了；下峽谷時一起喝啤酒，玩抱石，甚至做健身操。我們在岩壁上有很大的進展，把最難的「繩距十四」與「繩距十五」重要的連續動作接在一起。我喜歡強納森的工作狂特質，我們聊個不停，談營養、訓練、神經肌肉同步、肌纖維成長。強納森會是理想的攀岩夥伴，但他缺乏一個關鍵特質：信念。他比凱文和我矮上幾吋，不算是特別有爆發力的攀岩者。他無法想像自己做「繩距十六」的動態飛躍動作。他堅持了一個月，最後選擇退出。

強納森退出的前一個星期，凱文結束漂浮之旅，直接開車到優勝美地。就算一個月沒攀岩了，他仍立刻嘗試繩距中最困難的動作，輕鬆克服。他以強而有力又優雅的姿態在岩壁間移動，精準有如一台電腦數值控制工具機（CNC），一副天生就該待在岩壁的模樣。我和強納森目瞪口呆看著他爬。凱文就算缺乏訓練，依然是比我優秀許多的攀岩者。不過缺乏訓練也造成他缺乏耐力，一次大概只能做四到五個困難動作，接著就後繼無力。

我們三人一同爬了一星期。最後一天練習「繩距十四」。先前兩次我從底部起攀，最後就是在這裡熄火。我決定第一百次尋找另一套可取代的動作。我垂降幾呎，臉貼著岩壁，希望找到不同的岩貌。最後找到一個穹頂狀小瘤，形狀大小有如歌手瑪丹娜的痣。我用一點攀岩粉做記號，重想一套動作，腳貼在新找到的小小隆起處。這個岩點只能微微撐住我幾磅體重，但讓我有地方支撐，得以摸到側邊一個較為穩固的岩點，而那個手點旁，有一個細如髮絲的岩石接縫，比老舊籃球上的紋路寬不了多少。一般來講，在這麼陡峭的岩壁上，那種接縫根本派不上用場，不過加上剛才的小點和側拉點，或許就夠了。我開始嘗試新的方法。

凱文和強納森聚精會神看我爬。換作其他人，這就像看油漆乾一樣無聊。我掛在繩尾，又多摸索了二十分鐘。最後想出一套動作，要他們給繩，把自己拉到岩壁上，腳碰觸那個跟痣一樣大的點。抓住側拉點，另一手碰到裂縫，接著召喚全身力量，盡量拉住手點，定住上半身，好像風箏暫時定在空中。右腳擦出去，抹過完全平滑的岩壁，閉住呼吸，固定住所有的核心張力。放在側拉點的雙手互相配合，然後把左手伸進另一個側拉點，努力保持鎮靜，接著移到下一個半休息姿勢。我解開謎題了。

「媽的，太精彩了！」凱文與強納森大聲歡呼：「行得通嗎？」

還不到慶祝的時候。我大喊：「可以，讓我再試一遍。」

我靠繩子盪回去，試第二遍、第三遍。

我回到下方吊帳，休息幾分鐘，興奮地向強納森和凱文描述新動作的每一個面向。接著從頭開始嘗試，五年來第一次抵達「繩距十四」的新高點，串起大多數的動作。

幾天後，我們離開岩壁，結束這一季。我忍不住傻笑，太荒謬了，發現岩面上一個跟痣一樣大的突出點，以及幾乎看不見、細如髮絲的裂縫，令我活力充沛，我知道明年可以前進了。如果快樂的祕訣，就是有辦法從一直在面前的小事中找到樂趣，那麼黎明之牆的確是禪學大師。我興高采烈地離開優勝美地，盤算接下來這段即將當爸爸的期間，至少可以訓練。

隔年春天，我大喊：「加油，親愛的，用力！」貝卡呻吟尖叫，頭髮黏在額頭上，淚流滿面。費茲．考德威爾（Fitz Caldwell）和多數人一樣，經歷一番掙扎來到人間。我們以巴塔哥尼亞的費茲洛伊峰，替兒子命名。我和貝卡到巴塔哥尼亞旅遊時，在聳立的費茲洛伊峰下第一次考慮生孩子。我伸出手，這個身上包滿黏液、不斷啼哭的美麗小生物，滑進我懷中。

我從自己的父親身上學到最寶貴的一課，就是如果你能在追尋之中要求自己快樂，那麼痛苦、恐懼、受苦等其他一般會影響我們的負面情緒，就會消失不見。貝卡已經完成勞苦功高的部分，現在換我想一想，我要教給兒子什麼。

我想讓費茲知道如何愛人與尊重他人。我認為人與人之間的關係，不但可以也應該遵守冒險心態，不只是攀岩的冒險，還有更高層次的冒險：擁抱未知。對他人敞開心胸時，你會獲得知識，你的人生與世界觀會隨之拓展。

為了讓我自己，也讓費茲培養這樣的特質，我必須忠於自我，不然怎麼當孩子的典範？我究竟是誰？我不是最聰明、最英俊、最有才華的人。我相信我人生的天賦是渴求。我最大的渴求，以及擁抱未知的方式，就是我的攀岩活動。

貝卡和我準備好在秋天重返優勝美地，那會是我們帶著費茲第一次展開大型的旅程。夏天，我們帶著他去健行，給他看埃斯特斯公園山中大自然的奧妙。我們決心讓費茲融入我們的世界。朋友告訴我，有孩子後生活不可能平衡，我得放棄耗時的追求，但那就像當年我鋸斷自己的手指後，醫生走進病房告訴我，我這輩子不可能再攀岩。

二〇一三年秋天，我們抵達優勝美地的上松營地，比我預計上岩壁的時間早一週。貝卡和費茲在初秋天氣尚暖時，住在露營車上，我有時和他們待在一起，有時待在岩壁上。氣溫下降後，他們就回家。抵達的頭幾天，我們向費茲介紹古老紅杉、瀑布、森林、巨石、酋長岩的山腳，把野餐墊鋪在酋長岩的草原上，做觀光客會做的事，指著岩壁上的攀岩者。我們告訴費茲，接下來一個月爹地會在哪裡（我晚上大都下山和家人一起睡）。我注意到自己和兒子在一起時，開始著迷於那些平日無視的小事，不論是蘆葦叢中螳螂的保護色，還是幻化成動物園動物形狀的雲朵。我和貝卡用彈性繩綁好安全座椅，掛在樹枝上；我們從事抱石攀登和攀岩活動時，費茲像一個快樂的小精靈，在座椅裡晃來晃去。我們把他擺在成堆的繩索與攀岩設備中，他把鈎環當磨牙棒。有時，晚上營火漸小，我們會用小小的粉紅洗臉盆幫費茲洗澡。他大大的綠眼充滿好奇與天真，我和貝卡忍不住要想，第一次看見這個世界是多麼奇妙的感覺，一切都是新的，有無限的可能性。

這一季，我邀請另一位世界級的攀岩者加入我們：在我青少年時期，令我大開眼界的運動攀岩者克里斯．夏瑪。我希望克里斯能替黎明之牆計畫帶來新鮮的視野與活力。

前一個秋天的成功令凱文振作起來，這次他全心投入。然而我們還沒來得及出發，美國政府就因為政黨紛爭而停擺，全美的國家公園暫時關閉。等我們終於獲准重新進入優勝美地，已經是十月中。天氣冷了，貝卡和費茲搭機先返家。

我等不及要把克里斯帶進酋長岩的自由攀登世界。我們一起在青少年時期攀岩，後來克里斯成為貨真價實的攀岩偶像。他溫暖的微笑、雕像般的體格、金剛狼般的意志，令每個男性攀岩者都想變成他，每個攀岩的女性都想和他約會。他在岩石上展現傳奇的動態風格，許多人視他為史上最有成就的運動攀岩者，不過他從未爬過大岩壁。我等不及要看他像凱文第一年跟我一起爬黎明之牆一樣，大開眼界。

我很快就聽說，克里斯和凱文最近都被女友甩了。凱文臉上帶著心碎的模樣，但只說了一句「我本來以為我們會結婚」，其他沒多談。克里斯則講出自己有多受傷。我們整理裝備時，前女友打電話過來，他走進林子講了三十分鐘，回來時淚流滿面。他把鼻涕吸回去，站直了身體。

「打擊真大。這下子，大岩壁冒險可以治癒我。」

我想起自己先前碰過一樣的事。當時朋友都來安慰我，我也想安慰這兩位夥伴。我們在商店停下來買威士忌，然後踏上步道。沒走幾步，克里斯問：「凱文，你還好嗎？」

「現在是最痛的時候。」凱文說：「我得好好想清楚。」

我曉得凱文的感受，心想要是我在他正需要支持的時候，當個好朋友，或許我們之間能減少一點隔閡。「好消息是你們兩個人都超酷，長得超帥。你們知道這下子外頭有多少女孩會追著你們跑嗎？」我告訴他們：「單身生活很棒的！」

克里斯回答：「沒錯，我等不及了。」但凱文只是一臉憂傷。

我們健行時，我向克里斯講解路線的細節，以及接下來幾天要做些什麼。「我等不及要嘗試那個大跳躍了。」他說：「看凱文做真是太帥了。」凱文有一段影片是瘋狂的弧形水平跳躍，在離地一千五百呎處，躍過一段八呎的垂直岩壁，在攀岩圈很有名。凱文終於放鬆下來，願意開口。

岩壁上的高空暴露感，就像一劑腎上腺素，直直衝進克里斯的神經系統。他興奮到發抖，用力拉著小支點，我都怕支點被扯下來。克里斯從一個支點衝向下一個支點，像奧運健力選手一樣狂吼，和冷靜精準的凱文完全是兩種風格。克里斯立刻在難度五．一三以上的繩距過關斬將。接著我們前往大跳躍的地點，我確定他嘗試一、兩次就能成功。先前，他只是有點太害怕在尚未習慣嚇人的高空暴露感之前，就做出如此瘋狂的動作。他同意那是自己見過最了不起的單一動作。

我們架設繩索的方式，可以不按順序練習個別的繩距。我發現嘗試難度五．一四d的橫渡繩距（大跳躍前的兩個繩距），最好的時間點就是在有雲與起風的日子，也就是風暴即將發威的前夕。有一天，疾風拱起吊帳，把雪片直接吹上岩壁。我和凱文輪流換手，接起好幾段困難的動作，非常興奮能在寶貴的白日碰上適合完攀的氣溫。克里斯坐在吊帳裡抓著外套帽子，手深深插在口袋裡看我們攀爬，像在看腦袋不正常的瘋子。這和他平日的攀岩形態完全不同，他習慣在加泰隆尼亞暖洋洋的岩壁上不穿上衣攀岩。

一星期後，克里斯回家，岩壁上再次只剩我和凱文。雖然我一直認為凱文不夠投入，他顯然是唯一肯堅持下去的人。我和凱文把目光集中在最困難的橫渡繩距上（十四和十五）。需要大跳躍的「繩距十六」比較簡單，但比較嚇人，極度仰賴爆發力。如同凱文所言，準備好這三個繩距，就像是「我們再度挑戰黎明之牆前，必須打勾的最後幾個格子」。凱文話不多，不過或許他像我先前一樣，藉著在黎明之牆上自虐來治療心碎。他擁有美洲豹追捕獵物時的高度專注力。我們的每個進展，都按照時間順序發布在凱文的 Instagram 動態上（我現在也開始用了）。凱文的新贊助商「愛迪達戶外系列」（Adidas Outdoor）定期公布黎明之牆的新消息，盡全力宣傳。

所有適合拍成好萊塢電影的故事，一定會碰上災難，而那一刻來臨了。我們乘勝追擊，希望終於能完成「繩距十五」。我靠上升器抵達七個繩距以上的地方，身旁扣著一個二十五磅（十一公斤）重的背包，裡頭裝滿我們每日的補給。背包上綁著兩百呎長的拖吊繩，一頭扣在我身上，剩下的繩子鬆垮地在下方形成一個弧圈。那個背包不曉得怎麼了，突然鬆脫，我眼睜睜看著背包像慢動作一樣掉下去。我想過要從吊帶上解開背包繩子，但是擔心動作不夠快的話，自己可能失去更多手指。我抓住上升器，努力在腳環上站直，等著迎接背包掉到繩子最尾端時帶來的衝擊力道。

背包直直降落了兩百呎，我的吊帶後方一下子被往下扯。我往下掉了幾呎，直到掛著我的繩子打直，我的胸口一陣強烈劇痛。驚嚇與腎上腺素暫時蓋住那陣疼痛。我慶幸自己還活著，但也知道事情不對勁，便以最快的速度下山。回到露營車時，身體幾乎已經動不了。我一路開車到診所，沿途痛罵自己怎麼這麼不小心。X光片顯示我的肋骨移位，不得不休息幾週。這場意外完全是二〇一一年的舊事重演，只是我和凱文角色對調。那次是凱文扭傷腳踝。當時凱文鼓勵我繼續爬；現在換我了。

有兩週的時間，凱文找來自己的夥伴一起研究繩距。他後來告訴我：「當時我得變成這個計畫的主人。」他說那段期間很難熬，感覺自己好像成為黎明之牆的繼父。凱文一直活在我的陰影底下。我們兩個人不一樣，主要的不同點在於我們看待商業機會的態度，以及攀岩對人生與事業的意義；那個不同點造成我們之間的摩擦。這下子我不在岩壁上，他可以自己安排時間表，按照自己的意思下山休息，不必看我的臉色。

我回家休息，十二月底回到優勝美地，休息讓我練習得很順利。冬天來了，優勝美地白雪一片，強勁冷風直吹岩壁。我第一次注意到自己攀岩時身體輕盈，手指上的厚繭在休兵期間大都脫落完畢，新長出來的皮膚可以好好貼在岩面上，感覺支點變大。我信心大增，嘗試「繩距十五」最困難的連續動作，輕鬆就完成。接下來，我試著從頭到尾爬一遍，還沒搞清楚狀況就完成了「繩距十五」，成功勾選最後三個格子。凱文嚇了一大跳，真心恭喜我，但也暗暗嫉妒我，就像我經常嫉妒他一樣。他在我休兵的時候，那麼辛苦練習了兩週，最後結果竟是這樣？

我們變得好勝心很強，互相競爭，把彼此推到新的高點，有這種隊友間的競爭才有進步。我們發現兩件事。一，休息是好事。過去我們（或是我）可能努力過頭，撐得過久。二，這下子我們更確定爬黎明之牆需要涼爽的氣候。如果要爬，一定要選在乾燥冬天沒有風雪的晴朗日子，而那得運氣很好才碰得上。聖誕節即將來臨，寒冬襲擊優勝美地，大雪紛飛，我們收拾一切東西，下岩壁回家。

第16章 夢想vs.風險

我坐著凝視窗外，心神不寧，留意到自己手部皮膚變薄，前臂冒出棕色斑點。數十年的風吹日曬與寒冬，加上筋骨勞動，留下了歲月的痕跡。

貝卡打開金屬爐門，添加柴火，松樹燃燒的氣味與白煙，令我想起熄滅許久的柴火。火花落到壁爐旁，閃閃發亮，接著褪成黑色。費茲坐在自己的椅子上，小小的手指舀起藍莓，額頭因為專心皺了起來。

萬一死在巴塔哥尼亞的人是我？

我們爬同一座山，時間只差幾小時。

親朋好友是否會努力坦然接受，告訴自己，告訴別人：「他出門是為了做自己熱愛的事？」

我努力不去想死的人可能是我，試著把我們一家三口在一起的畫面當成盾牌。

我得想點別的事，不能繼續陷在「萬一」之中。我得盡我所能確保不會是自己，我不會拋下貝卡母子，讓他們一輩子想著為什麼會那樣。

貝卡抓住我粗糙結痂的手捏了捏。我的臉脹紅，想著如果我不是現在這個我，心中沒有遊歷荒地的強烈欲望，貝卡還會不會像這樣繼續愛我。

§

我和艾力克斯．哈諾完成優勝美地的自由連攀壯舉後，我開始思考，要是把那些競速攀登技巧用在巴塔哥尼亞，不曉得會如何。數代的攀岩者談論著一個未來的計畫，有的人甚至嘗試過：連續數天推進費茲洛伊峰天際線的主要尖塔。這段三哩長的大縱走，從吉約梅針峰（Aguja Guillaumet）開始，結束在耶斯針峰（Aguja de l'S），橫跨七個主山頂，最終攀上費茲洛伊峰，構成垂直距離共一萬兩千呎的技術攀登。

西班牙文的 Aguja，意思是「尖頂」或「尖塔」，也是「圓尾頜針魚」（garfish）的名字，是一種細細長長、魚嘴呈針狀的掠食性魚類。同名的山脈形狀也不遑多讓。令人望而生畏的群山，有如一排排尖銳鋸齒，突出在過冷的大氣中。西邊冰帽吹下的濕氣碰到山頂時會凝結，有如火山噴發的灰燼，帶來綿延數哩的羽狀霧氣。

在攀岩者心中，費茲洛伊山群是全球最經典、最美麗的山景，但縱走時會碰上重重險阻，包括艱巨的岩石攀登、陡坡疾行、錯綜複雜的路線、冰雪攀登，以及用最少的裝備完成以上一切的技術。東西一帶多，速度就會被拖累，沒機會搶在暴風雪與疲憊感擊倒自己前完成攀登。

然而，我現在當爸爸了，是否還該爬巴塔哥尼亞？我和貝卡不斷討論著「夢想vs.風險」。她讀過攀岩者的訃聞，聽過大家討論這類的事。我們也有認識的朋友的初戀死於車禍，最近另一位朋友的丈夫死於雪崩。貝卡親眼目睹並感受到朋友深沉的哀痛，喪失所愛的那些人永遠都在想，要是當初如何如何就好了。貝卡也知道，少了我之所以為我的核心元素，我將不再是我，她愛著的人與她孩子的父親也隨之消失。如果你擁有上帝賜予的禮物，有一件似乎天生註定該做的事，不去做就會變成行尸走肉。然而要是做了可能喪命，你該怎麼辦？

每次爭辯，貝卡就會說：「你無法告訴我，你百分之百確定自己能活著回來。」然後我就會含糊其辭告訴她：**誰知道呢。就算不攀岩，說不定我們明天就死於車禍。人活著本來就很危險**。我無法直接否認高山攀岩的風險的確很高，遠超過一般的攀岩。

「我們選擇了最安全的攀登目標，也會小心不讓自己碰上雪崩。」我解釋：「那條路線是山脊縱走，岩面結實，上頭不會有東西掉下來砸到我們。我們甚至可能連嘗試的機會都沒有。妳知道的，那裡的天氣變幻莫測。再說了，親愛的，我們是非常優秀的攀岩者，大部分的人會丟掉性命，都是因為不曉得自己在做什麼，或是行事魯莽。我向妳保證，我們會很小心的。」一連我自己都明白，即使自己說出這番話，我都沒有完全對自己或貝卡誠實。我想貝卡最不放心的是，我這次挑的夥伴是艾力克斯．哈諾。艾力克斯有名就有名在無視於風險；貝卡也知道艾力克斯不會因為攀岩夥伴有孩子，做事就小心一點。

貝卡說得全都對。我不曉得該怎麼想、怎麼做，但我實在是愛死巴塔哥尼亞那樣的地方。攀岩是一場滿足個人欲望的個人發現之旅，養孩子則必須為世上另一個人付出自己。當個好父母，有多少成分意味著你知道何時該給自己養分？我們都見過直升機父母的例子。在那樣的家庭，孩子是重心，每件事都繞著孩子打轉，甚至是掌控孩子所做的每件事。當父母的人可能失去自己，失去彼此。我認識的多數家庭都有看心理醫師的預算，要抓到平衡實在很難。

貝卡半信半疑，但也知道我有多麼迫不及待。她曉得攀岩給予我養分，讓我有能力付出。最後她答應讓我前往巴塔哥尼亞，我答應她一切都會沒事。當天晚上，我瀏覽著電腦螢幕上的航班選項，突然感到一陣害怕，該不會我的野心使我盲目？

我們抵達查爾騰，睡眼惺忪，飢腸轆轆。高處的烏雲籠罩在龐大山巒後方，陽光穿過雲層，在下方閃耀；地面發光，背景漆黑。土地被烘烤過的芬芳氣味，立刻令我感到懷舊。從前我想像過自己帶著家人走遍全球，如今這個夢想成真，心中充滿感激與興奮之情。我走下巴士，把費茲舉到肩上。「你看，你的名字就來自那座山！」費茲咯咯笑了起來，我感覺他聽懂他爸爸在說什麼。

我們一路把行李拖過鎮上新開的餐廳與麵包店。偶爾冒出來的幾棟破舊建築，留住這座邊疆城市的過往。我們繞過一個轉角，踏上一條塵土飛揚的道路，我們開朗的瑞士房東卡斯騰（Carsten）迎接我們，給我們溫暖的超級大擁抱，害我們差點無法呼吸。幾個月前，我寫電子郵件問他有沒有空房。他說：「你把全家都帶來就有，我自己的房子讓給你們住。」因此，我們一家人把抵達時間安排在卡斯騰出遠門的同一天，我們幫他照顧通風的木造房屋，環境遠遠不同於八年前我第一次來巴塔哥尼亞待了五週所住的潮濕帳篷。一旁還有幾棟A字型小木屋，住著來自世界各地的攀岩者。除了一塊草地、一條走繩，還有一個烤肉區。我們屋前的長凳一下子成了聚會場所。由於沒人有車，網路又慢到彷彿是倉鼠踏著轉輪在帶動，我們靠人與人之間真正的交談打發時間。每個人來到此地都是為了一圓心中美夢，想在遠方山巔過著簡樸生活。這裡是我的南美伊甸園。

一天晚上，我們外出用餐，在鄉下老餐館「令旗」（La Senyera）碰到一群攀岩者。山巒照片裝飾著餐廳牆壁，一個身穿圍裙、頭綁印花布的年輕女性出來招呼。

女侍者大呼：「¡Aww, que bebé más hermoso!」（哇，沒見過這麼漂亮的孩子！）接著就從我們手中一把搶過費茲，把他帶到餐廳後頭。我看著貝卡，貝卡聳聳肩。我們走向一張坐滿攀岩者的大桌，大部分的人我們都認識，以前旅行時碰過。核心攀岩者的圈子不大，但相當國際化，全球各地的攀岩勝地會在旺季成為眾所矚目的焦點。每一次碰面，都有點像是我想像中的義大利家庭聚會，有許多擁抱和笑聲，大家敘舊，講著上一次自己和這個人、那個人當繩伴的故事。

我完全沒料到帶孩子進這個圈子會是什麼樣子。接下來幾週，原本暱稱「酷哥」的艾力克斯．哈諾成了「艾力克斯叔叔」，把費茲扛在肩上到處走，不停做鬼臉，逗得孩子咯咯笑。艾力克斯告訴我：「老哥，你會嫉妒死。費茲第一次走路，將是我在他身旁。」艾力克斯跟我們一起住在巴塔哥尼亞的租屋處，我們感到彼此像是一個和樂融融的大家庭。

我的目標是絕對不和家人分開兩週以上，但也清楚自己需要完全專注在攀岩的個人時間，尤其是攀爬像費茲洛伊這樣的大山。我們的計畫是貝卡和費茲先回家，我和艾力克斯多待十三天，完成費茲縱走。天候會怎麼樣，永遠很難講，不過很剛好的是，貝卡和費茲在的時候，高山區大雪紛飛。我們趁機休息，度過美好的兩星期，在低矮的山丘四處健行，在寧靜的湖邊打水漂，品嘗恩潘納達餃子（empanadas），享受南美燒烤，啜飲馬爾貝克葡萄酒（Malbec）。大家為了不讓攀岩技巧生疏，中午結伴去抱石。待在巴塔哥尼亞的日子，感覺就像海灘度假一般，只不過背景是山頂風起雲湧的崇山峻嶺。

我和艾力克斯的費茲縱走目標，開始感覺像在做白日夢。十多年來，全球最優秀的高山攀登高手前仆後繼，沒人成功過。白霜罩頂、立在小鎮上方的雄偉山脈提醒著渺小的我們，我和艾力克斯的主要身分僅僅是攀岩者。我的確爬過費茲洛伊峰，艾力克斯也爬過阿拉斯加的大型高山岩面，但當時都是由經驗豐富的登山家帶著我們，基本上是護送我們穿越冰雪，並在困難路段給我們信心。整體而言，我的高山攀登經驗遠比艾力克斯豐富，大約是他的五倍，但也不過是用冰爪登了十天左右的山。

理論上，擁有全球速度最快、最大膽的攀岩者當你的夥伴，應該是加分才對。然而在巴塔哥尼亞，艾力克斯得靠我引導他。然而即便艾力克斯對爬高山是如此生疏，他依舊採取相當自由放任的態度。出發前，我給過他詳細的裝備準備清單，但他只帶了一半的東西，告訴我：「我想我們可以湊合著用。」我擔心他完全不曉得我們將碰上什麼樣的大考驗。

貝卡和費茲搭機返國那天，正好天氣放晴。一大清早天才剛亮，我親吻他們，把他們抱在懷裡。貝卡眼眶湧出淚水，我也努力讓自己不掉淚。

「凡事多小心，我會想你的。」貝卡抽著鼻子。

接著貝卡瞪了艾力克斯一眼，眼神說著：**你最好別害死你老哥**。不過說出口的是：「今天是適合完攀的好天氣。」艾力克斯的表情像是在安慰她：**別在這婆婆媽媽的，安心把他交給我**。

「多拍點照片。」貝卡用這句簡單的話，再次放我們去進行這場冒險，好像我們只是要去山裡走走而已。在我們和艾力克斯同住的短暫期間，貝卡發現艾力克斯成功的祕訣，就是相信每一件事都沒什麼大不了，足以成為自我應驗的預言，至少我們祈禱真是如此。目前為止，艾力克斯的那種態度行得通。

我再次把貝卡擁在懷裡，多抱了幾分鐘，接著重重親吻費茲的額頭，告訴他：「爹地要去爬你的山了。」告別完，我和艾力克斯轉身離開。我動用所有意志力，不讓自己轉頭，知道一轉頭就會看見貝卡在哭，然後就會心軟。

我和艾力克斯健行數小時，穿越一片廣大的低窪氾濫平原，途經被侵蝕的河岸與搖晃的小橋，進入密林，抵達可以看見山脈全景的瞭望點。我們停下來研究希望攀爬的路徑。山頂吹落一陣陣白雪，南面所有背山處覆滿了冰（南美的向陽處是北面）。小型的粉狀雪崩衝向溝壑。我試著想像穿越那個巨大迷宮的情景，暗自祈禱正在轉晴的天氣，將帶走山上殘留的暴風雪痕跡，至少理論上應該如此。我大嘆一口氣，轉頭看向艾力克斯。

「那些山看起來有夠大。」

艾力克斯看著我，聳聳肩，「不曉得，我覺得看起來還好。」**沒什麼大不了的**。我如果不是已經嚇到腿軟，我會笑出來，問題在於艾力克斯是真心那樣認為。

前方是一連串不規則的鋸齒狀山頂。我們要爬上其中一面，登頂後自另一面垂降，接著爬上另一座山。上山，下山，重複數天，直到抵達終點，就像某種雲霄飛車，以九十度垂直上升，抵達有如一個小點的最高處，接著再九十度下降。另一項挑戰是，山中幾乎沒有水平的地面，要找到露宿地點相當不容易。

從某種角度來講，我羨慕艾力克斯。他根本不曉得前方有恐怖的挑戰等著我們。

我們繼續健行四小時，愈來愈靠近群山，艾力克斯的看法似乎有所改變。「媽啊，我不敢相信那些山勢怎麼會陡成這樣。」然而他的表情不是被嚇到，而是樂壞了，興奮的眼睛睜得大大的。

一小時後，我們經過一個碎石滿地的大山丘，抵達冰川底部，陡峭的邊緣結著冰。我們從背包裡拿出冰爪。艾力克斯試著綁上自己的冰爪時，我注意到事情不對勁。「怎麼搞的，」我問他：「你那可不是鋁合金綁帶式冰爪，你那是登山靴用的。我們只帶了網球鞋。」我出發前交給艾力克斯的裝備清單中，特別指定了冰爪款式。這點很重要，為求減輕重量，我們走在冰上時會穿輕便運動鞋，而不是厚重靴子，這是基本技巧。「我怎麼會知道。」艾力克斯不高興地聳了個肩，「懂高山攀岩的人是你。」

我瞪著結冰的群山。我二〇〇六年爬費茲洛伊峰時，三個人一共只帶了一雙冰爪（在最前面帶頭的人穿冰爪，然後用繩子把冰爪傳給其他人，或是剩下的兩個人乾脆不用，靠拉緊的頂繩攀登）。或許我們還是可以爬，然而二〇〇六年那次，冰沒這麼多。

我們拋開弄錯冰爪的事。艾力克斯一躍而上半結冰的岩石，攀上冰川底部。我們綁上繩子，以防碰上隱藏的冰川裂縫。有時雪像是設下陷阱一樣，淺淺地蓋住裂縫。綁好後，我們奮力穿越及膝的深雪。

我帶著我們兩人爬上冰川，艾力克斯沿著我的足跡走，開起玩笑，「真高興會爬高山的人是你，所有的工作交給你就好了。」

一小時後，我感到繩子突然扯了一下，轉頭發現艾力克斯整個人消失在冰川裂縫裡，幸好他落在下方僅幾呎深的雪台上。他把自己弄出來時大笑著，「你剛剛有看到嗎？哇！太瘋狂了。」接著開開心心繼續前進。

艾力克斯的反應讓我想到他的杏仁核（大腦處理恐懼的部分）可能有問題，但我也曉得他比眾人優秀的原因，在於有辦法在別人做出情緒性回應時，理性看待情境。我們身上畢竟綁著繩子，萬一艾力克斯跌進裂縫很深的地方，我也有辦法把他拉出來。艾力克斯攀岩時似乎從不躁進。他所有的夥伴都注意到這一點，看影片也可以明瞭，他攀岩時有條有理，不輕易出手。

艾力克斯純粹只是不浪費任何精力擔心自己無法掌控的事。有的人說那是「自欺欺人」或「盲目樂觀」，有的人甚至認為那是「不考慮後果」。艾力克斯是我合作過的人之中，唯一稱那種心態為「現實」的人。碰上狀況，我們就分析狀況。反正就開始做，看看會發生什麼事。此外，既然都碰上了，不如苦中作樂。

我們在第一座針峰吉約梅露宿。吉約梅的山頂是纏繞的岩塊，令我想起自由女神像的火炬。

早上，我們再度出發時，綽號「羅洛」的羅蘭多・加里波帝（Rolando "Rolo" Garibotti）與科林・海利（Colin Haley）經過我們身旁。他們兩人是史上最出名、最有成就的巴塔哥尼亞攀岩者。他們瞄準的整體目標和我們一樣，想完成費茲縱走。攀岩界有一種奇妙現象。大家會在同一個時間去爬某個地方，好幾組人馬搶著當首攀成功的人。結果原本極度困難、無法攀爬的路線，突然間水到渠成。

羅洛和科林是我的朋友。他們是貨真價實的巴塔哥尼亞權威，從多次的攀登經驗累積知識，而且樂於分享，讓巴塔哥尼亞的登山運動起了革命性的變化。他們經過時，我們請教艾力克斯能不能用錯誤冰爪繼續爬。

科林說：「不知道，聽起來很危險。」羅洛沒說話，只擔心地看了我們一眼。「我們爬第一座山時不需要冰爪。」艾力克斯聳肩，「我們知道我們不需冰爪就能垂降，所以太危險就開始垂降。」

羅洛和科林繼續往前衝。我和艾力克斯輕鬆通過第一道岩壁，不管經過哪裡，將裂隙上的冰一律敲碎。要是冰層太厚，我們就避開，或是在裂隙周圍做岩面攀登（face-climb）。

艾力克斯大喊：「雪可真多。」他的聲音出現罕見的遲疑。

「沒錯，不過理論上天氣會轉好！」我喊回去：「我確定再走遠一點，裂隙就會乾了。」我們兩個人簡直在比誰最樂觀。

上到吉約梅針峰的一半時，我們碰到坐在岩台上的羅洛和科林，兩個人看起來有點愁雲慘霧。「羅洛身體很不舒服。」科林說：「我們決定下山。」接著我和艾力克斯知道他們為什麼守在這兒。「拿著這個。」羅洛把自己的冰爪遞給艾力克斯。「我不認為你的冰爪能用。」

費茲縱走一直是羅洛和科林多年來的目標。他們先前試過兩次都沒成功，現在可能是在放棄成為史上第一人的夢想。這下子又把我們需要的工具交給我們。在這塊充滿巨人的土地，我再度感到自己的渺小。科林點頭鼓勵我們，要我們快點前進。

那天晚上，我們架設露宿袋。艾力克斯抓起相機，假裝在訪問。「湯米，你在做什麼？」

「幫我們今天過夜設好固定點。」

「那是因為我們的帳篷，是以四十五度角立在巨大岩壁的側面嗎？」

我還沒來得及回答，艾力克斯就脫口而出：「我的媽，這太帥了。這是我在《登山家》（*Alpinist*）雜誌上看到的東西。我們真的在做這件事！」

一天半後，我們翻越吉約梅與梅莫茲（Mermoz），抵達費茲洛伊的北柱（North

Pillar）頂端，那是山頂的一個巨大分支。幾小時內，艾力克斯領攀驚人的一千呎，那是整段路線中較為困難的攀岩區。在北柱白雪覆蓋的頂端，我們重新整理小小的裝備袋。為求速度，我們只帶了最基本的求生裝備：一個三十五公升和一個二十五公升的袋子，裡頭有一個睡袋、一件羽絨衣、一具爐子、一些食物、一個輕帳篷，把攀登器材減到最少。

西邊傍晚的天空呈現一片淡紫色。遠處下方，高約一萬一千呎的費茲洛伊山峰投下的影子，延伸至東方平原。山巒的陡峭輪廓在渾沌的冰河中來回曲折，最後消失在高低起伏的棕色草原中。那天是二〇一四年二月十三日。

我查看下一段路線。極度潮濕的季節，讓前方從一個巨大洞穴湧出的瀑布，半是流水，半是危險的冰柱，霧淞與冰片四散在岩壁上。而下一個通往費茲洛伊山頂的一千呎，將由我領攀。我心中七上八下。

「我猜幾分鐘後太陽發威時，就不會再掉下霧淞。」我咕噥著。艾力克斯再度拿起相機，開始講解狀況，手指在鏡頭前比來比去。

「你們看這個嚇人的影子。我們人在北柱山頂。」艾力克斯指著巨大山群在下方無數哩處的平原投下的影子。接著手指移了兩吋。「那邊是真正的山頂，**真是**酷斃了。」

艾力克斯就是那樣的一個人。我焦慮得要命，眼前的山壁看起來完全不適合攀登，但突然間他把事情變有趣，好像根本沒什麼大不了。

我知道一旦進入瀑布，就不能停下，以免失溫。白天還不會太冷，要是晚上還泡在冰水裡就不好玩了。我考慮過原地露宿，等到早上，但太陽一出來照到發亮的北面後，霧凇就會開始滾下山。我深吸一口氣，準備好裝備。

艾力克斯開始喋喋不休，「對你來說沒問題的。你可以的，完全由你做主。」

太陽下山，霧凇不再落下。我走向瀑布，遲疑了一下，用冰鎬鎬尖劃過流水，敲過底下剛結冰的地方。我敲下的那個點滑動了一下，接著卡進一個小裂縫。冰攀工具一下去，底下的水噴上來，濺到我臉上，我知道自己得前進。瀑布很快就會結冰，把所有東西包上一層冰。我們的機械塞會滑動，失去作用，掉出裂隙，綁在網球鞋上的鋁冰爪會更像是溜冰鞋。我的手在發抖，費茲的笑聲在耳邊迴盪。我腦海中浮現我們出發前，費茲的小手拍著屋內黏了灰塵的地磚，一路爬過來，抱住我的小腿。我看著貝卡藍灰色的眼眸，告訴她：「親愛的，別擔心，我們會小心的。」我起繭的手指貼在貝卡脖子後方，她深淺不一的金髮蓋住我的手。我說：「只是攀岩而已。」

費茲洛伊峰上方，暮色轉為暗紫。我爬過瀑布，寒意滲進身上衣物每個可能的開口。我大口吸氣，努力穩住自己的手，放置岩塞，踏進繩套，靠冰鎬一路把冰敲出裂隙。這條路線無法自由攀登，至少對我們來說不行，在這種情況下沒辦法。有必要時，我們就使用裝備。沒錯，攀岩就是這樣。

我往下看，六十呎下是一個像島嶼一樣突出的大型乾燥岩台。身上漸增的寒意，一直往下拖的沉重濕衣服，提醒我已經來不及撤退，唯一的選項是繼續前進。當初是我自己想進行這場冒險，但實在是太過頭了。

接下來的三十分鐘，我像一隻在垂直湍流中被釣起的魚，拚命掙扎。我注意到右方有一個乾燥裂隙，死命壓著冰攀工具，在寒冷與恐懼中發抖，把自己晃到那塊乾燥岩石上。指尖有時灼燒，有時失去知覺，我看著最後一絲光線消失在西邊。眼前這片冰帽遼闊的程度，讓我不必要地想起我們離家有多遠。我打開頭燈，世界頓時充滿光影，光束前方是我們死命抓住的四千呎針峰剩餘的地帶。一個完美的手掌裂隙，沿著一條深色的線，向上延伸進金紅色的石面，接著消失不見，一片漆黑。

我繼續以人工攀登方式前進，直到雙手和鞋子都乾了，然後脫下冰爪，開始自由攀登。粗糙的岩面摩擦著我的皮膚，鮮血濺到石頭上。每動一步，結冰外套上的冰就碎一下，聲響在岩壁間迴盪。繩子變得硬如鋼纜。我加快攀登速度，試圖增加體溫，清楚得把體內的火爐燒旺一點。我們得想辦法弄乾濕透的衣物；要是不弄乾，隨時會失溫。

裂隙有如神蹟般穿梭在多數冰面上。每隔六十呎，我就靠競速攀登的技巧短固定（short-fix）繩子，好讓艾力克斯把我們的小型裝備帶上來。有時我唯一的選項是一路砍穿擋住去路的霧凇。大塊冰霜咚的一聲擊中艾力克斯的背部與肩膀。

「你還好嗎？」我大喊。

「我很好，你做得很好。」艾力克斯大聲喊回來，但聲音聽起來有些勉強。

每當抵達小形岩台，我就停下，讓疲憊、黑暗、星光穿透自己。我沿著三千呎深的峭壁邊緣，看向西邊的冰川，踢開一塊鬆動岩石，看著石頭一路滾至頭燈光束照不到的地方，等著聽見撞擊聲。像是過了一萬年，終於聽見一聲悶響，有如遠方傳來的槍聲。我知道我們已經沒有回頭路，下山最快的方法是翻越山頂。中途要是出了意外，搜救隊要好幾天才能抵達。我和艾力克斯沒有無線電，沒有對外聯絡的方式，只有彼此。

上方地勢的陡峭程度稍微減緩。白雪覆蓋的溝壑穿越身旁，有如流過石頭拱壁光影間的河川。最困難的部分爬完了。我的腳重重往前踢，後頭的艾力克斯將得靠我的腳印平衡身體。

凌晨兩點左右，在費茲洛伊山頂正下方，我們找到一個被風吹成雪簷的地方，大小剛好足以讓我們躺下。下方的遼闊岩面沐浴在月光中，西側聳立著令人屏息的壯麗針峰，結著蘑菇狀冰霜的托雷峰山頂有如一座燈塔。艾力克斯看著我點了個頭，「酷斃了。」我們搭起帳篷，把兩個累壞的身體塞進同一個睡袋。

我冷到發抖醒來，手一動，一陣劇痛像電流一樣穿透手指。前一晚緊張的攀登結束了，身體一放鬆就開始痛。我看一下手錶。六點。我們睡了三小時。我們起身收拾東西，爬上山頂一帶較為輕鬆的地形，停下來拍幾張照片，接著繼續前進。二十段的垂降帶我們通往南方一個冰封的鞍部。我們帶了二十頁指南，那是羅洛一生在巴塔哥尼亞攀爬所蒐集到的資訊。然而，接下來我們要縱走的部分沒有地圖。陽光直射頭頂，我們脫到剩短袖上衣，爬過陡峭的山脊，朝一個無名山頂前進。接著瞄準另一個鋸齒狀門牙「朴森諾針峰」（Aguja Poincenot）。

我們默默前進，讓直覺引導自己。每當覺得此路不通，就努力尋找隱藏的裂隙或祕密通道。我看著艾力克斯輕手輕腳攀上大片積雪旁的岩石，動作永遠扎實精準。**在這個新環境，他看起來多麼如魚得水**。精疲力竭之中，我不時感到自己好像穿越時空，回到了第一趟的巴塔哥尼亞之行。如今我成為年紀較大的一個，每一件事對我的登山夥伴來講都是新鮮事。漸漸地，我習慣了這種奇妙的情境。有時我們停下來，喝岩石水平凹處與小瀑布的水，但多數時候不讓身體停下。每當我看著艾力克斯，就覺得他的臉頰一點一點凹陷。登山消耗太多體力，不可能攝取足夠的營養，況且食物太重，不可能帶太多。身體吃不到多少東西，只能從其他地方得到燃料。不過艾力克斯平日無精打采的樣子消失了，雙眼變得炯炯有神。

我感到心滿意足，風帶走所有人造世界的痕跡。前方的路十分複雜，但也十分簡單，反正爬就對了。我們站在朴森諾針峰山頂，眺望剩下的連續縱走任務，完全清楚自己要朝哪裡前進。終點近在眼前（至少望過去是如此），再三座山峰就到了。

我在第三個晚上，把繩子整理成一個睡墊。繩鞘的所有纖維已經磨損爆開，蓬鬆有如某種孩子的絨毛玩具。接下來的早晨，我們把痠痛的身體拖出帳篷，打開迷你露營爐的爐火，把雪融成水，放進一些電解質粉，吞下 Clif Shot 雙重咖啡因能量膠囊，以及兩顆安舒疼（Advil）抗炎藥。接著沐浴在神聖的晨光中，才感到自己活了過來。

登上下一個山頂之前，我們得從一座兩千呎的岩壁垂降而下。繩子起了毛邊，露出繩芯，乾脆切掉。前方還有三座山要爬，但我們身邊只剩一百二十呎長的破爛繩索。我掉了一隻岩鞋，而接近鞋（approach shoes，譯註：介於攀岩鞋與健行鞋之間的鞋子）的接縫爆掉，睡袋破了一個洞，帳篷底部因為參差不齊的岩面坑坑巴巴，背包也因為拖過煙囪地形而破損。

前方尚有大量的攀岩迷宮等著我們。在崎嶇的遼闊山間上下左右移動，需要耗費大量磨穿鞋面與造成筋骨痠痛的能量。我的世界變得一片朦朧，四肢似乎是靠自己的自由意志在移動。

漸漸地，我和艾力克斯兩個人的思緒合而為一，似乎是靠第六感避開每個鬆動的岩塊或隱藏的凍雨地面（譯註：過冷雨滴接觸物體後、迅速結成薄冰的自然現象）。眼前每一個景物清晰可辨，我們準確踏出每一步，荒謬的情境令我們飄飄然。

我們翻越拉菲爾瑞茲針峰（Agujas Rafael Juárez）與聖修伯里針峰（Saint-Exúpery），最後一個晚上紮營時捧腹大笑，陶醉於這場荒謬的大冒險。

「這是最瘋狂的四天。」艾力克斯說。

「我不敢相信你居然承認了。」我的湯匙不見了，邊說邊用破掉的太陽眼鏡舀起玉米粥塞進嘴裡。艾力克斯露出一抹熟悉的淘氣笑容，我們兩人都知道自己即將抵達此生最驚心動魄的旅程尾聲。

早上，我們爬上最後的耶斯針峰山頂。我的腦中浮現費茲的咯咯笑聲，以及他閃閃發亮、帶著無限可能的眼睛。我和艾力克斯靠著切短的繩子下山，已經感受不到高空暴露感，有時倒攀，有時垂降。風起雲湧，遮住了山頂。我們的時間抓得剛剛好，幾乎完全按照預定的計畫。

抵達山腳時，我們跳過冰隙，奮力穿越及膝的稀爛泥雪。我們在一塊乾燥的岩石上打包，準備一路走回遠方的查爾騰鎮，興高采烈地在隆隆風聲中聊著天。

五小時後，我們看到朋友傑西（Jesse）站在小木屋門前的野草地上，街上吹著沙塵暴。傑西走向我們，一雙大手緊緊抱住我，「我們開始擔心你們，幾乎所有人都回來了。」

他目光呆滯。

「怎麼了？」

傑西低下頭。「有壞消息。查德・凱洛格（Chad Kellogg）死了。」傑西深吸一口氣，凝視我的眼睛，「他在垂降時，繩子帶下一塊石頭，砸中他的頭，當場死亡。延斯（Jens）當時就在他身旁，他的死讓他打擊很大。」

我手腳發麻，說不出話。

「什麼時候？在哪裡發生的？」艾力克斯追問。

「兩天前的事，在超級溝壑（Supercanaleta）山頂附近。」風把木屋的鐵皮外牆吹得乒乓作響，我們沉默了一陣子。「你們需要補眠。」傑西說：「很高興你們安全回來。」他輕輕和我及艾力克斯碰了碰拳後離去。

幾天前，我和艾力克斯這一組，正好跟查德和延斯・霍思頓（Jens Holsten）一樣，從費茲洛伊峰垂降而下，就在離超級溝壑路線不遠的地方。查德死了，我們沒死。查德不像我跟貝卡描述過的那些人，他絕不莽撞行事，只是運氣不好。

我想起我們出發縱走的前一晚，妻兒還在身旁。我們坐在餐廳一張大桌旁，查德、延斯、一大群其他攀岩者都在。餐廳老闆穩穩抱著費茲，帶他到每一桌客人面前，讓他跟大家打招呼。我一直轉頭確定費茲沒事。而我對攀岩兄弟也抱持相同的情感。我尊重他們的獨立性，但也想保護他們。我真希望自己能保所有人平安。

查德不幸喪生的消息，令我心情極度沮喪。在這樣的時刻，我不得不思考這樣的事件代表了什麼意義。我們可以告訴自己，我們已經盡量把風險降到最低，選擇我們相當確定自己能活著回家的目標。艾力克斯有能力精算每個不綁繩子的動作，而我可以選擇用繩子。我們可以把攀岩活動當成一連串的體育目標，或是一場對生命啟示的追尋之旅，然而事實就是這種意外可能發生在任何人身上。查德知道自己在做什麼，他是美國經驗最豐富的登山家，他小心的程度不會輸給我們任何人。

在查爾騰鎮接下來的幾個早晨，我們這個小圈子靜默不語，在街上遊蕩，不確定該說什麼、該做什麼。每天晚上，我們聚在昏暗燈光下，圍坐在令旗餐廳的木桌旁，啜飲紅酒。笑聲逐漸回來，但我們談起自己的攀登時，總是低著頭，聲音低沉。夜色似乎壓迫著窗戶，低沉的詭異風聲呼嘯而過，我們內心進行著該不該攀岩的風險辯論，但沒有真正談論。任何回答聽起來都像空話。

幾天後，在幾千哩之上，我看著窗外自己先前踏足的地方，沉浸在熟悉的地貌之中，直到飛機上升至雲層，山頂才消失不見。我閉上眼睛。

我造訪了美如仙境的地方，經歷狂風暴雪，閃電震動身旁的大氣。遠方天空下，繁星點點，寧靜的夜晚流逝。風模糊了日光，蓋住所有聲音，我曾在那樣的情景中笑著。在那樣的時刻，驚奇的情緒充滿我體內每一個細胞，帶給我深層的力量，賦予我無限愛的能力，令我脫胎換骨。

儘管經歷過千山萬水，我依舊是個孩子，對這個世界充滿好奇心，在遠方山頂追尋著夢想。如今，我也是一個父親。我想著什麼狀況該適可而止。我向自己保證，將更注意自己的安全。我向費茲保證，也向貝卡保證。這一次，我在巴塔哥尼亞實在前進過頭了。

第17章 脫胎換骨的訓練方式

熟悉的汗水與攀岩粉氣味飄蕩在空中。我脫下羊毛上衣，擺放在父親從前自製的啞鈴堆上。

健身器材退位，家庭攀岩訓練中心登場。地點依舊是爸媽的車庫，依舊充滿相同的精神，一切以苦幹實幹為依歸。

休息時間結束，該幹活了。

快節奏的電子音樂不斷衝擊耳膜，我的肌肉同步顫動。一遍。再一遍。

我看了Beastmaker指力板一眼，吐出一口氣。接下來四十五分鐘，要做半墊邊緣、斜面點、一指洞和二指洞的計時吊掛，訓練肌肉與肌腱。

我往前站，碼錶倒數計時。

我腦中的每一個突觸開始發動，專注於第一個支點。

掛七秒，放鬆三秒，掛七秒，放鬆三秒。一遍，一遍，再一遍。

體弱是心的問題，別讓軟弱的心智限制住你。

我一直練習，直到肌肉支撐不住，再也做不了另一套動作，只好休息一下。接著在腰帶綁上十磅重量。

再度開始練習。

我強迫發動體內每一個動作單位，使出最大限度的神經肌肉。多年來，父親一直努力把科學訓練法帶進我的攀岩生活。我一直抗拒，但現在我要全心擁抱這種方式。

有人說，你要「哄騙」肌肉適應各種情況，但也許我只是在哄騙自己。

我當然是在哄騙自己，畢竟人天生好逸惡勞。

下苦工沒有訣竅，做就對了。

§

我和妻兒在科羅拉多共度多采多姿的家庭生活，從事各種活動，不過我和貝卡依舊渴望認識新地方與新朋友，體驗不同的文化。我從巴塔哥尼亞返家後沒多久，全家就訂好到歐洲旅行三個月的行程。由於外界對黎明之牆益發感興趣（我和艾力克斯完成費茲縱走自然也幫上忙），我再度有機會一邊工作，一邊出遊。我靠演講的費用，以及與贊助商合作，支付旅費，工作之餘還有很多時間可以攀岩與旅遊。

第一站是法國南部的塞於日（Céüse）。我們租下一間農場小屋，邀請美國的朋友過來作客。每天早上醒來後，我和貝卡打赤腳，帶著費茲在草原和葡萄園間漫步。費茲為了穩住自己，用小小的手指握住我的小指。我們餵雞，撫摸馬兒，把費茲裝在背包裡，花一小時走上一哩長的波形峭壁，那裡有著全球最完美的石灰岩地形。有三週的時間，我們在有著藍灰色條紋的岩石上從事運動攀岩，和朋友輪流確保與攀登，一邊看著費茲探索他的小小世界。

我們爬到夕陽西沉，靜靜看著自峭壁頂宣泄而下的瀑布，在日光照射下轉換色調，從粉轉橘再轉至火紅。有時我會想起巴塔哥尼亞的景象，許多場景像夢境一樣在腦中播放。有時我也想起查德的死，不過多數時候都放在心底深處一角。我人在這麼美的地方，家人又在身旁，我忙著享受每一天，也感到巴塔哥尼亞之行的喜悅不斷湧上來。我看著費茲在峭壁下爬來爬去，研究石頭、蟲子、葉片，再度在心中許下先前完成費茲洛伊大縱走後的誓言。

我們離開塞於日，搭火車穿越瑞士鄉間，走過布拉格的鵝卵石街道，盪在繩子上俯瞰希臘卡林諾斯島（Kalymnos）波濤洶湧的大海，在西西里海濱咖啡廳吃義式冰淇淋。費茲讓我們和許多原本一輩子不會有交集的人們串連在一起，交流溫馨的時刻。一位在公園戴扁帽、玩滾球的老人蹲下來，輕戳費茲肚皮，給他撓癢癢。一位街上賣糖果的年輕女士帶著笑容，眨著眼睛送費茲免費樣品。我們帶著費茲一起旅行時，很容易見到充滿愛與溫情的世界。

我們的最後一站是夏慕尼。費茲恰巧在阿爾卑斯山第一高峰白朗峰旁，踏出人生的第一步。胖嘟嘟的小腿搖搖晃晃，他開心極了，後方山峰高聳入雲。費茲出生十八個月後，有九個月在旅行，造訪了九個國家，可以用英文、法文、西班牙文、日文、德文數到十。

我人在夏慕尼時，和二十歲的德國人艾力克斯．麥格斯（Alex Megos）一起訓練和攀岩。艾力克斯是超級新星，濃密金髮剪成西瓜皮，眼珠湛藍清亮，擁有攀岩運動員的典型健美體格，從腹部一路向上延伸的肌肉，看得出接受過嚴格訓練，腰部之下則輕盈如鳥兒。艾力克斯是一隻長著娃娃臉的小鳥，每次我看著他，都為他年輕的容貌感到吃驚。艾力克斯大半輩子都在接受教練指導，以未來的奧運選手標準來培訓。美國沒有這樣的事，攀岩在美國是新興運動，尚處於尷尬的青春期。

艾力克斯比我認識的任何人都強壯，證實了我近日的觀察。我發現為困難的技術攀岩做特訓相當重要。艾力克斯極少在戶外攀岩，至少和我自己或我認識的每個人相比，次數都不多。他花大量的時間在攀岩館，喜歡用吊環與瑜伽球做多套多組運動。艾力克斯的教練採取相當科學的作法，利用可以小心分析與量化的方式指導他。艾力克斯使用指力板時，會做次數明確的幾組、幾套動作，動作之間的間隔與休息，也有精確的長度。相關數字都經過計算，背後的依據是最新的研究，包括肌肉發展，以及組織在施力與休息應有適當的平衡。艾力克斯一週攀爬或訓練六天，幾乎不做有氧運動，在戶外攀岩時擁有無與倫比的爆發力。

雖然黎明之牆的挑戰需要的遠遠不只是力氣，如果我無法表現一致地完成最困難的單獨與連續動作，不可能完攀。我已經努力讓自己具備最豐富的酋長岩攀登經驗與技巧，但某些特定領域再多一點力量，絕對會有幫助。我年輕時完全無法接受艾力克斯的方法，那幾乎和攀岩者信仰的事情正好相反——我們極討厭量化一切，堅持傳統的訓練方式。和艾力克斯這樣的人士一起攀岩，讓我思考是否自己過時了。這孩子在極短時間內就變得強壯過人，我決定那個夏天和他做一樣的練習。

我回埃斯特斯公園後，建立起固定的訓練作息，做的運動並未和艾力克斯一模一樣，但採取類似的心態、強度、策略。如果我真的想改善能力，除了家庭與訓練，其他事情都得放下。我開始故意忽視生活中的許多小細節，例如沒回電話和電子郵件。我和貝卡討論，我必須把自己的訓練當成全職工作，每天做八到十小時。貝卡同意了。

我改變飲食，不再吃麵包和精製糖，不攝取酒精和咖啡因，把夏天分成幾個訓練週期。第一個週期的目標是增強力量，做耗力與需要爆發力的指尖垂掛、重訓、抱石。每一天花半天時間待在渾沌峽谷的懸岩上。像我這種年紀大的運動員，一定得注意累積性傷害，因此我開始嚴格進行避免受傷的固定運動，包括滾輪按摩與拮抗肌（opposing muscle）健身。一開始，高強度活動讓我吃足苦頭。我永遠全身痠痛，委靡不振。有陣子，我的可量化力量（例如能把指尖掛在兩吋半圓木釘上的秒數）甚至減少，不過身體逐漸適應。

仲夏時，我開始做耐力訓練，將一週幾個下午的抱石，改成全天的運動攀岩，想一次爬完附近的峭壁「修道院」（Monastery）最困難的四條路線。我在青少年時期爬過這些路線，失去手指後，把它們當成復原的評估標準，因此可以是我的進度尺。修道院是光滑的懸岩，許多支點相距遙遠，充滿高難度的抱石問題，偶爾會有歇腳點，很像間歇訓練。那四條路線如果分開來看，依然是科羅拉多最困難的運動攀登路線，沒人會想在一天內完成。如果我能做到，將是訓練起了作用的明證。那年夏天我第三次去修道院時，我成功了。

此外，我感覺到身體產生變化。我看著鏡子，發現上半身肌肉增加，腿部肌肉減少，有如一隻巨手將我由下往上擠。不過，新的飲食方式與上升的運動量，自然使我體重下降，一七五公分的我，瘦了近十磅（四．五公斤），體重剩一四三磅（六四．八公斤），力量體重比飆高。到了訓練季的尾聲，我能夠一直掛在迷你鉤抓點（crimp）上，每天收工時做兩套五十下引體向上。

我對黎明之牆信心大增，只剩下一件事不確定：那個大跳躍。上一個秋天，我帶了捲尺上岩壁，用 iPhone 下載傾斜儀。同時照下支點的照片，測量支點間的距離、角度，還有岩壁本身的角度，以盡量精確的方式標示動作。然後，我在家中的儲藏室複製岩壁。支點之間呈現十四度仰角，相隔一〇一吋（我身高六十九吋，臂展同樣也是六十九吋）。我每天嘗試大跳躍動作一至兩小時。一開始先把支點距離縮成九十一吋，一直練習，直到每次都能成功。接著一點一滴增加距離，一直到九十九吋，幾乎都能成功，但完整的一〇一吋就是辦不到，就差短短的兩吋。

我試了數百次，拍下自己的動作，分析每一個元素，考量每一個細節，包括跳出去時的角度、飛在半空時的姿勢、身體與岩壁之間的距離，並且在心中模擬。我拿出絕對要成功的信念、冷靜的姿態、精準的專注力、全力以赴的爆發力，有時感覺很近了，真的覺得自己能辦到，但有時又覺得目標遙不可及。我無情地鞭策自己，直到腹部痠痛到坐不直。左肩上方開始痛個不停，一直失敗的沮喪令我情緒爆發，扯掉鞋子，丟到院子另一頭。**難道我真的會敗在這一個動作下**？我的手瘋狂揮舞，吼著：「**為什麼**?!」

貝卡見我怒氣沖沖走過庭院，端了一杯水過來要我冷靜。她一定覺得我需要和費茲一樣，喝完果汁去睡午覺，不過她只是柔聲鼓勵我：「別擔心，親愛的，你會成功的。」如果貝卡覺得我就是個神經病，她是對的。

不曉得凱文怎麼樣了。我現在已經習慣他幾乎不回應。我打電話過去時，他是句點王。我也不想當個嘮叨鬼，因此幾乎一整年都無消無息。我追蹤他的臉書，他放了很多黎明之牆的回顧照。從他網路上的表現來看，他似乎充滿幹勁，甚至在推特上說自己蓄勢待發。他在網路上和現實生活中的對比，令我困惑。我直接和他聯絡時，他多數時候都意興闌珊。

仲夏時，我試圖直接聯絡他。我打電話留言，幾天後收到一封電子郵件。

「我每天醒來後與睡著前，腦中想的都是黎明之牆。」凱文寫道：「但可惜不是興奮地想，而是心情沉重。我把探針送下去尋找自己的熱火、自己的熱愛、自己的熱情，但就是找不到。因此，最近都沒有好好認真訓練，壓力更沉重了。」凱文不想讓我或任何人失望，但他說自己信心低落，那一季只要在岩壁上輔助我就好了。

我第一次讀到凱文的信時，感到一陣暈眩。在我心中，黎明之牆已經成為成功機率極低、但不是完全不可能的目標，我無法想像凱文的觀點怎麼會如此不同。過了一會兒，我產生罪惡感。我們兩個人的做事方法和個性都不同，但我們一起為了這個計畫花了很多時間與心血，已經培養出兄弟之情。雖然不是最好的朋友，但擁有手足間的元素：彼此競爭、彼此憎恨、彼此關心。

我努力想像凱文的感受。我們上一次嘗試時很有進展，如今他卻在懷疑自己是否真想投入這個計畫。他人生中發生什麼事，為什麼他會這樣覺得？希望情況不是太糟糕。

我決定回信前先等一等，沉澱一下思緒。我終於回信時採取同理的心態，告訴凱文我偶爾也會失去鬥志。我通常不去管那些疑慮，在岩壁上咬牙撐下去，直到再次生出信心。

我提到好奇心與執著可以帶來真正的動力；我們的探險之旅已經很接近出現大發現的時刻，很少人一輩子能有這樣的機會，而每一趟偉大的旅程自然會碰上艱難的關卡。我希望我的話能帶給他有用的鼓勵。「如果你已無心於此，決定不繼續，我會永遠感激我們共度的時刻。」最後我說：「但如果你決定要繼續，我們會痛宰黎明之牆。我希望我的想法能提供一點幫助。」

我向來喜歡「熱情能帶來成功」的信念，但我失望地發現，叫一個感受不到心中火焰的人去追尋自己的熱情，就像是叫一個沒腳的人跑去冰箱那幫你拿三明治。

凱文之所以尚未退出計畫，主要是他感到對我和贊助商有義務，不過他自己顯然也不想放棄。不想放棄或許是關鍵。堅持可以是點燃心中火焰的火柴。或許反過來，道理也是一樣：成功會帶來熱情。也許凱文只需要放手去做，再次感受自己的天賦。

「我想謝謝你的上一封信。」凱文回信說：「真是很鼓舞人心，不帶批判。我得到鼓勵，心中的火愈燒愈旺。簡單來講，我要重新上陣。」

二〇一四年十月底，凱文帶著前所未有的決心出現，真心把黎明之牆當成自己的計畫。我們在優勝美地碰面，花了三天辛苦健行，把東西運上山，架設繩索，接下來一個月練習最困難的繩距。頭一次，我們兩人空下整個冬天，計畫秋天先花兩個月練習攀爬，聖誕假期休息。如果加州的乾旱期持續下去，深冬時我們就先回來，從地面開始挑戰。

我們開始攀登後，我的特訓成果一下子顯現出來，輕鬆完成先前近乎不可能的繩距。凱文的準確度和力量也比以前進步。以任何正常的標準來看，他絕對是強到不行，但缺乏黎明之牆所需的特定體能，造成他落後。他有辦法連結幾套動作，但無法撐過整個繩距。他愈來愈沮喪。還剩六、七個繩距，他無法完全自由攀登。我開始擔心，自己準備好完攀、但凱文還沒準備好，這該怎麼辦？

對我來講，我只需要再一小段時間，就能完成全部的黎明之牆。如今是計畫的第七年，我已經在某些時間點自由攀登過所有繩距，只剩一個動作一直做不到：就差大跳躍那短短的八呎。事實上，我前一年和克里斯、凱文一起練習時，或多或少成功過一次，但感覺那次是僥倖。我得碰上某種超自然的時刻，才能完成那短短的八呎。

我一遍又一遍想像自己從起點的岩片跳起，往上往左，把自己的腳推到極限，像猿猴一樣飛過空中。我看見自己的手指抓到尾端的岩片。以這條路線的標準來講，那個岩片算大，是一個約一．五吋寬的著力點。我的左腳滑過岩面，控制住擺盪，讓身體待在岩壁上。

我們每週會回頭練一次大跳躍。我一試再試，爬到最初的支點，那個支點大到我所有的手指都能嵌進去。然而在飛出去的前千分之一秒，遲疑會像水穿透岩隙一樣，偷偷溜進我心中。我的手指一抓到最後的岩片，腿就會晃到太左邊，整個人瞬間掉下岩壁。我非常熟悉這個動作，試過一千次以上，不想出辦法不行。凱文做起來好容易，害我壓力很大。

到了十二月初，凱文的體能開始跟上，串起最困難的繩距的所有動作。我也持續以前所未有的最佳狀況攀登。寒冷的氣溫帶來理想的攀岩環境，我們兩人都有望完成黎明之牆，但冬天要來了。我們將需要神助，靠乾旱期帶來適合攀登的天候，但接著一場大風雪來了，優勝美地下起一呎深的雪。十二月中，我們提早回家過節。

佳節期間，我多數時候在埃斯特斯的自家客廳踱步。深冬的高氣壓系統過境內華達山脈，天氣預報顯示將有十天的完美乾冷天氣，無雪無雨。我的執著開始發作，整個人高速運轉起來。

我寄信給凱文，希望他提早幾天和家人慶祝聖誕節，挪出時間到峽谷完攀。我等待凱文回信的期間，打電話給大上製作的喬許．羅威爾。過去幾季，他不再那麼積極拍攝黎明之牆，但我知道如果我們認為自己有可能成功，打一通電話，喬許就會過來。我告訴他：「我不曉得凱文怎麼樣，但我覺得自己準備好了。」

喬許立刻加入。他弟弟布萊特也擬好計畫，為了這次的拍攝，不和妻子與兩個年幼孩子過節。在最理想的狀況下，我們會在兩週內完成黎明之牆路線。我要負責把攝影團隊弄上岩壁，還得讓每個人在岩壁待上那麼多天。我算了算，攀岩者和攝影團隊每個人一天要喝三公升的水，也就是五十六加侖的水，相當於四百六十七磅（二一二公斤）重。另外還要加上食物、睡袋、吊帳、繩子、裝備。我的媽啊，頭都暈了。

我打電話給朋友艾瑞克．史隆（Eric Sloan）。艾瑞克是人工攀登專家，我過去從他身上學到寶貴的人工攀登技巧與系統。我們第一次一起攀岩時，在十四小時內，火速衝完酋長岩「尖盾」（Shield）路線的三十二段繩距，差一點就破了那條路線的速度記錄。艾瑞克後來碰上一些困難，現在住在車上。我想他會需要一點工作，所以我們開始討論後勤的事，最後決定艾瑞克除了幫忙攝影，還負責每五天就幫我們把食物與飲水補給運上岩壁。

我和喬許、艾瑞克來來回回通電話與電子郵件，大家都忙瘋了，不停地安排規畫，每個人都願意為了讓黎明之牆計畫有機會成真，放棄聖誕節。只少了一塊拼圖：凱文一直沒跟我聯絡。

最後我終於接到一封簡訊：「我比較想聖誕節過後再過去，例如二十七號（我和賈姬〔Jacqui〕要在二十六號慶祝週年紀念日）。」**週年紀念日？你根本還沒結婚？搞什麼鬼？**「你感覺如何？」凱文繼續寫道：「你覺得我們目前的進度還可以嗎？我都可以。我感到還在狀況內，但這個計畫所需的專注力有點難維持。」**真的假的，你瘋了嗎？我覺得我們目前的進度還可以嗎?!我們準備好要完攀了。**

我無法理解我和凱文怎麼會身處完全不同的星球，但我感覺要是硬拖著他上酋長岩，只會適得其反，所以我祈禱天候會配合，打電話要大家延後計畫。我心中有一部分鬆了一口氣，因為一想到聖誕節早上自己和別人的孩子哭著找爸爸的畫面，就微微產生罪惡感。我打電話給喬許、布萊特、艾瑞克，告訴他們由於凱文要和女友慶約會滿兩週年，他們可以去過聖誕節了。

接著，我寄簡訊給凱文。「好吧，我會在聖誕節過後直接過去，做好一切準備。你約會完，直接開車到優勝美地。我們在二十七號下午兩點有遮蔭後開始，你只需要出現在現場攀岩就可以了。」

聖誕夜的晚餐，我坐立難安。聖誕節當天早上，我在禮物包裝紙背面寫下裝備清單。貝卡擔心地看著我，讓我想起自己是個混蛋，是心不在焉的丈夫與父親。我心裡默默在打包清單上加上罪惡感。

隔天我預備搭乘第一班飛機，人在跑道上等候時，連日來第一次坐著的時候沒動來動去，心中充滿疑慮與愧疚。太諷刺了，就在我出門前，我選擇在社群媒體上說出自己半心煩意亂、半替自己辯解、半真心的狂躁感受：

我一直想著自己要成為什麼樣的父親，我知道身教是最好的辦法。對我來說，黎明之牆完美傳遞我想讓費茲明白的人生最重要的價值觀：樂觀向上、不屈不撓、全力以赴，以及懷抱遠大夢想的力量。然而，拋下家裡的貝卡和費茲，從來不是容易的事。我愛你們。

我抵達優勝美地，那天剩下的時間跑去採購食物、打包、再三確認每件事，和艾瑞克與攝影團隊擬定策略。二十六號快結束時，凱文再次寄簡訊過來：「我們可以二十八號再開始嗎？我不確定自己有辦法從聖羅莎（Santa Rosa）開五小時的車，然後同一天就開始攀岩。我們要以放鬆的心態爬，才能拿出最好的表現。不過你也可以叫我滾過去。」

我和貝絲在一起時，總是逆來順受。一輩子大多數時候，我缺乏自信，攀岩是少數的例外。如今我已經走出離婚後的封閉，或許我有了骨氣，也或者我對別人追求生活平衡的渴望太過嚴苛。對任何理性的人來講，凱文說的話完全合情合理。此時此刻，為了黎明之牆，我做的事絕對是不近人情，但我顧不了那麼多了，便回他：

「我在聖誕節過後立刻拋下家人，從科羅拉多搭機，買好所有食物，打包好一切，組織攝影團隊，找到人幫忙把吊掛包扛上山。為了準備好我們所有的物資，昨天整整忙了二十小時。如果你早上六點就開車出門，一切還來得及，可以明天開始。沒錯，你現在就給我滾過來。」

第四部

第18章 準備周詳的起攀

月光灑落林間，透進露營車窗戶，照亮我呼出的白霧。嚴寒的冬日讓上松營地空蕩蕩的，只剩兩、三人，四周籠罩在奇異的寧靜之中。攀岩動作與後勤準備事項在我腦中不停打轉。我拿出手機打字，螢幕光線刺痛眼睛。現在是十二月二十七日凌晨兩點，我該睡一下了。

我的眼睛一下子睜開，日光湧了進來。**我是什麼時候睡著的**？我鑽進駕駛座，駛向草原，谷底籠罩著厚重濃霧，一隻郊狼快速走過車旁，轉彎，消失在一片白茫茫之中。谷中空無一人。

酋長岩草原到了。我下車，寒意刺進肺部。我拉開滑門，將幾袋設備扔到地上，野草上結著的白霜嘎吱碎裂。我匆忙打包補給，確認清單事項，破曉的柔和光線照出酋長岩的巨大輪廓。

我停下手邊的事，抬頭往上望，閉上眼睛。

引擎同步帶的尖銳聲響劃破寧靜。一輛車停住，艾瑞克跳下車走向我，身上穿著褪色的羊毛帽、破舊的褲子、貼著膠布的油膩羽絨外套，看起來和十五年前我們第一次攀岩時一模一樣。我從前也是那樣的打扮。

「你最近都睡哪？」我問。艾瑞克告訴我一個祕密地點，與世隔絕，可以欣賞星空和酋長岩美景。聽起來很不錯，但要在冬季的優勝美地無家可歸，我實在不敢想下去。

我把最後幾樣東西裝進吊掛包。有煮好的鮭魚、一大盒新鮮蔬菜、一大包甘藍菜、裝滿杏仁腰果的保鮮袋。我再度確認清單：八雙嶄新的攀岩鞋、各種指甲銼刀和乳液、可媲美選美皇后的皮膚保養組、ＯＫ繃和各種膠帶、一大瓶安舒疼。

又有一輛車停下。兩個人跳下車，身上穿著二手商店的工作褲和破舊的攀岩吊帶。艾瑞克告訴我：「我請了一些地方上的攀岩者協助我們把東西運上去。他們在克里營地（Camp Curry）打雜，很興奮能夠幫忙。你知道一年的這個時節，這裡不是很熱鬧。」

那兩人走了過來，看起來像攝取了過多咖啡因。我不自在地發現，他們像是看到名人一樣，要求一起自拍。我把手放到他們肩上，尷尬地微笑。我很高興他們這麼興奮，但我討厭站在鎂光燈下。我想打進優勝美地流浪圈的青澀歲月，彷彿還是昨日的事。

我交給他們一人一個六十磅吊掛包，走上步道，交代後勤事項。我和凱文練習時使用的固定繩還在岩壁上，我們從底部起攀的嘗試，將利用上方一千兩百呎處原本就架好的吊帳營地。每天晚上攀岩過後，我們將沿著固定繩上升到那個營地睡覺（如果是爬上方繩距，則是垂降）。我和凱文將回到上一次挑戰爬到的最高點，繼續依序自由攀登所有的繩距。萬一摔下來，繩子會接住我們，可以從頭再來，但繼續前進之前，必須由下而上自由攀登完整個繩距，不能把體重壓在繩索或裝備上。而在自由攀登完「繩距二十八」之後，我們會將吊帳和輕型補給移到另一個營地，待上一晚，接著一路完成登頂前剩下的四個繩距。

大家一起走上山，我講著一些寒暄的客套話。請別人做我的藍領工作，我心中有點不安。我這輩子一直覺得，請人當挑夫是一種驕傲自大的行為。如果這類苦差事不自己來做，你能說是自己完成了攀岩嗎？

凱文似乎不擔心這種事，他說過：「如果環法自由車賽（Tour de France）的選手都得自己扛所有裝備，你覺得比賽看起來會是什麼樣子？」我試著接受不同的想法，但也無可奈何。攀爬黎明之牆的任務太艱巨，形式上得做出很大的妥協。

十分鐘後，步道陡峭起來。雖然路線底部距離谷底僅五百呎，此處的天然地形帶來舒適的逆溫，高度愈高反而愈溫暖。我們抵達岩壁時，氣溫可能比底下還高個攝氏十度左右。所有人都停下腳步，脫到剩T恤再繼續前進。步道與岩壁交錯，沿著底部綿延四分之一哩，中間經過一塊光滑如鏡的細緻花崗岩板。這麼多年了，上方的岩壁景象依舊美到令我屏息。我把手擺在冰冷的岩塊上，撫摸岩面，臉頰貼上岩壁，轉頭望向天空，向天地間的造物表達敬意。我已經重複過這個儀式數百遍，我閉上眼睛，感激世上有酋長岩，接著祈求酋長岩保我這趟旅程一路平安。

我們走向攀岩起點。我放下繩子，躺在石板上，雙手墊在後腦勺下，望著上方的路線。我知道這會是最後的寧靜時刻，趁艾瑞克和朋友開始拖包，在原地逗留了一小時。

我回到自己的車上，看見又出現六部車。一年的這個時候，我在酋長岩草地上頂多也就看過三輛。一個抽著雪茄、矮矮壯壯的男人看見我，走了過來。那是優勝美地的傳奇人物湯姆．艾文思（Tom Evans），懂攀岩，熱愛攀岩，在攀岩季住在車上，認為優勝美地是宇宙的中心。湯姆在草原上觀察攀岩活動，用望遠鏡追蹤酋長岩上的攀岩者，拍照，在部落格上放上他們的進度。夏天常有二十多名遊客擠在他的望遠鏡旁，輪流看著目鏡，呆呆望著「睡在岩壁邊緣的瘋子」。

「嗨，湯姆，這個季節你怎麼在這？」我問。

「你不會相信的，但我有贊助商。」

我腦筋一片空白看著他。**什麼**？原來是凱文的贊助商愛迪達雇用湯姆，讓他在我們攀岩時傳送在草地上拍攝的照片，用在宣傳稿上。

我毫不知情。

我開始把事情拼湊起來。上一季我們攀岩時，凱文用手機錄下短片，愛迪達編輯成《黎明之牆計畫》（*The Dawn Wall Project*）系列影片，稱之為「不曾被攀登的最難路線」（The Hardest Route Never Climbed），配上生動的解說，令我想起世界自然基金會（WWF）的宣傳片。

我和湯姆聊天，幾個人在我們身旁圍成半圓，有人在拍照。這種事不曾發生在我們與世隔絕的小小攀岩世界。我露出害羞微笑，出於禮貌握了幾雙手，接著像隻受驚的小鹿跑回自己車上，第五度重新整理裝備。

我整理著攀岩裝備，手因為期待與焦慮抖了起來。我原本希望在深冬攀岩，可以讓整件事保持低調，只有幾個親朋好友知道。這下子我明白，一旦我們開始爬，第一則消息發出去之後，就會有很多雙眼睛看著我們。我強烈意識到我一直都知道的事：每個人都為了我暫停自己的人生，包括我的家人、朋友、贊助商。就連黎明之牆計畫的粉絲等許多我不認識的人，看到有人全心投入自己的夢想，都真心激動起來。我不想讓任何人失望，我害怕讓別人失望。

上午十一點左右，凱文的黑色豐田開了過來。他一下車，攀岩界的小報記者湧了過去。凱文看起來和我一樣有點不自在，這讓我心裡舒坦一些。他和記者閒聊幾句，然後走向我。我很緊張，他會不會生氣？這些年來，我一直在逼他，但每次我差點要指揮他時，都會及時閉上嘴。或許這次我叫他滾來優勝美地，是越界了。我不確定他會如何反應。我們之間一直有很多事沒說出口。

凱文走到我的露營車旁，把一個小吊掛包扔到地上。「這是我這次打包的貢獻。」他邊說邊拿出兩樣東西：一瓶威士忌、一包咖啡。「士氣是無價之寶。」我大笑，他給了我一個大大的擁抱。

就那樣，我們化干戈為玉帛。

我們扛起背包，留下草地上的一小群人。我今天第二次穿梭昏暗森林的蜿蜒步道。這一次不一樣，真的要上場了。我有點頭暈目眩，腎上腺素過多，緊張不安，腳似乎在地上飄浮，樹木看起來在滑動。我和凱文幾乎不發一語，試著讓轉個不停的腦子平靜下來。我準備好了，我知道自己準備好了，但依舊懷疑自己。

我們抵達林間一個空地，凝視開始在陽光下閃閃發亮的白色岩面。我們走上步道通往岩壁的碎石子路。凱文展開雙臂，用胸口去貼岩壁，給岩壁一個大擁抱，接著拍一拍，好像岩壁是一隻毛茸茸的大狗。我留給他一些時間。

我感覺自己好像身處一個夢境，耀眼的光線遮蔽了細節。我頭往後仰，上方一千兩百呎處是一個小小白色方塊，那是我們的吊帳營地，也是我們接下來兩星期的家。我百感交集，這將是此生最後一次嘗試。

二〇一四年十二月二十七日下午三點半，太陽溜過岩壁邊緣，在攀登路線底部照出影子，我們綁好岩鞋，爬上斜坡，把自己扣在兩個標示著路線起點的錨栓上。

「一次一個繩距。」我對著凱文點頭。

凱文扣好自己，緩緩吐氣。「放輕鬆爬。」他回答。我們兩人都想到上一次從最下方開始自由攀登的情境。二〇一〇年時我們太緊張，立刻被懲罰。凱文的策略是騙自己一切沒什麼大不了，只是又一次的練習而已。他知道最初的時刻將替接下來的攀登定調。

「上場了，兄弟。」

凱文先出發，手指輕輕壓在岩石結晶上，凌波微步。這個繩距只是暖身，主要是打著錨栓與一些古老的固定式人工攀登器材的斜板攀登。凱文不到十五分鐘就搞定。

我的眼前是一點一點的圓圈，無法停止眨眼。我極度緊張時，就會出現這個詭異的動作，控制不住。不過奇怪的是，我感到身體既強大又輕盈，彷彿自己能舉起一輛車，也能行走在水面上。我跟了上去，模仿凱文每一個動作，在固定點扣好與重新整理裝備。

「繩距二」的岩面角度增加到接近垂直，太陽低垂在地平線上。岩點感覺很鋒利，像在抓釘子的尾端，腳要是擦過去會破皮。我小心翼翼，把重心平均分配在身體各部位，流暢地完成這個繩距，信心大增。

「繩距三」是第一個真正的難關。凱文領攀，來了一個強而有力的後躺法，手指往外拉著一個垂直薄裂隙的邊緣，腳以反方向壓著岩面。他的腳如果打滑，整個人會直接摔到我頭上。我拉好自己的繩子，準備好隨時盪開。不過凱文沒失手，在上方二十呎的第一個休息點對我比了大拇指。他順暢地攀登到離固定點僅一、兩呎的地方，接著無預警地摔下。

「該死！」他盪在繩子上，掉了十呎。

我降下凱文。他把自己扣在我身旁，解繩，兩人收繩。

「我現在就再試一遍，我還不是很累。」

這麼做有風險。摔一次沒關係，但反覆摔的話，一定會失去精力與動力。凱文通常會在兩次嘗試之間多休息一點，不過我信任凱文，他再度出發。我看得出來，他還是有點疲憊，我們之間的繩子微微抖動。他設法爬過固定點。我跟攀時，手腳一陣緊張，岩點抓得太緊，前臂疲勞，但仍撐住沒掉下去。

「繩距四」的時候，裂隙寬到手可以塞至手腕處。手塞點讓難度暫時降低，但我仍有一種詭異的感覺，好像自己是在別人的身體裡；後來一整天那種感覺都持續著。我在日落時當先鋒，抵達固定點，打開頭燈。換凱文時，氣溫降到露點以下，呼出的霧氣上升，穿過我的頭燈光束。

「繩距五」微微外傾，裂隙滲出泥水。凱文有條不紊地慢慢爬，在動作與動作之間，把鞋上的濕氣抹在褲子上。我想起五年前自己第一次看凱文爬這個繩距。當時岩面完全乾燥，但凱文爬不過一個身長，就失敗掛在繩子上。現在天是黑的，岩壁是濕的，我們身上還背負龐大的壓力，但凱文看起來處變不驚。我以他為榮。

晚上九點，我們收工，以還算輕鬆的方式完成前五個繩距。我們沿著固定繩上升三百呎，抵達營地，架好第二個吊帳，各自休息。我和凱文理論上可以共用一個吊帳，不過這些年來，我瞭解到他需要獨處時間，因此我和布萊特一起睡。布萊特一直待在岩壁上攝影。我們把大量食物、攝影器材、睡袋，丟進兩人的吊帳，外頭綁上太陽能電池板。攀岩器材掛在入口繩環上。我們掛在半空的家，看起來像影集《豪門新人類》（*Beverly Hillbillies*）的那台車。我穿越裝備構成的大吊燈，把自己塞進睡袋；布萊特爬過我的腿，來到自己的位子。我看了看四周，忍不住大笑，吊帳很亂，但又暖又舒服，像個熊窩或是垃圾堆。

我望向凱文的吊帳。只有一個睡袋，一個睡墊，岩鞋整齊地掛在門邊，就像蘋果商店，有很多可以伸展與思考的空間。我心想：**一定很寂寞又很冷**。

那天晚上，我花三十分鐘保養指尖的皮膚，修掉指甲分岔處，小心翼翼磨掉厚繭，接著用單口爐煮水，徹底用肥皂洗手，在指尖敷上「不可思議乳液」（Ridiculous）。那是護膚專家特別替這次攀岩調配的產品，成分包含促進血液循環的植物類固醇。最後再塗上保濕霜，用膠布綑起每一根手指。為了提早拿掉膠布、出發攀岩前讓指尖乾燥，我調了早上四點的鬧鐘。

我們一直睡到早上七點二十分，幾隻蜜蜂把自己困在吊帳門簾上方的錐形圓管，嗡嗡嗡吵個不停，正好叫我們起床。太陽升起，陽光亮到令人睜不開眼。我用濾壓壺沖好咖啡，倒好，把冒著熱氣的瓶子交給艾瑞克，也丟了一瓶給凱文。再來是三明治，夾著甜椒、黃瓜、酪梨、奶油起司、燻鮭魚。

凱文笑著說：「哇塞，你這次真的在食物上下了工夫。」

「你等著看晚上的重頭戲。」

我和布萊特逍遙一個早上，談起兩個人的孩子。他有兩個兒子，一個五歲，一個七歲。布萊特身強力壯，體格結實，但性格冷靜，是那種碰上酒吧鬧事時，你會希望和你同一國的人，不過他談起孩子時充滿柔情。

「等費茲兩歲你就會懂。」布萊特告訴我：「到時候性格就會顯現。有孩子真是太棒了。」

布萊特的工作讓他得以造訪全球最美的山峰，但也讓他長時間不在家，有時一次就和家人分開數個月。

「離家這麼久是什麼感覺？」我問。

「有點討厭，但我看到我哥，他因為要管理公司，永遠在講電話和打電腦。至少我在家的時候，可以全心陪家人。」

我萌生一股歉疚感，想起自己聖誕節時心不在焉。

當天起床後，我和布萊特懶洋洋聊著天，等著岩壁冷卻；這真是個瘋狂的暖冬。凱文偶爾過來我們這邊，不過多數時候都待在自己的吊帳裡，拉上拉鍊。

我猜他需要獨處的時間。

今年的黎明之牆富有全新的活力。AT&T 電信公司在我們望出去就看得到的地方，架設了 4G 基地台。多年來，我們一直都能在岩壁上使用手機，打電話，寄發電子郵件，但網路不穩。多了基地台後，網速幾乎比我家還快。

陽光燦爛，我打著赤膊，坐在拉開的吊帳裡欣賞美景，應該再拿一杯插著小紙傘的蘭姆雞尾酒。

凱文的吊帳傳來低語聲，一定是在講電話，我不可能不聽到內容。仔細一聽，原來他在錄音，像報新聞一樣簡介到目前為止發生的事。聲音停止時，我大聲喊他。

「嗨，凱文，你在幹嘛？」

凱文沒拉下門簾就回答：「愛迪達要我每天寄一段兩分鐘的近況更新影片過去，我只是在錄影。」

啊，對，是《黎明之牆計畫》。大概還會一併採用湯姆在草原上拍的照片。

「你每天怎麼讓他們拿到影片？」

「我手機下載了 Dropbox 應用程式，跑得還滿順的。」

先是臉書，然後是不知名的狗仔，再來是這個，更別提還有一支攝影團隊跟著我們，是在搞馬戲團嗎？我沒回應，不知不覺中忙著上網，呆呆望著手機螢幕，兩個人一小時都沒講話。

等等，這不對！我放下手機，試著聊天。然而凱文和艾瑞克都只哼哼哈哈回答我，接著又低頭看手機。我放棄，再次敗給手機，用 Face Time 打給貝卡。貝卡氣色很好，她的聲音立刻令我心頭暖起來。她把費茲抱到腿上，在他耳邊說：「告訴爹地我剛才教你的話。」

費茲看著手機，用稚嫩的嗓音說：「爹地，加油！」

下午十二點三十分，我宣布：「好了，孩子們，收起手機。我們要去幹大事了！」大夥兒垂降至前一晚離開的地方。

「繩距六」長兩百呎，極度複雜，是整段路線中第一個真正棘手的難關。這種嚇人的繩距，技術上不一定是最難攀登的，但恐懼的確會讓事情雪上加霜。「繩距六」難度五．一三 c，從開頭便不容易，困難的抱石連續動作之間，有好的休息點，也有難以放置裝備的岩段，我等到岩壁籠罩影子後才出發，整整七十分鐘不斷攀爬、休息，攀爬、休息。所謂的休息，是指彎曲身軀，緩解發痠的前臂，然後輪流變換重心，一手抓著，另一手甩動，試著放鬆。同時間還要想著接下來的困難動作，以及兩個保護點間的大段距離。這種類型的攀岩十分耗神，我一天只能撐過一、兩段這種地方。在接近終點的時候，我腳滑了一下，就像籃球決定最終決勝負的罰球沒投進，但我挺了過去，心中比先前踏實。我的神經似乎不緊張了，感到更像自己。凱文一次就過關，輕鬆利落解決，替今天的氣氛定調。

「繩距七」是整條路線中最危險的一段，接續原本就存在的人工攀登繩距，有著不牢靠與零星出現的保護點，大都是前人用費力的姿勢硬弄上去的。攀岩時如果過度疲累，沒百分之百架設好器材，墜落時器材可能被扯下。在「繩距七」摔落，一摔就是六十至一百呎以上，只不過是一摔到底，大概只會飽受驚嚇，身體不會受傷。「繩距七」嚴格來講級數是五．一四a，不過就跟先前的繩距一樣，爬起來感覺難上很多。攀岩的不成文規定是，如果某個繩距不是你開發的，你就不該改變那個繩距的屬性，因此我們沒加上任何錨栓。

目前為止，我們一直掛在吊帶裡確保，但困難的繩距經常需要多次嘗試，因此我們開始拖著一個小型的確保吊帳，讓自己有地方站。凱文先出發，一路順利，快到終點時卻滑了一下，幸好器材撐住了。

「看來我得克服緊張的心魔。」凱文喃喃自語。回到下方，我們收繩，他休息，換我上場。我勢如破竹。「哇，感覺真簡單。」我嘲諷道：「我們還在黎明之牆上嗎？」

凱文靠頂繩攀登順利完成，緊張的問題正式獲得解決。

一小時後，我們也順利完成「繩距八」，級數是五．一三d。「天啊，真是有夠順利。」我自大起來。「要再試下一個嗎？」如果我們今晚能爬完五．一三c的「繩距九」，就會遠超出進度。我們在日落時過關，靠上升器回到一百呎外的吊帳營地，時間是晚上八點。

第三天早晨和前一天一樣，我準備早餐，大家上網。我發布每天的召集令，開始爬「繩距十」。「十」是第一個難度達五．一四b的繩距，有著潮濕的岩石紋路，必須使出「從嬰兒身上抬起一輛車」的動作。準備時間比想像中長，我出發時，時間已經快下午四點。我快速通過潮濕的岩段，在一個迷你落腳點弄乾鞋子。我因為前一天信心大增，匆忙地想從嬰兒身上抬起車子，但小拇指落下的地方和記號差了半指寬。我一時遲疑，腳滑了一下，第一次從路線摔下，回到岩台上。

「遲早會發生的。」我聳肩。老實講，連我自己都訝異先前沒摔。現在終於摔了，就不用想著這件事。

凱文繼續暖身，爬個十呎，掛在繩子上，用攀岩粉標好支點記號，複習一下動作細節。他重複這個過程八十分鐘。等他想好動作，我已經獲得充分休息。我們收繩，我領攀，再次感到自己在爬全新的路線，扣進固定點時，大叫：「噢耶！」

布萊特掛在我上方，伸手和我擊掌。我毫不懷疑凱文也會順利完成這個從上方確保的繩距。保護點不穩（這條路線常這樣），心理上會覺得頂繩攀登比較容易。由於我勢如破竹（我的訓練顯然有了成效），所以我當先鋒，直到凱文找回手感。我們馬上就會抵達幾個最困難的橫渡繩距，到時候將輪流領攀，橫渡時那樣比較容易。

凱文一下子爬完最下方的六十呎，接著來到會滴爛泥的滲水岩段。他的呼吸聲變大，但想辦法抵達一個幾乎不存在的休息落腳點，冷靜下來。站在那前後擺動身體，讓感覺進入腳趾，強迫心跳慢下來。十分鐘後，他抹粉，在褲子上大聲拍了拍，蓄勢待發，一下子通過傾斜支點，抵達最難的岩段。在一個小天花板地形下，他的手用力往上推，腳同時走上去，直到身體蜷曲成胎兒姿勢，大力吐氣。

「加油，你可以的！」我說。

我看得出凱文累了，心生遲疑，在距離固定點只剩幾呎的地方摔下，垂頭喪氣休息了一小時，黑夜降臨。他的第三次嘗試重演第二次的情形。他爬進吊帳，重重坐了下來。

「一連爬三天對我來講有點太多。」他說：「或許今晚就先這樣吧。」雖然我的沉默暗示我希望他再試一遍，但我努力表現出有同理心的樣子。凱文看透我，嘆了一口氣。「好吧，我再試一遍。」

凱文休息時拿出手機，眼睛瞪大，「哇，你看。」他的手機下載了氣象APP，螢幕最上方閃著紅槓。**大風預警：北極風，時速八十哩，注意倒塌樹木。高溫攝氏負三．八度。**

看來明天爬不了。

凱文再度休息一小時，最後一次嘗試「繩距十」，在最後關頭順利完成。我開始瞭解凱文的心態：他必須允許自己放棄，才有辦法放鬆到拿出最佳表現。

那天晚上冷鋒過境，固定繩在風中飛舞。隔天早上，我和布萊特在拉上拉鍊的吊帳裡煮早餐。我伸手到外頭遞咖啡給凱文，寒風讓我的手立刻僵掉。到了中午，狂風大作。我的吊帳儘管有兩個人的體重壓著，依舊像魔毯一樣翱翔。快到傍晚時，凱文穿好衣服，爬過來和我們作伴。他綑緊綁帶，丟了一瓶威士忌給我，隨即坐好。吊帳內，我們三個人、堆到胸前那麼高的衣服、相機、食物袋、塑膠水瓶，全擠在一起。隨著我們的笑聲傳出的熱氣，讓吊帳內霧茫茫，凝結的水珠滴到身上。凱文打開威士忌，大灌一口。

「雖然明天才是跨年夜，今晚就慶祝吧。」

帳篷晃來晃去，撞到岩壁，像機關槍一樣砰砰作響。遙遠的下方，松針像小型龍捲風一樣猛力盤旋，樹枝狂舞至斷裂為止。風有如鬼魂發出淒厲的聲響，警告我們危機四伏。我們把布萊特的 iPhone 喇叭音量轉大聲，那天晚上跟著歌手巴布．馬利一起唱著歌，灌威士忌，暢談人生、女人和遠方的探險。

光是人能待在這裡，有朋友相伴，我就感恩到說不出話來。群星閃耀，狂風再度發威。

我看著凱文，講了一句我們心底都知道的話：「這將是一次很難忘的經歷。」他看著我的眼睛，臉上露出笑容。我們繼續談天說笑，我感到深刻的連結，就好像在這一刻，在這個小小的地方，整個世界都很美好。布萊特也微笑點頭，又灌了一口威士忌。

我想靠過去擁抱他們兩個人，但最後作罷。我們這三個擠在吊帳裡的人，身上實在太臭了。

第19章 繩索傳來的念力

隔天，寒風繼續肆虐。我打進優勝美地的氣象熱線，得知大風造成樹木倒塌，山谷多數道路封閉。我們把自己緊緊裹在睡袋裡，每隔一段時間，我會起來伸展一下，還在吊帳裡做伏地挺身與仰臥起坐。這場攀登最困難的關卡正等著我們。我就像電影或電視演員一再觀看重播片段，一遍又一遍在心中複習接下來的繩距，想著哪些小地方可以去掉、保留或做得更好一些，記下最迷你的細節。

接下來兩天，氣溫依舊很低，但不再刮大風。早晨的陽光照在岩壁上，冰開始掉落。一開始是小冰塊，但過沒多久，棒球大小的冰球開始呼嘯而過。我們原本設想今年雨雪量不大，不會有結冰問題，沒讓我的聰明遮冰板發明成真。但我們錯了。幾顆西瓜那麼大的冰砸中上方岩面。我們想得到的唯一可能是，上方土層有水滲出，加上氣溫陡然下降，水被陽光蒸發之前就結成了冰。

「老天，那些冰塊直接砸中我們的機率非常低。」我的反應和平常一樣，覺得不會有事：「我**確定**吊帳的門簾一定可以把冰彈開。我們以前曾經因為暴風雪，不得不放棄攀登，把吊帳留在原地，後來吊帳看起來也沒壞。」

凱文通常不是個會生氣的人，但不知怎麼，這件事令他爆發。他打了岩壁一下，「他媽的我受夠了！」我不曉得他是氣我和我的態度，或者只是厭煩天候不佳。不管怎麼說，凱文這頓小小的爆發似乎紓解了壓力，他冷靜下來接受我們的命運，嘆了一口氣，「看來現在只能靜觀其變。」

後來有人告訴我，如果我們被棒球那麼大的冰砸中，九盎司（二五五公克）的冰塊從上方降落約兩千呎，擊中我們的速度會超過時速兩百哩，以超過四千磅（一八一四公斤）的力道撞擊我們。我很慶幸自己是事後才得知。

下午的時候，冰幾乎都落完了。我們趁暴風雪來襲前的兩天空檔，勢如破竹，迅速完成開頭的十個繩距：一二b、一三a、一三d、一二b、一二d、一三c、一四a、一三d、一三c、一四b。雖然以所有現存的酋長岩自由攀登路線來講，那段岩面是十分密集的連續轟炸，但相較於我們即將迎接的黎明之牆中段，只不過是暖身。我們一路抵達「繩距十二」，環境溫度接近冰點，因此破例直接在太陽下攀爬。暴風雪期間的休息，助了我們一臂之力。我開始攀登時，岩塊感覺黏黏的，幾乎像是把舌頭貼在一片金屬上。狂風又回來了，溫度降到攝氏零下十度左右。爬到一半時，儘管有太陽帶來的暖意，我還是手指凍僵，心情沮喪，忍不住想著尖銳支點正在把我的皮膚變成絞肉。每做一個動作，就看一下指尖確認。幸好這個繩距級數是五・一三c，比其他許多繩距都簡單。我幾乎感覺不到手指了，還是順利完成。

凱文採取完全不同的策略來面對寒意，直接迎擊，只見他緩緩爬過下方那一半繩距，強迫自己抓著岩石，直到手指完全僵掉。接著掛在繩子上，靠外套暖手。這種一下凍僵、一下回溫的循環，會帶來極度不舒服的噁心疼痛感，高山攀岩者稱之為「尖叫嘔吐」（screaming barfies）。好在血管擴張通常可以持續幾小時，嚴寒氣溫下的徒手攀岩者可以加以利用。疼痛在幾分鐘後過去，凱文回到繩距底部，順利自由攀登。

我們抵達凱文二〇一〇年爬到的最高點，該是把確保吊帳拖到「繩距十二」底部的時候。我們並肩坐在吊帳裡，一起凝視遠方，不發一語。遠方，內華達高山區白雪罩頂的山頂映入眼簾。路線一路往右方斜去，帶我們到一個巨大凹陷處的上方，我們就像坐在全球最高大樓上方的起重機尾端。凱文把手伸進塞滿補給品的迷你吊掛包，拿出一個保溫瓶，用下巴夾住，接著像小說《綠野仙蹤》裡的西國魔女（Wicked Witch of the West）一樣，咯咯咯笑了起來。

「我帶了一點好東西上來，是熱咖啡。」

我們輪流把保溫瓶傳來傳去，最後一道日光消失不見，風靜止下來。我們二〇一〇年爬到這裡的時候，感覺像打仗一樣，神經緊繃，兩手血肉模糊，看起來彷彿被果汁機打過。

這一次到目前為止，至少跟上次完全不同。

凱文再度靠頭腦解決了「繩距十二」。開頭先練習一遍，像音樂家在交響樂團開演前，先個別練習最困難的動作。這個繩距級數是五．一四b；雖不是整條路線中最難的一個，但仍是難如登天。凱文的手指抓住上方一個開展的裂縫，把自己撐到一個小屋簷地形上，兩手擺好，手指前後扭動，直到皮膚貼入裂縫最深處，再將鞋子橡膠塞進葡萄、堅果那麼大的腳點，每隔幾呎就掛在繩子上，微調身體姿勢，調整好小地方。一切感覺都對了，再垂降下來。

我也預演一遍，重複相同流程。先前我兩次利落爬完這個繩距，因此很有信心。但我和凱文都知道，如果由他來主導，領攀這個他上次失敗的繩距，將是很重大的突破。我們甚至沒討論誰先上去，凱文就繫好繩子開始爬。他像上緊的發條，一路衝過先前的最高點記錄，在三十呎的地方，把腳抬高到肩膀處的兩吋岩石傾斜邊緣，奮力一吼，撐上休息的落腳點，大聲用力呼氣。接著爬過一個內角，消失在看不見的地方。我閉上眼睛試圖想像凱文的位置，靠繩子讀出他的情緒溫度。繩子緩緩移動時，我知道凱文正有條不紊地攀爬。繩子動很快時，我知道他正在全力衝刺，我的手掌開始冒汗。過了緊張的四十分鐘後，聽見鬆了一口氣的「太棒了」，我知道他成功了。凱文狀況很好。

接下來，我連續失敗了兩次，過於粗心大意。雖然我不斷提醒自己，黎明之牆是巨大的心理挑戰，需要控制住自己的情緒，我依舊被情緒帶著走。看見凱文輕而易舉完成這個繩距，我變得過分自信，也付出代價。我強迫自己休息三十分鐘，接著從確保點漂亮解決了這個繩距。

我回到營地時感到噁心。連續五天沒走路似乎影響了我的新陳代謝。艾瑞克靠上升器上來，帶來新鮮的飲水和食物。我做飯給每個人吃，但自己幾乎一口也沒碰。

晚上，二〇一四年過去，二〇一五年來到，我輾轉難眠。早上起來咬著指甲，心裡亂糟糟的，想著接下來幾天，想著過去七年。

溫暖的天氣回來了，我們按照計畫在有陰影的時候攀登。在第六天下午三點，靠相對簡單、級數五・一三b的「繩距十三」暖身。我們已經刷新我先前的最高點，前方是「繩距十四」與「繩距十五」，也就是黎明之牆路線最困難的岩段。兩個繩距帶來完全不能休息、連續五・一四d的橫渡大考驗。看上去光滑如鏡，爬起來也真的手滑腳滑。比起來，其他繩距都是小菜一碟。凱文靠著昨天順利完成「繩距十二」的士氣乘勝追擊，我則陷入創傷後遺症的噩夢。我二〇一〇年和二〇一一年就是在這裡失敗。我既興奮又緊張，急著要突破，但仍然擔心天氣不給面子，也擔心我們的身體是否撐得住。

從某種角度來看，黎明之牆是一種「復古」的攀岩。在一九八〇年代晚期，許多人認為困難的攀岩已經幾乎抵達極限，有的地方岩點就是太小，但接著開始流行攀爬懸岩下方處，雖然支點還算大，難就難在需要採取特別的攀爬風格，必須依賴力量與技術高超的體操動作。有二十年時間，那種風格成為最流行的作法，至於岩壁近乎垂直、岩點小的攀登，技巧單調乏味，成為被遺忘的藝術。

我猜那就是為什麼攀岩社群認為酋長岩被爬得差不多了。黎明之牆有的部分真的太沒有岩點、太光滑。開頭十二個繩距，不會比過去這類型的岩塊攀登困難，但橫在三千呎獨塊巨石中段的「繩距十四」和「繩距十五」，則是新境界。

接下來的三個繩距，包含黎明之牆全段路線中最困難的兩個繩距，以及一個需要「大跳躍」動作的繩距。我為了這三個繩距，好幾年晚上睡不著覺。這三個繩距分開來爬，非常不同於已經在岩壁上待了近一星期再爬的感覺。那就像是跑完一場馬拉松後，接著又得在四分鐘內跑完一哩。自我懷疑的情緒就像準備好攻擊的病毒，隨時會撲過來。

我們花了一、兩個小時掛在繩子上盪來盪去，感受支點，用攀岩粉做記號，標好動作順序。我撫摸岩點，對著它們輕聲細語，請它們今天對我好一點。我和凱文各自為了熱身爬了一遍，接著等待第一次正式嘗試的理想時機。對我來講，最佳時間點是即將日落之前，那時岩石已從正午的豔陽高照後，經過最長的冷卻時間，但日光又還多到不需要開頭燈。出發前，我盤腿坐在確保吊帳上冥想，聽著身體嗡嗡作響，把自己的世界縮小到繩距的泡泡之中，不去想自己人在半空。我對凱文點頭，他也點點頭。接著我踏出吊帳，站進一陣自谷底直撲岩壁的冷冽空氣中。我立刻注意到我不信任自己的雙腳，靠著手指使出更多蠻力來彌補。我爬了二十呎，抵達一個休息點，試著重整旗鼓。

振作起來，你可以的。

然而，自我懷疑的情緒已經悄悄滲進來。我加快節奏，用力拉著鋒利的岩點。結果用力過猛，身體重心跑掉，腳滑了一下，我感到左手中指微微擦了那麼一下。我放手讓自己吊在繩子上，一滴血掉下去，被風帶走。我查看自己的手，**糟了**，左手中指指尖有一個清楚的V形傷口。我讓凱文把我降回吊帳，壓住傷口止血，用膠布包紮。

「我當時只是有點分心，」我瞪著手指喃喃自語：「但我覺得體力夠，狀況也很完美。」

凱文沒有很仔細聽我在講什麼，他在想自己爬的時候要注意的事。我讓他沉浸在自己的世界裡。由於我們大都是在天黑時練習這個繩距，凱文決定等天色暗下。日光消失無蹤，他打開頭燈出發，爬過開頭較為簡單的岩段時，閒聊了幾句。

「我還記得你第一次給我看這個繩距的時候，我以為你瘋了，居然認為這裡可以自由攀登。」

我懂凱文的策略。他在試著紓壓，好像我們現在只是在做平常的練習而已。他爬完二十呎後，在一個還算穩的腳點休息幾分鐘。進入第一段最困難的動作時，他的身體開始顫抖。我確定他一定會摔下來，但他發出一聲怒吼爬過去，抵達另一個超迷你的落腳點。

「凱文，太精彩了！」我大喊。

「我讓那個動作知道誰才是老大。」他回答。

凱文開玩笑、但堅決的情緒令我大笑。他輪流甩著左右手一分鐘，重新集中注意力，進入第二個最難的關卡，最後毫無破綻地一氣呵成。

「噢耶，爽呆了。」凱文大喊。他掛在一個手指寬的邊緣，往空中揮了一拳。我看不見他的眼睛，但感受得到他的熱力。他再度休息一分鐘，我屏住呼吸。只剩一個難如登天的關卡。凱文低吼一聲，輕巧但有力地將右手伸過左手，左腳擺上一個豆子那麼大的突出岩點，用力下壓。左手盡量延伸，直到擺成十字架上耶穌的姿勢。接著，一點一點把手指擺上一個銳利的岩片，右腳一跳，回到軀幹下方。凱文猶豫了一秒，下方的宇宙消失，小心翼翼把左手伸向一個好點。碰到的那個瞬間，手腳不大穩，但他想辦法撐住，雙腳一伸，一下子滑至繩距終點的岩台上。

我瞠目結舌。

「剛才真的不是在做夢？」凱文氣喘吁吁，喃喃自語。

「是真的發生了！」我大喊。

凱文回到吊帳，在橫渡繩距這一關，最好由我們兩人輪流當先鋒。凱文抵達時，我抓住他的肩膀，像搖布娃娃一樣用力搖他。「太不可思議了！」

「謝了。」他給了我一個大擁抱，看著我的眼睛，告訴我：「換你了。」

我坐著發愣幾分鐘。我從來沒想過凱文會超越我。我一向對他的攀岩技巧感到印象深刻，但這是全新的境界。在這之前，凱文從來不曾利落地解決繩距十二、十三、十四。「繩距十四」是他這輩子爬過最困難的岩段，而他居然能在岩壁上待上一星期後，靠頭燈就解決了。我們自二〇一〇年就不曾創下新的高點記錄，而這下子凱文成功了。我極度以他為榮，但內心也充滿羨慕。

此外，眼下情況對我不利。攀岩時，極細微的皮膚接觸將決定成敗，而我現在的左手，加上大拇指，只剩三根能用的指頭。我沒有食指，剛才劃開的中指又貼著膠布。

各種念頭在我腦海裡打轉，但心中湧出這輩子很少體驗到的一股堅決情緒：**一定得想出辦法**。我看著自己受傷的指尖。

我用新一層的膠布緊緊包住手指，打開頭燈，開始攀岩，感覺身體輕飄飄的，心智留意周遭每一個細節。做完幾個動作後，血開始從膠布裡滲出來，頭燈在岩石上照出陰影。我感到靈魂出竅，時間慢了下來。在凱文的目光下，我感受到他的堅定意志，他用念力祈禱我不會摔下去。我從繩子感受到他的力量。

我完美地完成第一段動作，休息一下子，看著自己吐出的霧氣在黑夜中上升。我進入第二段動作，凌波微步，手指擺在岩點上，一次一根，讓手指紋路貼進花崗岩中。來到下一個休息的姿勢，停下來，呼吸幾次，用力吐氣。只剩六呎了，我使出最後的動作。

在頭燈的光束下，我的手慢慢變清晰。我看著自己的手指捲起，指關節延伸向上，一小塊皮膚擦過微小的岩片。胸中湧出一股興奮感。

我知道自己不能摔下去，不能摔。我模仿凱文的動作，伸出雙手，做出被釘上十字架的姿勢，緩緩把右手伸過左手，但緊緊抓著穩固的支點，接著讓雙腳落到岩台上。我發出勝利的吶喊，接下來喉嚨啞了兩天。

第20章 不管要多久，我都願意等

我們有如神助，順利完成黎明之牆最難的兩個繩距之一，先前從來沒這麼順利過。然而，快步調也磨損了我們的指尖。我想起黎明之牆的岩壁有多巨大，我們手上小小一層皮就決定了勝敗，而現在連一半都還沒爬完。我們決定休息一天。

我內心七上八下。這是七年來，我第一次感到我們完攀的可能性很高，但我試著鎮定，努力保持輕鬆心情，不要徒增壓力。

一月二日出乎意料地感覺十分日常。布萊特依舊在我們身邊跟拍，我們三人聊天上網。艾力克斯·哈諾用上升器上來打招呼，帶來去殼開心果和巧克力，開玩笑說黎明之牆路線看起來沒什麼，岩壁低矮，岩點又多。一小時後，他感到無聊就下去了。

隔天早上也差不多。大約在十一點，我的攝影師朋友科瑞·里奇上來。「哇，你們看起來真悠閒。」凱文獨自在自己的吊帳裡聽音樂休息，布萊特整理著自己的相機，我十八個小時以來第一次從坐著的姿勢起身，伸展一下手臂打呵欠。科瑞說：「你們正處於全球最困難的攀岩路線中段。我也不知道自己在期待什麼，但這不是我以為會看到的畫面。」

我看了一眼我們的各種度假道具，笑了出來。

「沒錯，我們做的事大都只有吃零食，曬太陽。」

幾分鐘後，我看到好幾個人沿著我們的固定繩，爬上我們的營地。艾瑞克找了幾個朋友，幫他帶另一批補給品上來。大上製作在酋長岩草原上增加了一個負責拍照的人，岩壁上也多了科瑞這名攝影師。山谷下方聚集了愈來愈多人。只有我們自己人的封閉小泡泡終於破掉。

那天下午，我在「繩距十五」做暖身練習，科瑞和布萊特直接垂掛在我上方。布萊特以不可思議的姿勢待在半空。艾瑞克掛在繩距終點的固定點架設繩索，好讓布萊特在我們攀爬時，一路順著向前跟拍，完全像在變繩索魔術。我結束暖身，回到確保吊帳，手上沾好攀岩粉，出發的時刻終於到了。我站上岩壁時，發生了最奇妙的事：突然間，天地之中只有我一人，其他東西全變成白噪音，唯一聽見的聲音只有自己的呼吸。一千五百呎的高空上，刺骨的寒風，響個不停的相機，乘著風從下方酋長岩草原傳來的加油聲，全部消失在背景之中。

當我開始爬下一個一百呎時，感到靈魂出竅，開頭的動作一下子過去。長久以來，那套動作感覺像是不可能的任務。我看著岩鞋橡膠與岩石間針頭那麼大的接觸點，像磁鐵一樣吸住，同時我的右手指尖經過胸前，伸至左邊，觸摸一個幾乎看不見的岩點。時間慢了下來，花崗岩飄過眼前。我飄浮起來，落在中間點，停頓一下，感覺對了，就是現在，就是這個地點。我再次塗粉，吹掉手中的餘粉。

我聽不同領域的運動員談過，在比賽的關鍵時刻，時間慢了下來，他們有辦法看見整個比賽空間，知道下一秒即將發生的事。我也一樣，像一個旁觀者，看著自己滑過岩面，左手舉高，貼上兩指寬的支點，臀部挪過去，下方的右腳擦過，幾乎沒感覺自己在出力。心流，全神貫注時所處的最佳表現狀態，是人生最神奇的經歷。

從許多方面來講，我的整個黎明之牆追尋，或許包括我大部分的人生，都是為了這樣的心流時刻。不過我知道，把人往下拉的地心引力，很快就會回來。我心中的各種念頭一閃而過，像消失的日光之下振翅的蝴蝶，我只稍微注意到最困難的岩段結束了。

突然間，我神奇地站在固定點的六吋岩台上。凱文大聲歡呼，鏡頭快門閃個不停。我靠在金色花崗岩上，雙手垂在身旁，臉頰壓著冰冷的石面，鳥兒飛過腳下，我緩緩回到現實。**不，不要**，我不想要這一刻結束，但還是瞬間回到現實，肩膀抽痛，突然意識到自己身處何方。我應該轉身對著下方群眾歡呼，還是該看著鏡頭用拳頭比出成功的姿勢？我對著凱文大喊：「噢耶！」脫口而出的聲音感覺很生硬。我回到凱文身旁，擠出一個微笑，他目瞪口呆。

「那是我這輩子看過最精彩的攀岩畫面。」

我做不出任何反應，低著頭說：「謝了。感覺太棒了。」

就那樣，我完成了此次攀登最困難的兩個繩距。我簡直不敢相信。這麼多年來，我深深懷疑黎明之牆真的會有全部串連起來的一天。我現在則是好奇，這件事是不是真有想像中那麼困難。

我原本以為凱文可以輕鬆依樣畫葫蘆。太陽下山了，他準備好出發。攝影師為了夜間攀登，重新架好繩子；我們的所在地感覺像個垂直的運動場，打著微型的運動場照明。我們坐著等候，人造燈光令人感到很陌生。光線遮住星星與月光照亮的下方樹木，形成被一片漆黑包圍的一圈光影。看起來、感覺起來很超現實，好像我在偷窺別人的想像。

「這真的會是永世難忘的經驗。」我告訴凱文：「你可以的。」

凱文離開吊帳，然而繩索構成的蜘蛛網、人群、燈光，讓人很難把這當成**只是又一次的練習**。凱文看起來魂不守舍，我立刻感覺到他的信念離他而去。他手忙腳亂爬完頭八十呎，鞋子在岩壁間跳來跳去，氣喘吁吁的聲音在夜間迴盪。我知道他不行了，果然沒多久就整個人盪過半空，頹坐在繩子上。

「該死！」他大喊：「太糟了。」

「沒關係的，凱文。下一次就會成功。」我的加油聲聽起來很空洞。

凱文的第二次嘗試，看起來有精神一點，有一瞬間我還以為他會成功。然而就在接近繩距終點的好點時，他腳滑了一下，發出類似臉被揍一拳的聲音，直直摔了下去。他掛在繩子上，看著自己的手，「完了，我把手指弄出一個洞。」

糟糕，完了。這個繩距最困難的支點又小又極鋒利，而且我們每一次攀爬，手指一定會碰觸完全相同的地方。每多試一次，都是在扯開傷口。

「別擔心。先前你爬這條路線時，大多數時候至少有一根手指貼著膠布。我相信你會沒事的。」

凱文回到繩距的開頭，貼上膠布，再試一遍。

凱文這次更早摔下去，身體像重物一樣，僵硬地垂掛半空。我感到一陣憂心，我們勢如破竹的氣勢突然被打破。我強迫自己不去擔心那件事，想著自己該不該說些什麼替凱文打氣。

隔天，我們在吊帳裡休息，凱文收到《紐約時報》（*New York Times*）記者約翰・布蘭奇（John Branch）的簡訊，說想訪問我們。我們和布蘭奇在電話上談了一下。酋長岩草原上冒出更多觀眾，凱文那一整天都在擔心自己的手指。

黃昏來臨，凱文貼上膠布，再度嘗試「繩距十五」。他摔下來，又再摔下，連試了好幾次。手指上的傷口撕裂得更嚴重，必須用來抓住關鍵支點的地方，有一道劃得很深的傷口。凱文發出沮喪的怒吼，「我猜我得看看手指會不會復原。」我們回到吊帳。氣氛很凝重。凱文碰上讓我二〇一一年失敗的相同情境：劃開的皮膚、焦慮的神經、一蹶不振的士氣。我看見他眼中的焦慮。老實講，我不太相信他有辦法復原，但我沒說出口。**事情還沒真的結束**。不過暗地裡，我壓力很大。

隔天早上是我們待在岩壁上的第十天，我打電話給貝卡，她告訴我，我們上了《紐約時報》封面。那張令人下巴掉下來的照片，從一個生動的角度拍攝我們攀爬最困難的橫渡繩距。此外，終於有主流媒體寫出一篇有品位的攀岩報導，沒當花邊新聞處理。布蘭奇實事求是，查證事實，抓到攀岩的精神。我猜普立茲新聞獎得主寫出的東西就像那樣。

貝卡告訴我：「事情愈來愈瘋狂。CBS新聞正在你爸媽家。接下來想來我們家。可以嗎？」

「親愛的，一切照妳的意思做。我這邊會盡量不去理會。」我們人在岩壁上時，語音信箱和電子郵件信箱被塞爆。我不可置信地看著手機。**到底發生什麼事**？接著，手機響了。

「嗨，湯米，我是美國全國公共廣播電台（NPR）的梅麗莎・卜洛克（Melissa Block）。」**梅麗莎・卜洛克**?! **我幾乎每天早上都聽她的廣播**。「謝謝你們願意接我的電話。請告訴我，你們往下看的時候，看到什麼？」卜洛克想聽暴露在半空的恐怖感受，凱文用平日鎮定的語氣向她解釋，而我腦中都是底下酋長岩草原愈聚愈多的人潮。

問題在於，我們甚至連一半都還沒爬完。接下來幾小時，我們用手機看新聞，許多主流媒體都登出誇大不實的報導，把攀岩描述成瘋子在玩的遊戲，有如俄羅斯輪盤賭注。我感到心灰意冷。

我爬過去坐在凱文的吊帳門口，「聽著，我認為現在專心很重要。媒體失控了。」

「我同意。」凱文說：「或許就隨他們去好了。我們可以貼出 Instagram 更新，還有愛迪達要我替他們放上的簡短影片。除此之外，其他訪問我們都不接受。」

我們決定只接受最具公信力的兩家媒體訪問：《紐約時報》和全國公共廣播電台。

「就這麼辦。」

目前為止，我和凱文以相同的步調攀登；一個人成功，另一個人搭乘完攀列車也成功。「繩距十五」首度打破這個模式。我面臨困難的抉擇：**我該等凱文嗎**？一鼓作氣很重要，我自己也有困難的繩距尚未爬完，尤其是我的死敵「大跳躍」，恰巧就是下一個。凱文為了養傷，今天休息，可以幫我確保。最終我告訴自己，如果我在他手指復原期間先爬，等他準備好了，自己就可以盡全力協助他。

我研究大跳躍的八呎間隔，看著下方與四周岩面。我在科羅拉多為這個動態動作訓練時，拉傷了上方肩關節唇。原本痛得不是很厲害，但在岩壁上待上一週後，肩痛變本加厲。我感到關節脆弱不穩。

好多年來，我一直認定做大跳躍是通過「繩距十六」的唯一辦法，但我們回家過聖誕節的前一天，我希望找出替代方法。我不顧一切，不下百次地不斷尋找能繞過那個大跳躍的方法。我一直沒想到最後採取的解決辦法，因為那個方法實在太詭異了。距離前一個繩距終點的十五呎處，由右到左有一個小小的、不明顯的內角，通到下方八十呎一個穩固的岩台。那個平台往左延伸，接著上升到另一個內角，最終結束在大跳躍終點的支點上方幾呎處。整條路線有點像是為了過馬路，繞過整個街區。基本上就是為了迴避大跳躍，繞一大圈，爬了近兩百呎，最後只向上前進十二呎，而且本身難度也有五．一四以上，但以我的情況來講，那樣繞路會比做八呎的跳躍好。

我知道要是做大跳躍，肩傷會惡化，危害整體行程。我用頭燈嘗試兩小時的繞路，結果失敗。做起來比想像中困難，還讓手指多出一個洞。腳打滑時也不小心劃到踝關節，鮮血染紅岩鞋。

我隱約開始驚慌。休息一小時，再試一遍，在快接近終點時摔下去。再度休息一小時，接著咬緊牙關再試一遍。

我的腳抹過那個往外延伸的詭異內角，接著小心翼翼橫渡到下一個上升的內角。這個繩距充滿五·一四以上各種不可能的瘋狂任務：糟糕的腳點、不自然的側拉、細微的身體姿勢、大量耗費的體力。我感覺自己像沒經驗的菜鳥抖個不停，腳溜來溜去，但身體神奇地一直待在岩壁上。或許我沒掉下去，完全是倚賴三十多年的經驗，以及絕對要成功的意志力。

先前的下方繩距幾乎可說是輕而易舉完成，這個「環狀繩距」（Loop Pitch）則是滔天駭浪。操西班牙語的攀岩者會說這是「死亡之舉」（*A muerte*）。布萊特說，我把這個繩距弄得像是其他繩距的兩倍難，但我成功了。我常開玩笑，用頭去撞大岩壁最大的好處，就是你停下來不撞後，頭會很舒服（編按：beat your head against the wall 爲美俚，「白費力氣」之意）。我的決心或許是我最大的資產，但每一項長處也可能是弱點。我的執著可能使自己盲目。我暗自發笑，這實在是人生很好的座右銘：如果你發現自己一再失敗，有時最好乾脆放棄，另覓他法。

我們待在岩壁上的第十一天，凱文瞪著自己的指尖，決定在臉書上，請大家提供在手指上貼膠布與照顧皮膚傷口的技巧。全球各地的醫生提供了建議。凱文花了近一整天的時間瀏覽各種建議，考慮不同的作法。晚上，他找到一個想試試看的法子，把膠布撕成寬三公釐的長條，手尖浸在三秒膠裡，接著用半木乃伊式綑綁、半籃子編織法，用膠布包到第二個指節，最後再用三秒膠塗滿所有邊緣的空隙。他說：「值得一試。」

凱文等到太陽下山，輕鬆爬到最困難的岩段，但接著就摔下去。他想著腳的步伐，調整身體姿勢，試攀最困難的部分，成功了，但從頭開始爬之後，又再度摔下。凱文努力靠意志力硬撐，血不斷從指尖滴到地上。最後他掛在繩尾，用腳踢岩壁。他需要多等個兩天讓皮膚癒合，在手指沒裹成一大包時再試一遍。

回到吊帳後，凱文幾乎不說話。

我個人的成功，同時帶給我們兩個人壓力。我希望完成這場攀登，但也希望能和凱文一起分享榮耀。

凱文一遍又一遍講著：「我不希望拖累這個計畫。」

如果我決定自己一個人完攀黎明之牆，讓凱文改擔任輔助的角色，或是請其他人幫我，攀岩界的每一個人都能理解。近年來，一個人獨自完攀已經逐漸成為常態，不過我不希望那樣。

凱文說出「得體的話」，不願拖累我，但他的語氣、他的肢體語言、他的決心，一切的一切都顯示，他自己其實也很想完成黎明之牆。

隔天，我躍躍欲試。我只剩一個難度超過五．一四的「繩距十七」。剩下的困難繩距都是我拿手的地形，有著外擴的內角、迷你的支點。我感到自己銳不可當，希望在這股氣勢消失前快點爬完。我三十分鐘內一次解決「繩距十七」，接著又乘勝追擊，完成難度五．一三c的「繩距十八」。我們在晚上九點回到營地。

凱文明顯處於龐大壓力。我想替他加油打氣，但適得其反。或許對凱文來講，比起自己無法完攀黎明之牆，更糟的是成為我失敗的原因。我們已經十二天沒踩過地面，我們在岩壁上拖延愈久，身心狀況就會愈差，出現壞天氣的機率也會變大。沒人聽過一月時還能這麼乾燥，我們的好運不可能維持一輩子。

「凱文，你看這樣好不好？」我提議：「趁你養傷的時候，我試著領攀抵達『酒塔』前的那三個繩距（『酒塔』的名字，來自攀岩傳奇哈定在一九七〇年代以人工攻城法〔aid siege〕攀爬酋長岩那段岩面時的狂飲）。搞定它們，之後就簡單了。萬一氣象預測說會有暴風雪，我可以在一天內爬到最頂端。」過了「繩距二十一」，剩下的十一個繩距比較簡單，級數頂多只有五．一一和五．一二，最難不會超過五．一三。

凱文一直沒說話。「凱文，我很想登頂，」我說下去：「但我無法想像登頂時沒有你。不管要多久，我都願意等。」

凱文知道我現在已經在等他，願意多等一下。「謝了。能那樣講，我太感動。」我們帶著稍稍鬆了一口氣的心情入睡，至少我心裡輕鬆了。

「天啊，我們又上《紐約時報》了。」凱文一邊喝咖啡，一邊看手機。這已經形成一個模式。我們攀岩的時候，媒體介紹我們，附上互動式路線地圖，講我們休息時做些什麼，解釋各種攀岩小知識。甚至還有攀岩與酋長岩的讀者問答，由「攀岩名人」負責解答，例如艾力克斯・哈諾和我前妻貝絲。

有一天，媒體刊出一張我的照片。我站在吊帳上，身上什麼都沒穿，只穿了我的蘇斯博士（Dr. Seuss）條紋衛生褲，腰間是一個綁著馬肚帶結的單索繩環，肌肉在陽光下閃閃發亮。貝卡寄簡訊過來：「哇喔！」我的 Instagram 冒出四百五十則評論，大都是女士留的，大家開了一些輕鬆的黃色笑話。我笑到肚子疼，想起自己小學三年級的照片，暴牙、超大圓框眼鏡、招風耳。我的 IG 追蹤人數在一天內從五千暴漲到五萬。

今天的《紐約時報》與其他媒體的重大新聞是，凱文卡在「繩距十五」，大家開始猜測我會不會拋下他，自己一個人登頂：**輸家凱文拖累超模湯米**。還真是一點壓力也沒有。

我看著下方，酋長岩草地停著四輛新聞車，衛星小耳朵對準天際。新聞車拉出電線，接到拿著麥克風的記者。湯姆的望遠鏡旁，大約聚集了一百人。由於攀岩的人不多，新聞台似乎訪遍所有能找到的攀岩人士。

ABC 旗下一個灣區女記者找上艾力克斯・哈諾，問他是否熟悉酋長岩。艾力克斯回答：「熟，酋長岩我很熟。」（艾力克斯知道的事，大概就跟所有人一樣多。）不知怎麼，訪談內容從記者問艾力克斯瞭不瞭解我們的攀岩計畫，變成他打算帶著我剛出生的兒子上酋長岩，跟我打招呼。從酋長岩後方健行上山太無聊，艾力克斯打算走東平台（East Ledges），把費茲綁在自己背上，在半空中靠固定繩爬上來。「我真的覺得那不會是什麼問題。」

嚇壞的記者問他要怎麼下山。

「我們就靠繩子垂降下山。」

「一個寶寶是要怎麼用繩子垂降？」記者怒氣沖沖，可能想保護孩子，覺得太超過了。

「就把他放在背包裡。」艾力克斯一點都不擔心。「我是沒做過這種事，我其實也不曉得，那只是我現在一時想到的明顯解決辦法。」

七分鐘長的新聞影片繼續播放，幾乎像是冷面笑匠的喜劇片，艾力克斯以一貫的個人風格，努力說服記者這真的沒什麼。

「小朋友才十一公斤。」艾力克斯下結論：「我相信沒問題的。」

最荒謬絕倫的大概是電視台在匆忙之中，沒查證事實。在最初的影片（後來經過剪輯）搞錯艾力克斯的姓。艾力克斯發誓自己沒惡作劇，但螢幕上閃過的名字是「艾力克斯・哈做愛」（Alex Honnlove）。艾力克斯這下子不只是全球最優秀的獨攀家，還擁有A片男星的姓氏。

第十三天晚上十點，我關掉頭燈，仰望群星。天空萬里無雲，無風也無雪。我的上方是最後一個困難的繩距：級數超過五．一三的「繩距二十一」。還有一百五十呎，就會抵達酒塔頂端。我剛爬完難度皆為五．一三的「繩距十九」和「繩距二十」，都是一次就成功。如果能保持下去，我知道剩下的繩距都是囊中之物。

七年。

我和凱文坐在確保吊帳裡。自從上岩壁以來，我瘦了近四．五公斤，勞累與緊張耗掉大量卡路里。我內心十分興奮，但不能顯露出來。在我心中，幾乎和這個繩距一樣重要的，是我不能再帶給凱文更大的壓力。我壓低聲音，表情輕鬆鎮定，重新打開頭燈，腳套進岩鞋，把鞋帶拉緊到發出摩擦的聲響。我站起來檢查繩結，手指塗好攀岩粉。

我出發後全身抖動，緊張到幾乎無法支撐。我試著把情緒趕出腦中。**專心，呼吸**。我慢慢爬，盡量每個動作都做到完美，嘴巴每吐一次氣都像在吹口哨。我的身體不再顫抖，把注意力放在頭燈照出的光圈。抵達繩距中段的一個小岩台時，停下來遲疑了十分鐘，思緒紛亂。**我真的希望這場攀登結束嗎**？我認識黎明之牆的時間，比認識妻兒的時間還長。我的人生少了這股驅使我的力量後，將會發生什麼事？我還會有動力嗎？依舊會是個好父親嗎？萬一我陷入憂鬱怎麼辦？凱文怎麼辦？我只剩一天就能抵達終點，他心裡會有什麼感受？

我知道自己不能停下。所有的血淚，所有在這座美麗岩壁上折磨身體的無數個日子，所有遠離妻兒的無數個月，全家人令我感動的無盡支持。現在，就是這一刻，這一刻要來了。我抬頭往上看，頭燈照亮從花崗岩髮絲狀裂縫中突出的幾片生鏽金屬。我不確定要是自己摔下來，那些金屬片撐不撐得住。但這一秒鐘，我不在乎。

我輕輕抬腳，抹過一個不比胡椒粒大的岩點，抓住一個小岩片，感覺岩片往岩壁彎。一滴汗自臉頰滴下，消失在一片漆黑中。終點好近，我的身體在抖，呼吸急促，前臂都是乳酸，手指開始不聽使喚。只剩二十呎、十呎、五呎，上唇鬍碴刺著鼻子，腳抬高，喘氣，手伸進裂縫的小開口，躍上十二天以來第一個真正的岩台。凱文人在一百五十呎外的角落邊緣。我試著壓低自己的哭聲，不能讓凱文知道我此刻的心情。我在岩台上坐了二十分鐘看星星，胸膛不斷起伏。

我下去之前，整理好心情，知道一定得暫時不去想這一刻。現在的任務是支持凱文。我希望他也能擁有和我一樣的體驗。我用上衣擦了擦臉，繩子穿過下降器，回到凱文身邊。

「太精彩了。」凱文在固定點跟我說，視線低垂。他還是打起精神和我拳碰拳。「謝了。」我們垂降回營地，一路默默無語。

第21章 留戀的一眼

當天晚上，我沒拉上吊帳的門，讓自己仰望星空，心思在銀河中盤旋。我在心中反覆告訴自己：**我做到了，真的做到了**。我在腦中重播最後幾個動作，百感交集，興奮中帶著一絲憂鬱。

我很想留住這場體驗。這些年來，不只是幾年，而是幾十年、我的整個人生，我的身心逐漸合而為一。

我曾聽過有人講波浪如何形成的。先是遠方的風暴掀起小漣漪，漣漪一路被風帶著走。穿越幾千哩後，小小的波浪結合、起伏、整合在一起，湧出某種模式，集結成一股海水。接著那股海水往陸地靠近，海洋底部把那股力量往上推，就形成了浪，在最榮耀的那一刻挺立在海面上。一般來講，風暴愈大，浪也愈大。如果說吉爾吉斯是我的風暴，或許黎明之牆是我的海浪。

我耗費許多人生歲月追求這樣的體驗。然而夜晚降臨時，那一瞬間的喜悅散去，取而代之的是愈來愈大的空虛感，好像月光抹去了最遙遠的星星。

我不希望黎明之牆結束。

我徹夜未眠，把一年份的想法與感受想了一遍。我在想，要是這一刻只有我和凱文，沒有媒體關注，沒有專業攝影器材跟拍，只是做著父親教過我的攀岩，那種攀岩界真正的攀岩者曉得的事，事情會如何不同。我和凱文會變成比較好的朋友嗎？也或者他根本不會在這？我還會有如此複雜的情緒嗎？就連在物理學也說，物質如果被觀察，行為會改變。

太陽升起時，我感到整晚不睡、想太多實在太傻，回歸簡單的事實就好。我做到了。接下來只剩一個任務：幫助凱文也做到。

「鄰居，你好嗎？」我把頭探進寒冷的早晨空氣。凱文努力擠出一個字：「ＯＫ。」凱文看起來不ＯＫ，我眺望山谷下方。凱文又再度講出：「我不想拖累這個計畫。」

「別擔心。」我說：「現在是我人生最美好的時刻，天氣預報也說天氣很好。得待多久，我就在這待多久。」我停下來咳嗽。「手指怎麼樣？」

「皮膚還是很薄，」凱文低聲說：「但似乎在癒合了。」

我看得出來凱文情緒快崩潰了，他不肯看我的眼睛，回話時喃喃自語。我試著想像他現在的情境，不確定有辦法幫上忙。凱文已經卡在同一個繩距七天，我試著模仿艾力克斯的樣子，想讓氣氛輕鬆一點，**沒什麼大不了的**。但我們兩人心知肚明，我們無法像掛在袋子裡的小牛肉一樣，永遠掛在岩壁上，我們的天氣好運終將消失。此外，我身體開始不舒服了。每一次我從坐姿起身，頭就一陣暈，肩痛變本加厲，還開始乾咳。凱文除了手以外，看起來比我還健康。他已經連續休息兩天，打算今天下午要繼續爬。

凱文用手機打發早上，追蹤新聞報導講的每個字。如今，全世界都在討論他指尖的皮膚，尤其是我已經爬到酒塔，大家都在猜我會不會拋下他，自己一個人一路登頂。

上帝一定是受夠了我整天抱怨手機。那天早上，我彎身要拿吊掛包的食物時，感到外套胸前口袋有東西掉出來。我往下一看，眼睜睜看著一抹銀光消失在眼前。

「媽的！我的手機掉下去了。」

凱文看向我。「別開玩笑了。」他瞪大眼睛。「不是吧，你是開玩笑的吧。」

震驚的一刻過去後，得接受事實。我遲疑了一下，做出無可奈何的手勢。

「噢耶！我的手機剛剛掉下去了！」

凱文瞪著我。

「你知道嗎？這太好了，我可以專心享受剩下的旅程了。」

我的預言成真，掃興的東西消失後，幾小時內，我開始注意到先前沒留心到的細節。峽谷對面的橡樹依舊掛著紅色秋葉，太陽角度將熟悉的光影延伸至遠處，記憶中的影子沒這麼長過。每一天在中午時分，麥斯德河岸的冰塊碎裂，順流而下。

我開始整理我們所有的補給，打開拖吊包，清點每樣東西還剩多少，想著可能還要攀多少天，替每一種情況做好計畫。

我可能有點興奮過頭，畢竟還有十一個繩距沒爬，儘管相對而言難度不高。凱文才爬不到一半，還剩三個五・一四級和五個五・一三級的繩距。不過我和工作人員聊天時開起玩笑，心情放鬆，天空似乎更蔚藍了。我感到世界美好，讚嘆著友誼與家庭，反覆提起這次攀岩最精彩的時刻。「記不記得那天晚上，我們都順利完成『繩距十四』。太酷了。」

我注意到科瑞和布萊特也收起手機，笑聲取代了拇指打字聲。我拉開凱文的吊帳拉鍊，發現他（一如往常）盯著自己的指尖。

中午過後不久，一片淺淺的雲層飄了過來，微微起風。凱文把手伸到吊帳門外，在風中晃了晃手指，「氣溫感覺有點涼爽，適合攀爬。」

三點時，我用上升器抵達繩距開頭，架好確保吊帳。一小時後，陽光離開岩壁，凱文加入我。布萊特帶著攝影機掛在上方，風讓他擺盪出三十呎長的弧度，撐著他的繩索在上方岩壁跳來跳去。布萊特的肢體語言顯示他很緊張，但默不作聲，怕干擾到凱文。

凱文做了一下暖身的試攀，手指上依舊纏繞膠布。他以我見過最順暢的節奏，通過繩距的開頭。抵達最難的岩段前那個小休息點時，四周風勢增強。布萊特整個人被風帶著飛過半空，小聲尖叫了一下，但凱文全神貫注，一點也沒注意到。最終，一切要靠信念。凱文需要相信現在正是天時地利人和的時刻，自己可以拿出比過去六天的九次嘗試還好的表現。他需要相信自己的皮膚不會脫落，他需要相信自己。我穿著羽絨衣發抖，凱文和平日一樣聰明，懂得採取策略，決定在碰觸最尖銳的難關支點前，掛上繩子下來。

凱文進行下一次的嘗試前，撕下手指上的膠布。他快速爬過最初的岩段，毫不遲疑，雙腳輕盈，動作行雲流水，抵達休息點後，重整旗鼓。我看得出他這次有信心，空氣中感覺得到一股氣勢。我的心臟在胸中怦怦怦跳個不停。凱文低吼一聲，進入困難的動作。抵達一直讓他皮開肉綻的尖銳支點時，他停下一秒，小心翼翼將每一根手指，一次一根放在上頭，腳一擦，右手用力一推，踏上一個好點，再次停下。凱文完成了最困難的動作。我從頭到尾屏住呼吸。凱文爬過內角，我再也看不到他的身影，但繩子繼續順暢地從我手邊流過。接著凱文大聲吶喊，歡呼聲響徹酋長岩草原。我往下一望，底下超過一百人在看。

回到吊帳後，我們相互擊掌。凱文在微笑，但沒流露出我以為會出現的欣喜若狂。他給我看他的食指，上頭有五個切痕，面積不大，但傷口很深，血不停滲到皮膚外，變成小小的紅色圓珠。

「幸好那次就成功了。」他感覺有點呆住。

「對啊。」我邊咳嗽，邊抓著他說：「你剛才他媽完成繩距十五了！我們應該開派對慶祝。」

凱文沉浸於不敢置信的情緒之中，緩緩回答：「對啊。我完成繩距十四的時候，還以為十四很難，但十五真的特別難。」

凱文乘勝追擊，當晚也完成大跳躍，解決了「繩距十六」。

隔天是我們待在岩壁上的第十五天，凱文也漂亮完成「繩距十七」和「繩距十八」，簡直勢如破竹。我拖吊裝備，整理繩子，幫忙確保，盡一切努力讓進度流暢。我享受當大岩壁桿弟的感覺。我們正朝登頂邁進。

凱文決定在最後一擊之前休息一天。等他完成酒塔，如果有必要，我們可以一口氣完成剩下的十一個繩距，不過天氣一直很穩定。早上，我觀察酋長岩草原的堵車狀況，突然看到自己的 Sprinter 露營車穿梭在小汽車與衛星直播車排成的迷宮中。貝卡和費茲來了。我一看到他們，立刻就想家了。我向科瑞借手機（總有偶爾破例的時候），打電話給貝卡他們。貝卡告訴我下方一片混亂，她偷偷從草原後方溜走，以免被記者堵到。貝卡還說自己帶著費茲，和貝絲、貝絲的現任先生藍迪，還有兩人的孩子待在一起。有一秒鐘，世界停了下來，一種奇怪的感覺穿透我，但我很快就恢復正常。我們都長大了，過去的事也已經過去了，我們全都展開新生活。或許是因為人生如此匆匆，或許是我們都熱愛野外，也或者是孩子讓我們見證生命的美好，說不定三者都有吧。

當天晚上，場景再次超現實起來。雖然氣象預告說天氣仍舊不錯，但雲層聚集起來，帶來一股迫切感。凱文爬完酒塔最後的三個繩距，谷底消失在眼前。快速移動的雲層經過凱文後方幾呎處，感覺好像他在雲間攀登。凱文在每一個繩距都掉下兩次，考慮放棄在夜間攀登「繩距二十一」。大多數時候，凱文一直遊走在成敗之間，我看著他爬，幾乎要習慣心臟跳到喉嚨的感覺，但他每次都有驚無險。

凱文完成最後的難關「酒塔」，露出微笑，但看起來有點心不在焉。我給了他一個大大的擁抱。我試著數有多少次他險中求勝，想著他走了多遠的路，從完全沒有大岩壁經驗，只懂抱石，一直走到今天。他走的路比我還遠，我太替他感到自豪，他才三十歲。

我在早上五點離開被窩，全身感覺很不對勁。距離我上次攀岩已經超過四天，雖然不是輕鬆自在的度假，但已經多過我一年多來的休息天數。我的不舒服已經跑到喉嚨，吞嚥是一場酷刑，身體痠痛不已。我大口喝下水，灌下咖啡和安舒疼，才漸漸活過來。我們的營地開始臭氣薰天，糞桶就掛在我的床下幾公分處。過去十七天，我們讓尿液隨風飄散，但風經常往回吹，讓尿打到岩壁，濺在營地上。每樣東西，如今都覆著一層乾燥發臭的橘色蛋白質粉。我準備好要離開岩壁。

登頂時，我唯一想見的人只有貝卡、費茲和爸媽，但我得知父親不會上來。母親委婉地告訴我，這整件事令父親情緒太激動，他無法面對。父親永遠以我為榮，他是硬漢，但內心柔軟，不想在直播的電視上哭到無法自已。我的主要贊助商巴塔哥尼亞的公關部門看到「哈做愛先生」的訪問後，寄簡訊建議我，最好別讓艾力克斯把費茲裝進背包，爬固定繩上岩壁，「可能會重演當年麥可．傑克森的事件。」雖然艾力克斯自願健行八哩繞上來，貝卡最後還是決定把費茲交給我爸媽照顧。

自從上來黎明之牆後，我們頭一次拆下其中一個吊帳，塞進吊掛包，再立一個營地。不急。

我們前進到幾乎沒練習過的岩段，不過難度不高。中途一個支點斷掉，凱文來了一個電影《駭客任務》（*Matrix*）的大下腰，閃過一塊飛來的大石頭，剩下的則按照計畫順利完成。我們在晚上九點左右，在「繩距二十八」上方設置吊帳。松樹的芬芳氣味從山頂傳來，只剩幾百呎了。我想念平坦的地面，我們已經在岩壁上待了十八天。

我們聽說大約會有五十人在山頂等我們。我想見家人，不想和陌生人分享即將到來的時刻。真想叫外界留給我們一天的時間。

我最後一次在吊帳裡醒來，凝望著天空，心中千頭萬緒。我感到幸運，這輩子父親讓我認識攀岩與山，母親堅定又勇敢，支持我們父子所有瘋狂的念頭。我甚至感謝吉爾吉斯讓我堅強。要是少了那場浩劫，我不曉得自己有沒有辦法撐過鋸斷手指的那一段。我甚至感謝貝絲離開我，我才因此展開黎明之牆這個龐大的夢想。不過或許一切得從一九七八年開始算起，當我才重一千八百公克，早產七週，努力掙扎活下去。

太陽從地平線升起，我坐了起來，背靠著岩壁。黎明之牆上方的這一段酋長岩，是優勝美地谷第一個照到陽光的地方，下方是黑暗、冰霜、酷寒。我們啜飲咖啡，聽著音樂。我們很渺小，但我感到自己屬於宏偉事物的一部分。太陽的熱力加上咖啡因，讓我活了起來，體內充滿能量，蓄勢待發。

我試著說話，但只發出沙啞的喘氣聲，病毒攻擊了我的聲帶。凱文看著我大笑，我真希望能凍結這個時光，製成藥丸，留待以後使用。酋長岩像餘燼一樣冒出微光，谷中生物準備甦醒。

貝卡和艾力克斯一起走到山頂，凱文的家人和幾個認識的朋友也抵達了。除了我爸媽和姊姊，家族裡兩個外甥、四位叔叔伯伯也來了。大家決定趁機來一場家族聚會，聚集在酋長岩草原後方，盡量遠離鎂光燈。

早上一分一秒過去，我看見一大一小的身影在遠離眾人的麥斯德河岸旁玩耍。向外擴散的漣漪，打破光滑如鏡的水面。我猜那是我父親在帶孫子。費茲最喜歡的優勝美地遊戲就是打水漂，而父親這些日子最愛做的事就是陪費茲。

我想起我們父子從前的相處情境，眼眶湧出淚水。父親以前看著我的那個眼神，現在只留給費茲。人們總是告訴我，父親是如何寶刀未老，六十五歲了，還每星期舉重五天，每天多數的時間仍待在戶外釣魚、爬山。就算關節炎讓他手幾乎舉不過頭，他依舊在攀岩。父親喜歡新型的運動攀岩，總有辦法找到路旁沒人發現的好地方。每次嘗試新路線都說，那是「我一生中最棒的一次攀岩體驗」。每天去釣魚，永遠發誓自己抓到「至少一百隻魚，有幾條超大」。

父親和母親在一起時，喜歡站在她正後方，就跟費茲抱泰迪熊一樣，用手臂緊緊環繞她的肩膀，抱住不放，輕吻她頭後方。近年來，父親有了從前只會在母親身上看到的溫柔慈愛，說母親是世上最可愛的人，每星期替她煮好幾頓晚餐。從小到大，我不記得父親煮過飯，只在我小時候用微波爐熱過墨西哥捲餅。我在想，這是不是父親在表達我也感受到的情感：沒有母親，就沒有我們。爸媽似乎比從前更相愛，我想我還在努力變得更像他們。

父親依然穿著背心短褲，至少身體安康時是如此。身上肌肉雖然有些鬆弛，依舊可觀。眼神如今帶著一絲哀傷，至少看著我時是如此。我知道他想念父子一起攀岩的日子。

雖然登山、攀岩、健身很重要（這幾件事是一生的追求，也是我們父子活著的方式），我認為他自己的父親幾年前過世時，他重視的事情優先順序有了改變。爺爺的死提醒我們大家生命稍縱即逝，當時我答應自己要多陪陪爸媽，但沒做到。黎明之牆、孩子、日常生活占據了我的人生，我得改變那一點。

見到母親如此快樂，我尤其開心。她是費茲的完美祖母，我發現我不曾需要真正擔心母親，她一個人處理得很好。丈夫和兒子都從事危險的戶外活動，她心理上承受很大的壓力，但從不埋怨，不曾要我們三思。她知道我們必須活出有意義的豐富人生，犧牲自己，成全我們，不過也知道何時該出面插手。

我和凱文在睡袋裡多待了一會，享受最後的獨處時光。酋長岩山頂已經準備好開派對，記者與新聞攝影機都來了。許多人凌晨兩點就開始上山，預留充分的時間和我們會合。凱文的一大群朋友帶著啤酒與香檳在九點抵達，已經開始慶祝，身上都穿著一樣的綠T恤，凱文也有一件。他們宣布把這場黎明之牆的攀登，獻給前一年夏天在攀爬內華達高山時死於山難的朋友布萊德（Brad），凱文和女友珍妮（Jainee）正是在同一天訂婚。T恤上的圖案是布萊德墜山前的親筆畫作。我不曉得凱文為什麼從來沒跟我提過這些事，我是前幾天他在吊帳裡接受布萊特的攝影訪問，才第一次聽說。

先前，我感覺有事情在困擾凱文，當初我可以開口，問他究竟怎麼了，但我猜他大概不會多說。或許，我們兩人就是沒有成為知心好友的緣分。有些事不必強求。我很高興對凱文來說，這場攀登有更深層的意義。

再過一、兩個小時，我和凱文將加入派對，但我只想見到貝卡。她避開鏡頭，獨自坐在山頂幾百呎外的岩板上。我等不及要見她，抱著她，感謝她。我想著費茲，想起我好愛看著他入睡，小小的胸口起伏著。我也愛看他咯咯笑，他在探索無限廣大的世界時，眼睛閃閃發亮。

我和凱文在吊帳上整裝待發，裝備叮噹作響。一陣溫暖的冬日微風自東邊拂過山面。山頂傳來遠方的喧嘩聲。我和凱文不發一語，由我先上去，繫好繩子。我慢慢來，不急。此時此刻的此地此景，一輩子不會再重來。我深呼吸，綁好岩鞋。凱文微笑，與我拳碰拳。

我把手指貼上酋長岩的細緻花崗岩，出發前，再度往谷底望了一眼，看了看另一側的岩壁，眺望與亙古大地同壽的遼闊內華達群山，試著多留戀一眼。

後記

我最後一次挑戰黎明之牆的兩個月前，我、貝卡、費茲在附近一個叫「教堂盆地」（Church Bowl）的地方嬉戲。早晨的暖風自峽谷上方千呎的岩板吹下。黃棕色的葉子鋪滿大地。我和貝卡坐著看費茲用十八個月大的雙腿，搖搖晃晃走向一塊短桌形狀的大石頭。石頭上方一片平坦，大約和費茲一樣高，下方是跌下去也不會受傷的柔軟草地。

費茲看著我們，眼睛好像在說：「你們看我。」

貝卡說：「那是上撐法（mantel）。」「上撐法」是攀岩術語，指的是壓著上方平坦地形的攀登法。

「上—撐。」費茲學著媽媽講話，用小手敲石頭，試著爬上去，那是孩子自然而然做出的動作。費茲腳上不去，踏回地面，然後再試一遍。

「上—撐。」他再說一遍，這次有點沮喪。

貝卡站起來，走到兒子身旁鼓勵他，「小傢伙，你可以的。」

「上—撐。」費茲這次比較平淡地講著這兩個字，好像在試著理解這個詞彙。

費茲掙扎了好幾分鐘，不時瞄著貝卡，好像在說：**媽咪幫我**，發出要哭的聲音。

貝卡說：「費茲，記住，用力一點，要專心。」費茲又爬上去了一點，再度掉下來，望了望四周，哭聲變大。

貝卡用更高、更甜美的聲音說：「再用力一點，費茲。」

費茲誇張地逼自己呼吸，那個習慣絕對是跟我學的。他使出更多力氣，這次到達石桌的一半，看起來快掉回原地。

「幫我。」他說。

我不忍心了。

我瞄了貝卡一眼，貝卡不準備幫他。

貝卡用上最甜美的聲音鼓勵兒子：「撐住，你可以的。你做得到，加油。」

費茲努力加油，哭著呻吟，繼續嘗試，終於找到可以踩的地方，身體半撐上去，小腳踢著半空。最後他成功把膝蓋靠到石頭上方，往前爬，然後站起來拍拍手。

「你很努力，」貝卡走過去。「小傢伙，很棒的上撐。」費茲小臉發亮，貝卡和他擊掌。費茲微笑，自己打自己的手，說著：「砰。」

那一幕讓我忍不住想起父親，想起父親在我的整個童年是如何鼓勵我，跟貝卡很像。爸媽讓我明白培養毅力的重要性，那是他們送給我最好的禮物。

我今日的生活，跟彷彿還是昨日的兩年前很不同。黎明之牆帶來意想不到的結果，令我措手不及。不過每個人都有自己的故事可說，都經歷過勝利與苦難，透過自己的故事鼓舞他人，傳遞知識，因此目前我試著把握眼前的機會。我過去專注於自己能從體驗中獲得什麼，如今則想著自己能給予什麼。

我一向認為自己最深沉的滿足感來自山，我的專長是攀岩。然而我寫這本書時，很訝異創造也能帶來深層的滿足感。創造不只是打字，也不只是對著觀眾演講。或許一直以來吸引我的，其實是全心奉獻自己所帶來的滿足感。或許攀岩並不永遠是答案，而是方法。

二〇一六年三月，我和貝卡迎接女兒英格莉．懷爾德（Ingrid Wilde）進入我們的家庭。我的一雙兒女讓我看見生活的無限可能，也使我不斷重新評估風險的意義。我以前認為，探險總免不了讓自己身陷險境，我現在明白探險比較像是擁抱未知。那不代表我不再感受到山的召喚，只不過人生的重大目標總令人感到有點像是雷雨，事先不太有警訊，我別無選擇，只能碰上了就全力以赴。我還是懷抱著攀登北極圈大岩壁的夢想，也想多花點時間待在酋長岩，但那些夢想現在交織著重責大任，我必須在冒險及深思熟慮之間取得平衡。我未來最重要的挑戰與冒險，將是和我爸媽當年一樣，協助我的兩個孩子（或許還包括其他孩子）大膽又自信地進入這個世界。

二〇一六年夏天，二〇〇四年和我一起爬「內角岩壁」的老友亞當・史塔克打電話過來。他一時興起，想在二十四小時內，連攀懷俄明州風河山脈（Wind River Range）北坡胡克山（Mount Hooker）的大岩壁。北坡垂直高度近兩千呎，離最近的道路有十五哩遠。每年會有幾個人去爬，標準作法是用馬兒馱裝備上去，就地紮營，熟悉一下環境，接著花幾天攀爬岩壁，通常會是一星期的行程。亞當邀我一起去的時候，英格莉才四個月大，還沒辦法睡過夜，而我過去一年都忙著寫作，很少攀岩。

我告訴亞當：「我不覺得我現在能找到好理由出遠門。」除了要顧孩子，我有點擔心自己體能衰退的程度。

「如果我們用跑的，我可以在四十八小時內把你送回家人身邊。」亞當力勸：「你不會拋下我不管，對吧？」

就算我狀況良好，背著裝滿攀岩裝備的背包跑三十哩路，也是很硬的行程。還要加上爬大岩壁？我不曉得辦不辦得到，聽起來很荒謬。

「聽起來是很糟糕的主意。」我說。

「沒錯，蠢到家了。真令人興奮。」亞當說。

我們在凌晨兩點下車，夜晚潮濕黑暗，寒風刺骨。我們跑過松樹林，頭燈搜尋著蹄印，嘴裡呼出的白氣在眼前晃動。頭幾哩我感到渾身無力，要跟上最近訓練得很勤的亞當很痛苦。不過到了凌晨四點，我的身體開始找回節奏。跑到十二哩時，我們停下，在一個水質清澈的高山湖裝水，地平線上閃耀著淡紫色與紅色光線，照亮四周一座座金字塔狀的積雪山峰。我們跑下一個塵土飛揚的陡坡。

我看向亞當。他滿臉通紅，快樂無比。

我們經過房子般大的巨石所構成的迷宮，跑到大岩壁底部，有的巨石用爬的，有的用跳的。身體因腦內啡興奮著，全身痠痛的感覺引發一股懷舊感，我想起從前待在這類地方的日子。抵達岩壁底部後，我們繫好繩子，打算同時攀登四百至六百呎的岩塊。

我出發了，穿梭於岩面抓握點與時有時無的裂隙。岩塊結實，器材牢靠，一百五十呎後，亞當大喊一聲：「喂！」我們開始一起攀登，從繩子的鬆緊度判斷彼此的進度。亞當慢下，我就放上更多器材，保持兩人之間的繩子緊度。我慢下，亞當就注意看我。我們靠著信任彼此的判斷，一起攀登，融為一體。我想起這和上一次爬大岩壁有多不同。沒有攝影團隊，沒手機訊號，除了我們自己，沒有他人的期待。我想起黎明之牆滿足了探索極限的欲望，但不知怎麼的，我想要更深刻的東西。

我們繼續爬，我想起克里斯．夏瑪、艾力克斯．哈諾、科瑞．里奇。我想起自己因為攀岩獲得深刻的友誼，想起母親、父親、貝卡、費茲、英格莉。我太幸運了，因為山的塑造，我能夠好好愛人。

我愈爬愈高，出乎我意料，一個又一個的繩距一下子飛逝。有時人生就像那樣。有時重力鬆開控制，讓你滑翔到雲端。這種事一定有什麼模式，但我尚未能瞭解其中的奧妙。或許不懂也沒關係，也或許我錯了。

五小時後，我們爬到岩壁最上方，把汗涔涔的背貼在被陽光曬熱的石板上，共享一條精力棒。我眺望四周，被沒馬路又空無一人的景象嚇了一跳。

「再跑六小時，我們就能睡覺了。」我說。

「這點子沒那麼蠢，對吧。」亞當微笑。

「要看等我們回去後，是不是還這麼覺得。」我拍了一下亞當的手臂，起身下山。

我們跑回原點，身體裡的筋骨無一不痠痛，但全身充滿唯有極度疲勞才能帶來的滿足感。這種冒險旅程真是太棒了，死亡的念頭不曾閃過腦中。

擁抱未知。在困難時刻勇往直前，想辦法克服。

就跟費茲解決上撐問題一樣。難關就是成長時刻。

我離家四十八小時後，回到屋內，費茲飛奔過來，緊緊抱住爸爸疲憊的雙腿。

「爹地，快來看我超大超厲害的鐵軌！」費茲抬頭用綠色大眼睛望著我。

我抱起費茲，緊緊摟住他。貝卡從臥室出來，告訴懷中的英格莉：「爹地在這裡！」她走過來親我一下。回家真好。

謝辭

如同我人生中其他許多重大時刻，寫下這本書的點子最初源自盲目的樂觀。當時我剛完成七年的黎明之牆旅程，感覺只要努力，天下沒有不可能的事，所以為什麼不寫？總不會比我們剛完成的壯舉困難，對吧？我知道寫書不會是簡單的事，但很興奮能夠踏上冒險的旅程，沒考量到自己並非真正的作家，至少沒寫過書，也因此不得不仰賴眾多專家的協助。這本書是許多各界好友的心血結晶。

我靠自己唯一知道的方法開始寫這本書。就跟攀岩一樣，我知道這場旅程將充滿鬆動的岩塊，還可能碰上危險的雪崩。通往成功的唯一一條路，就是和生死至交組隊。或許，我優秀的友人柯林斯給過我最好的建議，就是「你得讓對的人上車」。我的車上最值得提及的人就是凱利・科迪斯（Kelly Cordes）。科迪斯除了是本書的共同作者，也是我的知己、治療師與好友，永遠一針見血地指出我沒留意到的事，協助我把漫談整理成有條理的思緒。他注重細節，孜孜不倦，全心投入這本書，帶來極度珍貴的貢獻。我一輩子感激他願意加入這趟旅程。

本書要不是有柯林斯和強・克拉庫爾（Jon Krakauer），將永遠停留在山腳。二〇一四年夏天，柯林斯邀我參加一場讀書會，討論克拉庫爾的作品《榮耀之路》（*Where Men Win Glory*），克拉庫爾本人也親臨現場。在讀書會的尾聲，我們談到寫作這件事。我永遠忘不了，柯林斯提到自己在每本書的收尾階段，通常會瘦九公斤，嘴巴長瘡。克拉庫爾同樣也提到寫書時，自己喜歡研究資料，但不喜歡實際的寫作過程。他說那就像是在挖溝渠，你得每天跳下去挖個幾呎。那些話吸引著我，讓我想寫這本書，因為我的個性就是喜歡藉由勤奮工作獲得滿足感。此外，在最黑暗、最痛苦的打鍵盤日子，我也是靠著這些話撐下去。柯林斯多年來一直鼓勵我寫作，讓向來沒自信的我有了信心。他和克拉庫爾還幫我聯絡出版界，從頭到尾提供關鍵的協助。

維京出版社（Viking）的團隊所扮演的角色不能不提。編輯保羅・史洛維克（Paul Slovak）尤其是幕後的大功臣。他仔細閱讀數版草稿，提供真知灼見，不斷鼓勵我進步，還在最後階段介紹經驗豐富的作家蓋瑞・布洛茲克（Gary Brozek），協助帶出我和科迪斯都沒發現的情感元素。

我也要感謝我在CAA的經紀人大衛・賴瑞貝爾（David Larabell），他對我的故事有信心，大力推薦給其他人。我要特別感謝我的律師貝琦・豪爾（Becky Hall），我現在都稱她為我的守護天使。此外也要感謝擔任「尤達大師」（Yoda）的麥克・甘迺迪（Michael

Kennedy）。他們兩人提供本書寶貴的意見，鼓勵我寫作。其他提供了寶貴讀後感的人士，包括蘭斯與凱芮・布洛克（Lance and Carrie Brock）、吉兒・科迪斯（Jill Cordes）與史塔克，他們引導我說出我想說的話。我要感謝凱蒂・艾維斯（Katie Ives）、克里思汀・貝克維斯（Christian Beckwith）、麥特・山麥（Matt Samet）、安德魯・畢沙拉（Andrew Bisharat），經過他們編輯的文章，最後成為書中的幾則故事。

我要感謝喬安娜・克羅斯頓（Joanna Croston）與班夫中心（Banff Centre）協助我與科迪斯取得「弗烈克獎助金」（Paul D. Fleck Fellowship Grant），還讓我們在交出初稿前的關鍵兩週，使用雷頓藝術之家（Leighton Artists' Colony）的安靜小屋。

除了我的編輯史洛維克及其助理海莉・史文森（Haley Swanson），維京出版社的眾多工作人員也貢獻良多。史恩・戴維林（Sean Devlin）做了寶貴的審稿工作，製作編輯艾瑞克・維希特（Eric Wechter）協助拼起複雜的拼圖，包括照片插頁。布莉安娜・哈登（Brianna Harden）設計了美麗的書封。林賽・普瑞福特（Lindsay Prevette）、克莉斯汀・梅特詹（Kristin Matzen）、克里斯多福・史密斯（Christopher Smith）組成的宣傳團隊，努力讓本書獲得媒體曝光，還讓我跟上宣傳進度。我也要感謝維京出版社的總裁布萊恩・塔特（Brian Tart）與總編輯安德麗亞・舒姿（Andrea Schulz），從一開始就對本書的出版計畫有信心。維京出版社每一位出過力的人士，我都感激不盡。

本書照片全數由友人提供，感謝里奇、提姆・肯普爾（Tim Kemple）、吉米・錢（Jimmy Chin）、托佛・唐納修、貝卡、吉姆・桑伯格（Jim Thornburg）、布萊特・羅威爾。

我這一生最幸運的事，就是有爸媽和姊姊姍蒂做我的榜樣，感謝他們示範如何充滿好奇心、熱愛生命、努力工作。我的力量直接源自於他們的愛。

最後，我無法以筆墨形容自己有多感謝我的妻子貝卡。貝卡，我知道妳原本以為黎明之牆結束後，先生就會回到身邊，結果沒有。感謝妳一直沒離開，忍受我經常全心投入這一類的計畫。妳是我的朋友、我最寶貴的意見提供者，也是我的繆思女神，沒有妳就沒有這本書。如果說有什麼遺憾，那就是寫作過程中，我太常離開妳和兒子費茲，以及我們剛出生的女兒英格莉。家庭帶給我的愛，是世上最美好的事。

國家圖書館出版品預行編目資料

垂直九十度的熱血人生：一名攀岩運動家挑戰耐力、置身危險、超越自我極限的故事 / 湯米・考德威爾（Tommy Caldwell）著 ; 許恬寧譯. -- 初版. -- 臺北市 : 大塊文化, 2018.06

面； 公分. --（mark ; 139）

譯自 : The push : a climber's journey of endurance, risk, and going beyond limits

ISBN 978-986-213-894-6（平裝）

1. 考德威爾（Caldwell, Tommy） 2. 傳記 3. 登山

785.28 107007040

LOCUS

LOCUS

LOCUS

LOCUS